ブルターニュのパルドン祭り

——日本民俗学のフランス調査

新谷尚紀・関沢まゆみ＝著

［特別寄稿］ドナシアン・ローラン「ロクロナンのトロメニ」

悠書館

火のパルドン、サン・ジャン・デュ・ドワ

サン・ジャン・デュ・ドワ

パルドン
の
プロセシオン

サン・フィリベの聖水

シャトーヌフ・ド・フォー

サンターヌ・ラ・パルー

ル・フォルグェットのパルドン

ロクロナンのトロメニ

麦畑を進むプロセシオン

聖女アンヌのヒュッテ

エチ・オモのヒュッテ

ロクロナン
の
トロメニ

聖ウエンのヒュッテ

聖テロの楢の木、ランドロウ

ブルターニュのパルドン祭り——目次

はじめに

パリからＴＧＶで西へ約二時間、ブルターニュ地方の中心都市、レンヌに着く。そこから、さらにまた二時間ほどＴＧＶで西へ向かうとブレスト、南西に向かうとカンペールに到着する。ブレストは第二次世界大戦で破壊された軍港として知られる都市である。一方、カンペールは町の中をオデ川が流れ、町の中心には二つの尖塔が特徴的なサン・コランタン大聖堂が建つ歴史の古い都市である。このブレストとカンペールとの間、大西洋に面した地方にサンターヌ・ラ・パルー、ロクロナンなど私たちが訪ねた町や村がある。

ブレストとカンペールの間を車で走ると、黒いスレートの屋根に白い壁の家々、そして広い牧草地に放牧された牛たちの風景がどこまでも続く。絵本のなかに入り込んだような田園風景である。しかし、気候は厳しく、ブドウが育たずブドウ畑はない。小麦畑も少なくその代わりに牛の飼料用のトウモロコシ畑が広がる。きれいな白い花を咲かせたソバ畑もところどころで見かける。

この地方では町の中央に教会と役所があり、人びとの居住地区ごとにシャペルと呼ばれる礼拝堂が存在する。そのシャペルの名前は聖人の名前をとっている場合が多い。人びとにとってシャペルの聖人はより身近な存在であり、聖遺骨《レリック》が保管されていることが誇りとしてよく語られる。その聖人たちの祭りがパルドン祭りである。高緯度地方の夏は短い。その短い夏を惜しむかのように五月から九月まで、とくに八月ともなると毎週どこかでパルドン祭りが行なわれる。

ブルターニュの人びとの敬愛する聖女アンヌの名前を冠した町の一つがサンターヌ・ラ・パルーである。プロネヴェ・ポゼの中心通りから外れてしばらく畑の間の細い道を西に向かうとやがてサンターヌ・ラ・パルーのシャペルの尖塔が見えてくる。一九三〇年代の写真には、この尖塔が見えると、ひざまずいて祈りを捧げている人たちの姿が写っている。たしかに町を離れて、先には大西洋しかないという地の果てのような場所である。そんな場所にシャペルの尖塔が見えるとみんな敬虔な気持ちになるのであろう。「医者に見捨てられたらサンターヌ」という言葉がよく聞かれた。今でも、癌など重い病気の人がこのシャペルを訪れるという。八月のパルドン祭りの日には実に多くの巡礼者が集り、聖女アンヌへの信仰が特別のものであることがわかる。

サンターヌ・ラ・パルーから丘のほうを見ると、そこにはロクロナンの教会が見える。ロクロナンで最も標高の高い山には聖人ロナンをまつるシャペルが建てられている。もともとはその場所に立っていた巨石が信仰の対象となっていたという。この地点にのぼり、そこから逆にサンターヌ・ラ・パルーの湾を見おろすと陽光に反射した海と輝く白波が美しい。まさに「巨石のロナンと水のアンヌ」の対象性とその豊穣性が感じられるような不思議な光景である。このロクロナンでは六年に一度、一週間にわたってグラン・トロメニが行なわれ、近隣の町や村の聖人像たちが集合してくる。聖人たちの参集のなか、聖人ロナンの聖遺骨が教会から出発し、かつてロナンが歩いたという道をたどるのである。

ブルターニュのパルドン祭りとトロメニという行事は、人びとの生活と聖人への信仰との密接な関係性のなかで営まれている伝統的なものである。それは、必ずしもキリスト教カトリックの教義とは合わない部分もあり、教義に忠実で熱心な神父と伝統を守り続けたい村人たちとの対立がみられるような例も中にはある。しかし、おたがいに上手に折り合いをつけて伝え続けられている例が多い。

聖女アンヌの遺体が運ばれたと伝えられているのが、このブルターニュから遠く離れた南フランスのプロヴァンス地方にあるアプトいう町である。その町の教会の祭壇にいまも聖女アンヌの聖遺骨《レリック》がまつられている。そのアプトの教会のエマニュエル神父は二〇〇二年にブルターニュから赴任してきた。彼は、聖女アンヌのレリックがあるアプトではブルターニュ以上に信仰が篤いと思って期待と緊張の気持ちでやってきたという。しかし、プロヴァンスの人びとが信仰にあまり熱心でないことを知って、がっかりしたと言っていた。プロヴァンス地方の宗教行事の場合、信仰よりも祝祭性が強調される傾向が強く、たしかに人びとの生活と聖人信仰とのつながりにも大きな地域差があることがわかる。

実は、私の専門は日本民俗学である。日本列島各地に伝えられている伝統的な生活文化を民俗として把握し、その地域的な差異や歴史的な意味を考える学問である。

それで、私は大学生のころからとくに近畿地方の村落で伝えられている村の自治組織の運営のあり方や氏神の祭礼、またその祭祀組織である宮座や長老たちの役割などに関心をもって、調査や分析を試みてきた。関東地方出身の自分にとって、若いころに出会った近畿地方の民俗文化はたしかに一種の異文化であったのかもしれない。そのような日本の文化を研究対象としている私が、なぜフランスなのか。それは、ひとえに日本民俗学の視野を拡大し、柔軟にし、かつ鍛錬するためである。日本民俗学の国際化への第一歩である。日本民俗学が日本列島の民俗文化を主たる研究対象とすることに変わりはないし、私もこれまでどおり日本の民俗文化の研究を中心に進めていくつもりである。ただ、そのいわば比較枠としてのフランスの民俗調査なのである。

そこで、私たちをいざなったのはブルターニュ地方の人びとが大切に守り伝えてきているパルドン祭りとトロメニという伝統行事であった。それを糸口として、伝統的なブルターニュの民俗信仰とキリスト教カトリックという創唱宗教との関係性を考えてみたい、それが最初の動機であった。そのブルターニュ地方の伝統行事の中からは、キリスト教以前の、ケルト的な信仰の要素も浮かび上がってくるかもしれない。そんな期待もあった。とにかく日本の民俗学の方法を用いてのフランスの地域社会を対象とする民俗調査とその分析の最初の試み、それが本書の内容である。さすがに、ケルトの歴史と文化については奥が深く、私たちの視線のはるか遠くにぼんやりと見えるばかりであった。

そこで、私たちのよき理解者であり、研究協力者である現地のケルト文化研究の第一人者、ブレスト大学教授ドナシアン・ローラン氏によるトロメニとケルト暦に関する貴重な論文の翻訳をここに掲載させていただくことにした。

華やかなパリとはちがうもう一つの奥深いフランス文化を知っていただければ幸いである。

関沢まゆみ

第Ⅰ章　パルドン祭りと巡礼

■フランス、ブルターニュ地方サンターヌ・ラ・パルーの事例より

関沢まゆみ

1　はじめに

一九七〇年代以降、フランスでは定年を迎えた者が夫婦や友人、あるいは単身でスペインのサンティアゴ・デ・コンポステーラへのペルリナージュ[1]（巡礼）を行なうのが流行している。またピレネー山麓のルルド[2]や、イスラエルの聖地エルサレムへの巡礼[3]などもさかんに行なわれている。それらは、聖母マリアの出現や、使徒ヤコブの遺体を示す星の出現、またキリストの復活、などの奇跡の追体験を求め、一生に一度あるいは数回訪れるものである。それらのペルリナージュでは、高齢者が巡礼に出る場合に

は、若い大学生がボランティアで付き添っていく例も増えているという。そして、ブルターニュ地方ではとくに二千年紀を記念して、この地方で中世にさかんに行なわれていたというトロ・ブレーズと呼ばれる七人の聖人に奉献された七つの大聖堂をめぐる巡礼が復活されて多くの参加者を集めている。

一方、このブルターニュ地方各地の町や村にはパルドン祭りと呼ばれるキリスト教的色彩の強い伝統的な民俗行事が伝えられている。パルドンの意味は一般的には人々が教会や礼拝堂に集まって日ごろの罪の許しを請うことだといわれている。村々の礼拝堂ではそれぞれまつられる聖人が決まっており、その聖人に由来する日を祭日とする例が多い。たとえば、聖母マリア、聖女アンヌほか多くの聖人が崇拝の対象とされており、その村々の祭日はその多くが五月から十月の間に設定されているが、とくに多いのは八月十五日の聖母マリアの昇天節の頃である。祭りの基本的なかたちは、シャペルでの神父によるミサの後、村人が十字架、聖人を描いたバニエール（旗）や聖像、聖遺骨（聖遺物）などを掲げて、讃美歌を歌いながら、村の中をプロセシオン（宗教行列）するというものである。パルドン祭りは基本的には村や町ごとの祭りであるが、他の村や町の者も参加して大規模なパルドン祭りが行なわれている例もある。たとえばその代表的なものとしては、サンターヌ・ドレー、サンターヌ・ラ・パルー、ル・フォルグェット、ルーメンゴールなどのパルドン祭りがよく知られている。そこで、まずはこのパルドン祭りのプロセシオンと聖地巡礼との関係について考察を試みることとしたい。

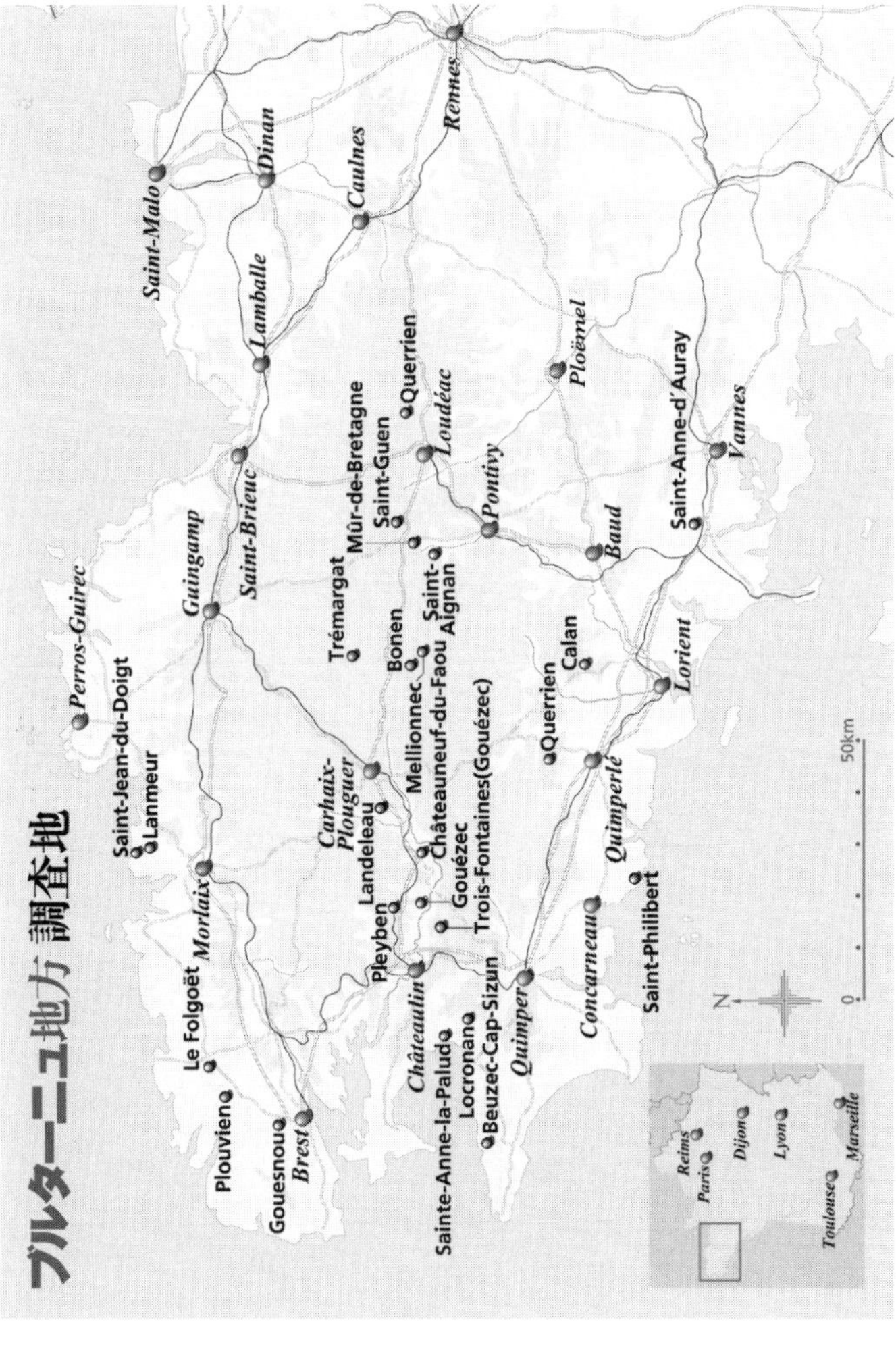

イタリック以外の太字が調査地

2　サンターヌ・ラ・パルーのパルドン祭り

(1)　組織と運営

サンターヌ・ラ・パルーは、ブルターニュ半島の西、フランス語で「地のはて」という意味のフィニステール県西部、プロネヴェ・ポゼという人口一、六三七人（一九九九年）[4]のコミューンに属する村落である。大西洋を見下ろす丘の上にぽつんとシャペルが建てられており、教会の周囲は原野で集落はない。この寂しい地に立つ教会に、毎年八月第四土曜と日曜を中心に一万人をこえるペルリナージュの人々が参集するのである。

サンターヌ・ラ・パルーのシャペルは一八五八年から六四年頃のネオゴシック様式の建築物であるが、最初のシャペルは現在よりも大西洋岸に近い位置に建てられていたといい、その海に至る道がブルトン語で「見えなくなったサンターヌの道」と呼ばれている。[5]また、シャペルの内には、椅子に腰をかけた母親のサンターヌとそばに立つ娘の聖母マリアの石像が安置されている。この石像には一五四八年の銘が刻まれているが、一九一三年にはローマ法王から黄金の冠を戴いているほど多くの人々の篤い信仰を集めている。

現在、このシャペルの運営は二十人からなるコミッテと呼ばれる組織によって行なわれている。コミッテの主な仕事は、日常的にはシャペルの掃除をしたり花を供えることなどである。そのなかから

サンターヌ・ラ・パルーのパルドン祭りのプロセシオン

シャペル内に安置された母親の
サンターヌと娘の聖母マリア像

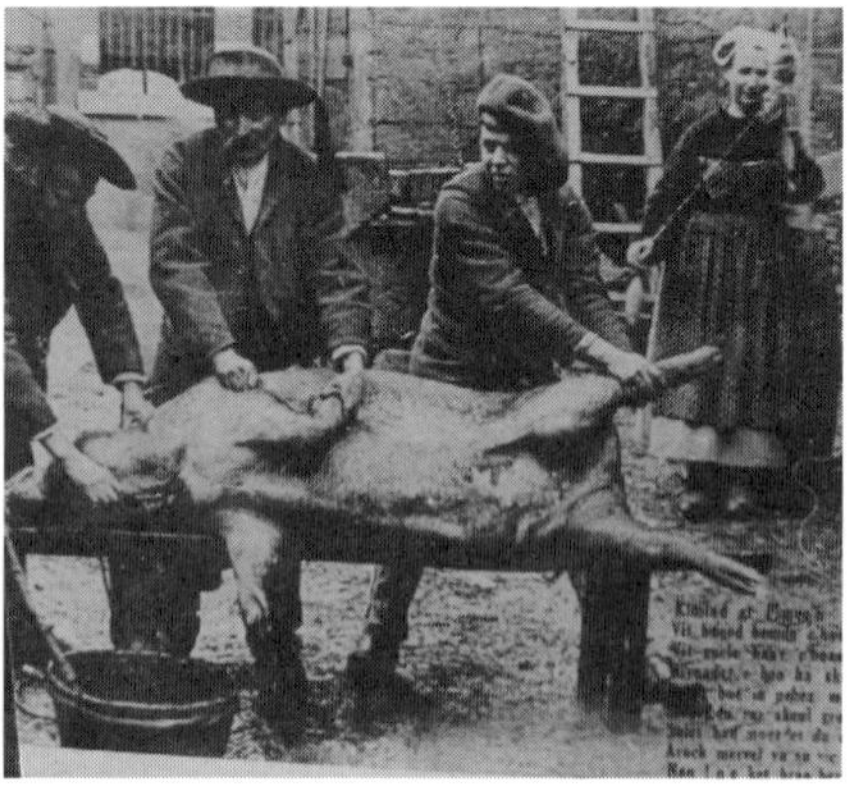

パルドン祭りに寄附された豚をつぶす

一人、プレジドンと呼ばれる代表者が選ばれている。現在は、ジョルジュ・ベルナールさんという一九三四年生まれの男性がつとめている。プロネヴェ・ポゼで農業と乳牛・肉牛の飼育を行なっている農場経営者である。

ファブリシアン　また、パルドン祭りの実施にあたっては、毎年ファブリシアンという役目の人物が一人決められ、夫婦でつとめることになっている。ファブリシアンが、パルドン祭りのプロセシオンで参加者が持つバニエールや聖像などの分担を決めたり、昼食の準備をする担当者を決めたりする。

このファブリシアンはかつて一九六〇年代までは、プロネヴェ・ポゼの裕福な家の者が代々つとめたといい、ファブリシアンの役目を果たす者はパルドン祭りの昼食用に牛一頭、豚一頭、シードル一樽を寄附しなければならなかった。

ベルナールさんは一九九七年にファブリシアンをつとめたが、その時には、パルドン祭りの費用は約六万フランであった。ただ、その当時は個人的に負担することはなく、一年間のミサの献金や年間を通じて訪れるペルリナージュの人々からの献金などで十分間に合ったという。この一九九七年という年は、ベルナールさん自身にとっては、一九九四年に六十歳になった時に、農場経営を息子に譲って引退した後まもなくの年であった。夫婦でファブリシァンをつとめたことは大変栄誉《プライド》あることだったという。これを記念して贈られたメダルを暖炉の上に今も大切に飾っている。

プロネヴェ・ポゼには、このサンターヌ・ラ・パルーのシャペルのほか、町の中心部にはプロネヴェ・ポゼの教会があり、さらに町外れにはノートルダム・ドゥ・ラ・クラルテという小さなシャペルがある。それぞれファブリシァンがいて、いずれも夫婦でつとめることになっている。だいたい、三十五歳頃ノートルダム・ドゥ・ラ・クラルテのファブリシァンをつとめ、六十歳頃サンターヌ・ラ・パルーのファブリシァンをつとめ、その後六十五歳頃プロネヴェ・ポゼの教会のファブリシァンをつとめるという例が多いという。なかでもサンターヌ・ラ・パルーのファブリシァンをつとめることは大勢のペルリナージュの人々を迎えるパルドン祭りでの食事の世話をしなければならないので、とくに妻の負担が大きく健康でなければできないことだといわれている。プロネヴェ・ポゼのトレファンテックという集落に住む、トレトゥ・ジョセフさんという一九三五年生まれの男性の場合、一九七〇年に三十五歳でノートルダム・ドゥ・ラ・クラルテのファブリシァンをつとめ、二〇〇一年には六十六歳でプロ

1997 年にパルドン祭りのファブリシァンをつとめたベルナールさんと

ネヴェ・ポゼの教会のファブリシァンをつとめたが、その間、六十歳の頃サンターヌ・ラ・パルーのファブリシァンに推薦された時には、妻の体が弱かったためパルドン祭りの世話ができないと考えてやむなく辞退したという。

(2) 行事

サンターヌ・ラ・パルーのプチ・パルドンにおける泉水のベネディクション

サンターヌ・ラ・パルーのパルドン祭りには、サンターヌの祝日である七月二十六日の後の日曜日に行なわれるプチ・パルドンと、八月の最後の週末に行なわれるグラン・パルドンとがある。

プチ・パルドン　サンターヌの祝日である七月二十六日の後の日曜日にプチ・パルドンが行なわれる。七月二十六日には、ブルターニュ地方におけるサンターヌの聖地ともいえるサンターヌ・ドレーで大勢の巡礼者が参詣して大規模なパルドン祭りが行なわれるため、その日を避けるのである。

十時三十分から十一時三十分にシャペルでミサが行なわれた後、十字架、聖女アンヌの聖像、バニエールを掲げて、

1930年代のパルドン祭りでの泉の周りの光景

ペルリナージュをしてきた人々は、教会堂の尖塔が見える
とひざまずいて祈りをささげる（1900年代初頭の写真）

シャペルから南へ約五十メートル離れた泉へプロセシオンが行なわれる。神父はその泉の水をツゲの小枝につけて参詣の人々にふりかけ、ベネディクションを行ない、それが終わると、シャペルに戻り、ファブリシァンが用意したコーヒーとブルトン菓子、ワインなどでくつろぐ。

二〇〇五年七月三十日のプチ・パルドン祭りは、新任のフランソワ・サヴィナ神父がミサとベネディクションを行なった。前日、神父は長年世話人をつとめているベルナールさんに「私は、カトリックの教義にない泉水のベネディクションはしたくない、どうしてもやらなければならないのか」と、たずねた。ベルナールさんは「伝統だからやらなければならない」と答え、やり方を神父に教えたという。この泉の水は眼病に効くといわれている。

グラン・パルドン　サンターヌ・ラ・パルーのグラン・パルドンは、毎年八月最後の土・日に行なわれ、この時は大勢の巡礼者が訪れるが泉へのプロセシオンは行なわれない。ただし一九三〇年代のパルドン祭りの写真には、グラン・パルドンの日にこの泉水の回りに大勢の「水売り」をする乞食が映っている。また、その当時、パルドン祭りに他の町や村からペルリナージュしてきた人々は、まずこの泉水で足を洗ってから、靴をはいてシャペルに入っていったという。

二〇〇〇年八月二十六日（土）から二十九日（火）の間に行なわれたグラン・パルドンでは、サンターヌをたたえるミサとプロセシオンが行なわれた。このミサには、ランデヴェネックの修道院のビショップやカンペールのエヴェックたちがやってくる。

パルドン祭りの日に（1900年代初頭）

まず、八月二十六日（土）は夕方五時からシャペルでのミサが行なわれ、その後ちょうど太陽が西の海に沈む頃、九時からプロセシオンが行なわれる。屋外の礼拝堂でのミサに続き、人々は手に手にキャンドルを持って、西の海の方角にむかって歩き出し、丘を一周するのである。

二十七日（日）は朝九時からシャペルでミサが行なわれ、十時三十分から屋外の礼拝堂でミサが行なわれる。その後、昼食をとり、午後三時から約一万人から一万五千人が参加して、盛大にプロセシオンが行なわれる。

二十八日（月）は午後三時から、老人ホームの老人をはじめ、近隣から集まってきた老人たちのためのミサがシャペルで行なわれる。

二十九日（火）は十時三十分から屋外の礼拝堂でミサが行なわれ、続いて午後三時から丘の上を一周するプロセシオンが行なわれる。この火曜日のパルドン祭りは、一九六〇年代までは近くの港町ドゥアルヌネの漁師たちが神父と共にサンターヌ・ラ・パルーに来て、ミサを行ない、とくにおばあさんが孫を連れてきて、サンターヌに紹介した日だという。

このパルドン祭りの参加者についてみると、プロネヴェ・ポゼの人々が中心になっているが、ドゥアルヌネというサンターヌ・ラ・パルーと湾をはさんで南西に位置する港町の漁師たちも、「サンターヌ様が海の仕事を守ってくれている」ことに感謝して、毎年必ず十字架を先頭に聖人のバニエールを持って約二十キロの道を歩いてくる。ほかにもカンペール、プルガステル・ダグラス、ポン・クワなど遠く離れた町や村からもペルリナージュしてくる人々の姿がみられる。こうして日曜日十時三十分から行なわれる屋外の礼拝堂でのミサには約五千人、午後三時からのプロセシオンには約一万人から一万五千人以上もの人々が集まる。

一九〇〇年代初頭まで、ペルリナージュしてきた人々は教会の尖塔が見えると、そこでまずひざまずいてお祈りをし、そして、教会に近づくともう一度ひざまずいたという。それから黙って教会を三回まわって中に入り、安置されているサンターヌの聖像を三回まわるのが作法であったという。現在でもサンターヌの聖像の回りをまわったり、聖像にキスしたりする人の姿がみられる。

(3) プロセシオン

プロセシオンの順路　プロセシオンには、プロネヴェ・ポゼの人々が先頭になって、十字架や聖像を

空から見たパルドン祭りの舞台

刺繍したバニエールのほか、サンターヌ・ラ・パルーのシャペルの聖女アンヌの聖像やノートルダム・ドゥ・ラ・クラルテのシャペルの聖母マリア像などを担ぎ、他に、ドゥアルヌネ、プロゴネック、プルガステル・ダグラス、ロクロナン、キャップ・スイザン、カンペール、ポン・クワ、ノートルダム・ドゥ・ケルグワットなどそれぞれのコミューン（地区）の人々が伝統衣装を着て、十字架、聖人の像や聖遺物をのせた輿、守護聖人を描いたバニエールをもって歩く。もし、お互いの村が喧嘩をしていたとしても、このパルドン祭りの日に聖人を描いたバニエールとバニエールの先をコツンと合わせて、聖人同士がおじぎをする格好をすれば仲直りできるといわれている。このような村や町ごとに参加する者たちの後ろに、仲間とあるいは一人でペルリナージュしてきた人々がつづく。このプロセシオンの全体をサンターヌ・ラ・パルーのプレジドンが行

石のまわりを歩くペルリナージュの人々

19 世紀末に破壊されてしまった巨石

列の先頭に立って先導する。

このプロセシオンの順路は、教会の建物を囲む石塀の中を一周した後、西の海に向って断崖となっている丘を大きく一周する。ここでは教会だけでなく、この丘も聖なる場所とされているのである。この原野に一八七七年以前には聖なる巨石があり、もともとプロセシオンではその聖なる石の周囲もまわったという。この巨石は、キリスト教以前から聖なる存在として信仰の対象とされていたが、キリスト教以後はキリスト教的にするために十字をつけてあったという。この巨石の土地が私有地であったため、後に所有者が石を破壊したというが、なおその痕跡をとどめる窪みの回りを人々は今も聖人像を伴って丁寧に行進している。そして、このプロセシオンの回り方は太陽が回るのと同じ方向に回ることになっているという。

プロセシオンの三つの解釈　写真のように、パルドン祭りではシャペルから西方の海に向かってこの丘をプロセシオンするのであるが、なぜ、この場所が選ばれているのであろうか。

調査の現場で観察してみると、それには次の三つの側面が注目される。第一は、聖なる巨石の存在である。シャペルから出発して、もう一つの聖地であるその巨石をめざす、そしてシャペルに帰ってくるという点である。第二は、西方の丘のすぐ下の大西洋の海に向かう、という点である。第三は、西方の太陽の沈む方向に向かう、という点である。

第一の、聖なる巨石をめざすという解釈では、それならば、シャペルからそこまでの往復でよいはずである。しかし、実際には丘を一周するのである。この場合、シャペルと聖なる巨石との二カ所が聖なる場所として設定されながら、往路と復路を同じ道を通らずにシャペルまで帰るかたちととらえることができる。

第二の、海に向かうという点については、早くには十九世紀末にサンターヌ・ラ・パルーのパルドン祭りを見学したアナトール・ル・ブラズが「海のパルドン祭り」と呼んで、サンターヌの祭りであるとともに海の女神への祭りであると意味づけている(6)。

ブラズは、実際に八月の最終日曜日に行なわれるパルドン祭りを見学する前年の冬に一度サンターヌ・ラ・パルーを訪れており、その時、シャペルの守役をしていた老婆から、サンターヌ・ラ・パルーの「海のパルドン祭り」を見に来るようにいわれた。そして、一八九三年八月、ブラズはパルドン祭りを見学し、コルヌアイユ（ブルターニュ半島南西部、カンペールを中心とした地域）沿岸の人々が今日祝うのは、サンターヌの祭りであると同時に海の祭りでもあるといい、その理由はサンターヌが生まれる以前、このあたりでは海が唯一の崇拝対象で、人々は海の女神アエス（'Ahès'）の加護を得るために祈ったのだという。また、プロセシオンについては、夫を海に奪われた妻たちと九死に一生を得た男たちがつづくが、「彼らは羊毛のズボン下の上で麻布のズボンの裾をまくり上げ、タールの染みが付いたり、波しぶきに打たれて穴があいた、擦り切れた青いラシャの上っ張りを着て、サフラン色の油布製の防水服を肩にかけており、海の仕事の時の出で立ちで、かつては、さらに真実味を増すために、砂丘の麓で服を着たまま海に入り、水を滴らせながら〈祈願のプロセシオン〉に参加するという、周到ぶりを見せたものだ(7)」と記している。

このようにブラズが見たのは、海での遭難事故で命を落とさないように守ってくれるサンターヌへの感謝と祈願とをこめてサンターヌ・ラ・パルーのパルドン祭りに参加する人々であり、サンターヌは「海を守る女神」として信仰されているという側面であった。だから、シャペルから海に向かってプロセシオンが行なわれ、海に向かって祈りが捧げられるとする位置づけがなされているのである。聖なる巨石はブラズがサンターヌ・ラ・パルーを訪れる以前に、すでに破壊されていたが、それについてのブラズの記述は見当たらない。

第三の、太陽に向かって行なわれるプロセシオンという解釈は、「プロセシオンの回り方は太陽の回り方と同じ」と強調する土地の人々の話から、太陽を意識したものであることがわかり、実際、西の海に沈む太陽を惜しむかのようにプロセシオンが行なわれる点が特徴的であるからである。この太陽の没する西方にスペインではラ・コンポステーラなどの聖地が位置し、巡礼者は西へ西へと向かうが、アルフォンス・デュプロンは西方の意味について、太陽の東から昇り西へ沈むという運行と人間の生から死へという運命を重ね合わせながら、「太陽とともに西方の一番端に到達すること、それは太陽の運行に人間の宿命をしっかりと結びつけることであり、生命の最も充溢したときに死ぬことであり、また太陽のように蘇生し永遠の若さを享受することでもある。それゆえケルトの神話は、夕陽のかなた、太陽が沈んでいく暗い圏域に、幸福な天国を想定したのである[8]」、「太陽と人間の共通の運命のなかで、人間は宇宙の秩序にともに参加する者となり、太陽に同行してその死をともにして、翌日の黎明の光のなかで、あらたな生を受けて蘇生する[9]」のだと述べている。このように西方には衰退、闇、死という意味だけでなく、活力の源、光、復活という解釈がなされている点が注目される。

(4) サンターヌへの信仰の諸相

サンターヌへの信仰の背景　サンターヌ（聖女アンナ）は聖母マリアの母親である。しかし、聖書には現れておらず、「聖母マリア信仰に促されて創作された人物だが、彼女自身が土着の地母神信仰や聖泉信仰と結びついて広く崇敬の対象となった[10]」ものとされている。聖女アンナ崇拝は、まずオリエントに広まり、五五〇年、皇帝ユスティニアヌスは、コンスタンチノープルに聖女アンナに捧げた聖堂を建て、西方には、十字軍をきっかけにして、十二世紀、聖女アンナ崇拝が伝わったといわれる。

フランスではルイ十三世の妃アンヌ・ドートリッシュ（一六〇一～六六）、ブルターニュではアンヌ・ドゥ・ブルターニュ王女（一四七七～一五一四）の存在が大きかった。ルイ十三世と妃アンヌ・ドートリッシュの間には長く子供ができなかったが、プロヴァンス地方のアプトに奉献されているサンターヌの聖遺骨（指の一部）が届けられると、一六四三年にルイ十四世が誕生した。彼はサンターヌから授かった子供という意味で「神の子供」ともいわれた。そして王妃からこの聖遺骨がブルターニュのサンターヌ・ドレーの教会に奉献されたという。[11] 一方、アンヌ・ドゥ・ブルターニュは一四九一年にフランス王シャルル八世（一四七〇～九八）と結婚した。それによって、ブルターニュ公国はフランスに統合されたが、夫の死後、アンヌ王女はブルターニュ旧領のトロ・ブレーズと呼ばれる巡礼を行なって、民衆の生活のなかに入っていった人物であったといわれ、アンヌ王女にまつわる伝説も数多く伝えられている。たとえば現在でも「ブルターニュ地方の高速道路が有料でないのはアンヌ王女の特別の計らいによるものだ」といわれている。

このようにサンターヌ信仰には、ブルトンの伝統的な「アーナ」（Hana）への信仰[12]と、キリスト教の「聖女アンヌ」（Sainte Anne）への信仰と、十五世紀のブルターニュ公国最後の王女アンヌ（Anne）への敬愛とが、融合しているのである。それらは「アーナ」「アーヌ」という言葉の響きの共通性が母なる神のイメージに結びついていったものと考えられる。つまり、サンターヌへの信仰には、キリスト教信仰だけでなくブルターニュの歴史と信仰を背景に育まれてきた民俗信仰が重層しているといえる。

サンターヌはブルターニュ女性

サンターヌ・ラ・パルーでは、現在もサンターヌへの篤い信仰が伝えられている。ブラズは一八九二年から九四年にかけて低地ブルターニュ地方の村々を訪ね、聞き取りによって、民衆の間に伝えられている数多くの聖人伝説を収集した。ブラズは当時、サンターヌに対する信仰のいくつかの場面に出会ったという。その一つは、サンターヌ・ラ・パルーのシャペルで守りをしていた老婆が「サンターヌはブルターニュの女性だ」といって、老婆がその母親から聞いたという伝説を紹介している場面である。老婆がブラズに語ったサンターヌの話とは次のようなものである(13)。

サンターヌはブルターニュの女性で、プロネヴェ・ポゼにあるモエリァンという村の城に住んでいた。貧しいものを助け、慈愛に満ちた女性であった。しかし、夫は冷酷で、サンターヌが身ごもったことを知って、城から追い出した。サンターヌはトレファンテックの入江から、光の船に乗って、天使が導くままに海に出た。エルサレムの港に着き、まもなく聖母マリアを出産した。讃美歌の本で字を教え、イエス・キリストの母にふさわしい教育を施した。やがて、年老いたサンターヌはプロネヴェ・ポゼのパルーに帰りたいと願い、その願いがかなうと、その砂浜で祈りを捧げる日々を過ごした。嵐の日には、身振り一つで波をしずめ、漁師たちを守った。孫のイエス・キリストがゴルゴダの丘に登る前に使徒のペテロとヨハネを連れてサンターヌの加護を求めにきた。その別れの時、サンターヌは、「この地に自分の教会を建てさせてください。遠くからでも尖塔が見え、鐘の音が聞こえる。そうすればどんなに病んだ肉体も癒され、生者も死者も全ての魂が安らぎを得られるでしょう」とお願いした。これを聞いて、イエス・キリストは自分の杖を砂に突きさした。すると、乾いた砂地から泉がわいた。サンターヌの死後、漁師が彫刻された石像を網から引き上げた。パルーには教会がなかったので、町の教会まで運ぼうとしたが、パルーから運ぼうとすればするほど石像は重くなり、とうとう動かなくなったしまったためその地に礼拝堂を建てた。それが、サンターヌ・ラ・パルーの、現在より浜辺近くに存在したといわれている最初のシャペルである。泉は前述の現存する泉水のことを指す。

この伝説はキリスト教の教義には整合しない内容であるが、このブルターニュの地でサンターヌの伝説がキリスト教と関連づけられて語られていた伝承の一例である。

参詣者たち　ドゥアルヌネの人々が現在でも一年に一度のパルドン祭りに、サンターヌ・ラ・パルーへペルリナージュをしてサンターヌへの感謝と祈りを捧げ、プロセシオンに参加しているように、サンターヌは漁師を守る神であるという信仰がみられることが一つの特徴である。また、一九六〇年代まではサンターヌ・ラ・パルーの北方に位置するプルガステル・ダグラスで、パルドン祭りの後一年以内に結婚した新婚者は必ず杖を手にパルドン祭りに歩いてやって来たという。

さらにパルドン祭り以外の日にも、サンターヌに感謝と祈りをささげるペルリナージュの老若男女がここを訪れている。このシャペルのプレジドンを長年つとめているジョルジュ・ベルナールさんの話によれば、次のような参詣者の例がある。たとえば、ある癌の男性が医者に見捨てられた後、毎週土曜日にサンターヌ・ラ・パルーのシャペルに来て、サンターヌに花を供えていた。この男性は「サンターヌが守ってくれているから生きられる」と考えていたのだという。また、一九七五年頃の話であるが、プルガステル・ダグラスの八十五歳くらいの男性が、長年物売りをして歩いていたが、交通事故に一度もあわなかったことを「サンターヌ様が守ってくださったから」と考え、シャペルの近くで一晩寝て感謝の気持ちを表わしたという。一九九七年の話であるが、ボルムールの女性が土曜日に必ずサンターヌ・ラ・パルーの浜辺を歩いていた。この女性は息子を亡くした母親で、その息子は十五歳の時、重い病気にかかり、サンターヌのおかげで一度治ったが、二十歳になってまた再発して死亡した。火葬にして、灰をこの海に流したので、毎週、母親はその海を見にきていたのである。一九九八年にサンターヌの石像製作四五〇周年を記念して、ふだんは、非常に重いため出さないサンターヌの石像をかつぎ出すために持ちあげたところ、石像と台座の隙間から大勢の兵士の写真が発見された。そこには「あの世で助けてあげてください」と書かれた手紙が何通も一緒に納めてあったという。つまり、このサンターヌは戦争におもむく兵士たちの生命を守り、また来世の安穏を祈る対象でもあったのである。

サンターヌ・ドレー　ブルターニュ地方には、サンターヌ・ラ・パルーのほかにもうひとつサンターヌの名前を冠した町がある。ブルターニュ半島南部に位置するサンターヌ・ドレーである。

一九一四年七月二十六日、パルドン祭りに際してサンターヌに「ブルターニュの守護聖女」という称号が正式に与えられた。その八日後の八月三日にはドイツ軍がフランスに戦線布告をしてきた。その一九一四〜一八年の第一次大戦が終わった時、ブルターニュの司教たちは、「フランスのために死んだ」すべてのブルターニュ人を追悼するモニュメントを建てることを決定した。いくつかの建設候補地を検討した結果、サンターヌ・ドレーが選ばれた。一九二二〜三二年にサン・ブリユック、カンペール、ナント、レンヌ、ヴァンヌの五つの司教区のカトリック教徒によって、第一次大戦で死亡した二四万人のブルトンの陸海空軍と市民の犠牲者のために記念碑が建てられた。そして、追悼施設のメモリアルを囲う外壁には八千人の犠牲者の名前が刻まれている(14)。

七月二十六日のサンターヌの祝日に行なわれるパルドン祭りには二万人をこえる巡礼者が訪れている。前日の夜九時三十分にバジリックからメモリアルへ十字架、バニエール、サンターヌの聖像などを担いでプロセシオンが行なわれる。屋外でミサが行なわれ、松明に導かれながら、サンターヌの聖像は兵士たちの名前を刻んだ外壁に沿ってその内側を一周する。参加者は全員キャンドルに火を灯す。兵士たちは危機に際していつもサンターヌに加護を祈り求めたといい、そのサンターヌの聖像が戦死した兵士たちのもとを巡る光景は感動的である。そしてバジリック（教会）へとサンターヌの聖像が帰っていく。翌二十六日は、朝九時にバジリックからメモリアルへ楽隊が先導してプロセシオンが行なわれ、ミサが行なわれる。

メモリアルが建てられる以前、この晩課とミサはスカラ・サンタと呼ばれる「古い門」で行なわれていた。バジリックでは大勢の巡礼者を収容しきれないために屋外で行なわれるようになったのである。プロセシオンはスカラ・サンタの円天井の下を通ってメルシェの道を下って聖なる泉水に向かったという。現在のルートは、バジリックとメモリアルとの往復で、泉は省略されている。

私たちが参加した二〇〇五年のパルドン祭りで、フランソワ・マテュランというヴァンヌのエヴェック（司教）は、「死んだ人も生きている人もすべてのブルトン人はサンターヌ・ドレーに来なければならない」と述べていた。これは、ブルトン人は「生きているうちに、または死んでからでも、だれでも一度は、サンターヌへ行かねばならぬ」と言い、サンターヌ・ラ・パルーもしくはサンターヌ・ドレーに行き、「ブルトン人は死んだのち、あの世で聖アンヌ様に会い、ブルトン語で天国を案内してもらえると信じている」という言い伝えが今も生きていることをよく表わしているといってよい(15)。

このようにサンターヌは、漁師の仕事の守護、新婚者の祝福、病気平癒、兵士の安全、死者の安穏、など人間の生命を守る神として信じられている。そして、これらは、キリスト教の教義とは異なるブルターニュの民俗信仰に基づくものといえる。

3　ペルリナージュの二つの意味

サンターヌ・ラ・パルーのパルドン祭りの民俗調査の現場では、ペルリナージュという言葉が二つの場面で用いられていた。一つは、他の町や村の者がパルドン祭りが行なわれる村の教会まで歩いてくることをペルリナージュという。もう一つは、ミサの後に続いて行なわれるプロセシオンを神父はペルリナージュという。

たとえば、サンターヌ・ラ・パルーへのペルリナージュでも、ポン・クワを日曜日の早朝三時に出発し、約三十キロを歩いてきたという二十八人の若い男女のグループのほか、自分の村の守護聖人の像を描いたバニエールを持って教会にやってくる者や、あるいは友達同士で歩いてくる老若男女などがいたが、彼らの行為とその目的をたずねると、みんな口々に「ペルリナージュ」だといっていた。

ペルリナージュ（pélerinage）というフランス語は日本語では「巡礼」と翻訳されている。しかし、実際の「巡礼」には、いくつかの聖地を順々に巡る「聖地巡礼」と、特定の一つの聖地に詣でる「聖地参詣」という二つの意味がある。他の町や村の者がパルドン祭りの行なわれる教会を目指して歩いて来るペルリナージュは直線的なペルリナージュであり、まさに聖地参詣である。それに対して、パルドン祭りのミサの後のプロセシオンはいくつかの聖なる場所をつないで歩くことに重要な意味をもつ円環的なペルリナージュといえる。同じ道を帰らないのが原則で、円環的に歩くことにより、一定の空間を囲むことになるのである。

トロメニ　この視点にたてば、たとえば、サンターヌ・ラ・パルーでは教会と聖なる巨石跡の二カ所を聖地としながら丘を一周して教会に帰るのであるが、このサンターヌ・ラ・パルーの東に位置するロクロナンという町で六年ごとに行なわれるグラン・トロメニと呼ばれる宗教行列は、教会から出発して、十二カ所の聖なるスタシオン（休憩祭壇）を順に巡り、一つ一つのスタシオンで祈りを捧げ、讃美歌を歌いながら約十二キロの道のりを歩き、教会に帰ってくる。[16] 二〇〇一年に私たちが参加したそのロクロナンのグラン・トロメニの時のことである。急に大雨が降ってきて、車に避難した時、高齢の女性、三人のグループを一緒に乗せてあげたことがあった。彼女たちはブリューから来たという。いったんロクロナンの街中に帰ってカフェで雨が止むのを待ったが、その後は、私たちが車で彼女たちを乗せた場所にもう一度戻ってそこから再び歩くのだという。車を利用するのはだめで、どうしても十二キロの距離を自分の足で歩かなければならないのだといい、それこそがトロメニであることをあらためて教えられた。

トロメニについては本書の第Ⅳ章「ブルターニュのトロメニ」でも詳しく述べられているが、このトロメニ（troménie）という用語はブルトン語で、修道院の囲い地（minihi）を一巡する（tro）という意味である。

トロ・ブレーズ　この円環的なペルリナージュのうち最大距離を歩く例として、ここでトロ・ブレーズについてみておきたい。ブルターニュ地方には五、六世紀頃、大ブリテン島から渡ってきたケルト語を話す七人の宗教者に奉献された七つの大聖堂がある。カンペールのサン・コランタン大聖堂、サン・ポル・ド・レオンのサン・ポル大聖堂、トレギエのサン・チュグデュアル大聖堂、サン・ブリュックのサン・ブリュック大聖堂、サン・マロのサン・マロ大聖堂、ドル・ド・ブルターニュのサン・サムソン大聖堂、そしてヴァンヌのサン・パテルヌ大聖堂である。トロ・ブレーズの巡礼者は一年に一つずつ参詣して、七年かけて半島を一周するのである(17)。

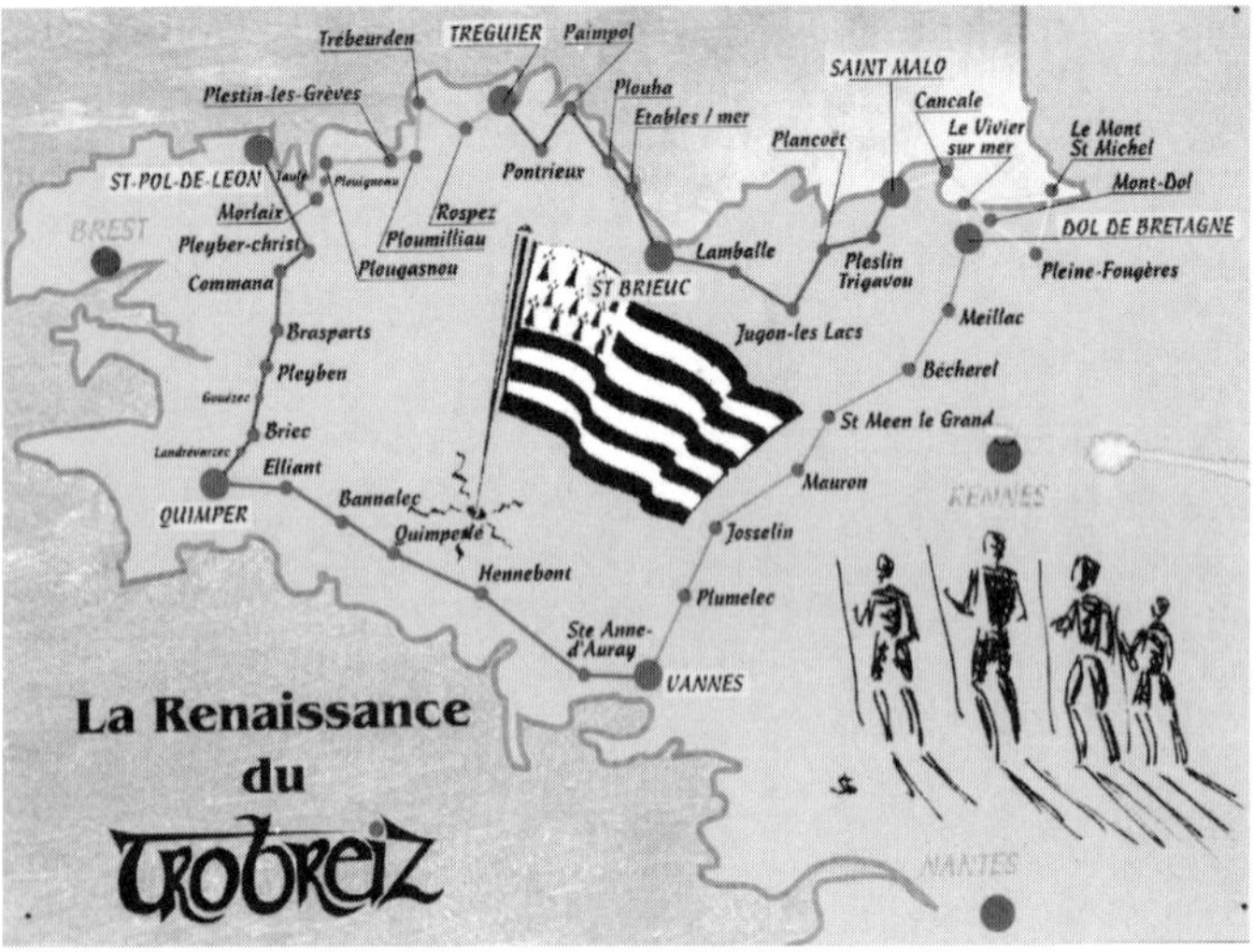

トロ・ブレーズ

中世史家のジャン・クリストフ・カサールによれば、このトロ・ブレーズに関する記録は断片的なものしか残っていないため、その起源や目的については不明な部分が多いが、十四世紀初頭には献身的な行為としてトロ・ブレーズが存在していたこと、ブルターニュ公国最後の王女であったアンヌ王女（一四七七〜一五一四）も自分が受け継いだ領地を長い間かけて訪れながらトロ・ブレーズを果たしたことが記録されているという[18]。またブルターニュの人々は一生に一度はトロ・ブレーズを果たす義務があるとされ、これを果たしてはじめてブルトン人になれるという。もし果たさずに死んだ場合には、死後も、七年間で自分の棺桶の長さ一つ分ずつ前進することによってトロ・ブレーズをやりとげるのだともいわれていた。

十五世紀を経た後、トロ・ブレーズは中断されたとされる。しかし、十九世紀以降これを復活させようとする試みが何度かなされたが、決定的に具体化したのが二千年紀を前にした一九九四年の夏であった。それ以降二〇〇〇年夏まで七年をかけて七聖人の町が巡拝されたのである。これはサン・ポル・ドゥ・レオンの教会が中心となって計画したものであった。マスメディアが媒介となって参加者を募り、一九九四年には六〇〇人、九五年には千人近い予約者があったという[19]。

私が出会ったプレイベンに近いグェゼックのトロワ・フォンテンという村で農業を営むイヴ・ピェールさん（一九二四年生まれ）はこの案内をインターネットで知った兄ジャメ・ピェールさんの薦めでこのトロ・ブレーズへの参加を申し込んだ。

トロ・ブレーズは毎年八月の第一週に行なわれる。最初の月曜日に出発して土曜日に目的地に到着するような日程で一週間だけ行なわれ、その間、夜は着いた先々の村で指定された施設に宿泊したり、キャンプをしたり、一般の家庭に泊めてもらったりした。一九九四年にはカンペールからサン・ポル・ド・レオン、一九九五年にはサン・ポル・ド・レオンからトレギェ、一九九六年にはトレギェからサン・ブリユック、一九九七年にはサン・ブリユックからサン・マロ、一九九八年にはサン・マロからドル、一九九九年にはドルからヴァンヌ、そして二〇〇〇年にはヴァンヌからカンペールへと、七年かけてブルターニュを一周してきたという。一九九四年には確かに六〇〇人ほどの参加者がいて、意外に若者が多いのに驚いたというが、二〇〇〇年には二〇〇人ほどに減っていたという。

ここで注目されるのは、七聖人にゆかりのある町をそれぞれ訪れるだけならすでに一九九九年に目的は達成されているはずなのに、二〇〇〇年にもう一度カンペールへ帰っていることである。つまり、トロ・ブレーズの目的は前述のように単に七つの聖地を巡拝することだけではなく、それらの聖地と聖地の間を歩きながら、最後にブルターニュ地方をぐるりと囲むことが重要とされているのである。しかも東から西へ太陽の回る方向と同じ方向に歩くのである。

このトロ・ブレーズが、七つの町を巡り、ブルターニュ地方全体を囲む大規模な聖地巡礼とするならば、パルドン祭りのプロセシオンは小規模な聖地巡礼として位置づけられる。そして、両者共に、行きと帰りとで同じ道を通らず、太陽の回る方向と同じ方向に歩いて聖地と聖地をつなぎながら一定の範囲を示すという点で共通している。この巡礼は、「聖地参詣」とも「聖地巡礼」とも異なるもう一つの意味をもつ。つまり、聖なる領域の境界を設定することに意味のある巡礼のかたちである。巡礼の意味に対するこの新しい解釈は今後のさらなる検証を必要としているが、この第三の巡礼の存在が現段階で私が提示できる一つの仮説である。

4　高齢者とペルリナージュ

確かにパルドン祭りは一年に一度の盛大な村の祭りで、老若男女大勢の人々が集まる。サンターヌ・ラ・パルーでもミサが始まるまで、他の村や町から、それぞれの村ごとにデザインが異なる伝統衣装を着た老若男女や、Tシャツに短パン姿、また杖を手にした大勢の人々が集まる。その杖には、スペインのサンティアゴ・デ・コンポステーラへ巡礼した記念の印がつけてあるものも多くみかけた。初めてくる者、十五回目だという者など回数もさまざまで、一人で来る者、友人と二人で来る者、夫婦で来る者、グループで来る者などさまざまであった。そして若者と高齢者ではペルリナージュの動機も必ずしも同じではない。

実際、パルドン祭りにペルリナージュしてくる高齢者の姿が多かったが、また、これとは別にブルターニュで何度か老人の団体旅行者に出会うことがあった。たとえばブルターニュ北部のサン・ジャン・デュ・ドワの海岸で、ブレストからやって来た老人団体のバス旅行の女性たちの集団に出会ったことがあるが、それは夫を亡くした高齢女性ばかりの団体であった。彼女たちは水着姿で元気に浜辺に下りていった。また、サンターヌ・ラ・パルーに近いシャトランという町では、男女の老人の団体と同じホテルに泊まった。団体客は大広間を貸切って大テーブルで夕食をとり、その後は皆でビデオをみて楽しんでいた。その間に、一組、また一組、と広間から中庭に出ていくカップルがあった。彼らは夏の夜のひとときを楽しんでいたのであろう。

二〇〇〇年九月二日、ル・フォルグェットのパルドン祭りの夕方、一人の老女がペルリナージュしてきた。彼女は毎年、ペルリナージュしてくるという。「マルシェ」（歩く）という言葉を何度も自慢そうにいいながら、自分が歩いてここまできたことを誇りにしていた。この老女は帰りは夫が車で迎えに来ることになっているという。積極的にパルドン祭りにペルリナージュしてくる老人たちと、団体旅行で出会った老人たちには共通するものがあった。老いるのは体力の減退を知ることである。けれども、まだこれだけできるということを確認したいという、存在確認・存在証明への衝動が彼女たちを支えていると見受けられるのである。若者も老人もパルドン祭りのペルリナージュでは歩くことにこだわっている。もちろん信仰の証明としても自力で歩くことが要求されているのであるが、それとは別に、若者のペルリナージュの場合は伝統の追体験であったり、その後の達成感の共有が目的であったりする。一方、老人のペルリナージュの場合は体力が減退していくなかで、自己の存在確認・存在証明が目的となっているのである。

これらブルターニュの老人たちの姿からは、老人が旅に出る内在的動機について考えさせられる。定年後はそれまでできなかったことをしたい、旅行をしたいという希望をもつ人は多い。その希望者にとって老いはまだ遠くにある。しかし、体力の減退を知ったとき、残された時間を考えるようになったとき、自己の存在確認・存在証明の手応えが得られるような旅が求められているのである。

5　まとめ

以上、サンターヌ・ラ・パルーのパルドン祭りのプロセシオンに対してペルリナージュという視点から分析を試みたわけであるが、主な論点をしぼれば以下の三点である。

第一に、サンターヌ・ラ・パルーのパルドン祭りのプロセシオンの順路は、シャペルと聖なる巨石（跡）という二つの聖なる場所を経ながら、大西洋に面した荒涼とした丘を一周するものであるが、なぜ、この場所をプロセシオンするのかについては、次の三つの側面が指摘できる。①聖なる巨石への信仰、②西方の、漁業など海の生業を背景とする海への信仰、③日照の恩恵に対する感謝の念に由来する西方に沈む太陽への信仰、である。

第二に、パルドン祭りの現場では、ペルリナージュ（巡礼）という言葉は二つの意味で用いられている。一つは、他の村や町から人々がパルドン祭りが行なわれる村の教会へと歩いて来る行為であり、もう一つは、パルドン祭りのミサにつづくプロセシオンのことである。前者は直線的なペルリナージュで、いわば「聖地参詣」であるのに対し、後者は円環的な「聖地巡礼」ととらえることができる。

第三に、中世ブルターニュで行なわれていたトロ・ブレーズを大規模な聖地巡礼と考えるならば、パルドン祭りのプロセシオンは小規模な聖地巡礼としてとらえることができる。ただし、「巡礼」にはいま述べたように「聖地参詣」と「聖地巡礼」との二つの意味があるのに対して、トロ・ブレーズもプロセシオンも両者に共通する特徴として、単に聖地を巡拝することだけが目的ではなく、太陽の回る方向と同じ方向に歩くこと、行きと帰りで同じ道を通らないこと、という二つの決まりがあり、結果として、出発地点に戻ってきてはじめて完結するという仕組みになっている。そのことから、トロ・ブレーズにはブルターニュの周囲を一周することに意味があり、パルドン祭りのプロセシオンでは教会からいくつかの聖地を巡拝しながら、また教会に帰ってきて、一定の境界線上を行進し、それによって聖なる領域を設定するという意味があるということができる。つまり、トロ・ブレーズやトロメニのような円環的なペルリナージュ（巡礼）においては、トロ（一巡）することに意味があるのであり、それは聖なる領域設定と領域確認を意味している第三の「巡礼」ということができるのである。

注

1 スペイン北西部、ガリシア地方の都市。九世紀、使徒ヤコブの遺体の存在を示す星が現われたと信じられ、アストゥリアス王アルフォンソ二世によって教会が建設されると、中世ヨーロッパにおいてはエルサレム、ローマと並ぶ三大巡礼地となった。この巡礼者の特徴は旅嚢や衣服にホタテ貝を付けることであった。

2 一八五八年、聖女ベルナデッタの前に聖母マリアが出現したという奇跡が伝えられ、ベルナデッタによって湧出した聖なる泉水は病気の治療に効くといわれる。現在、巡礼者は年間二〇〇万人以上といわれる。

3 イスラエルとヨルダンの国境にある都市。キリストの死、復活、昇天の場所で、キリスト教の聖都。

4 Guillaume Ferill, "PLONEVEZ au XXème Siècle, 2000

5 "Le Patrimoine des Communes du Finistère II", Flohic Editions, 1998

6 Anatole Le Braz, 'Sainte-Anne-la-Palud : Le Pardon de la Mer,' "Au Pays des Pardons," Terre de Brume Editions, 1998（1900）。なお、アナトール・ル・ブラズはブルターニュ出身の人物で、農業問題の専門家であり、また小説家、詩人、序文執筆家、文芸評論家、民俗学者などとして該博な一般教養を身につけていた人物とされる。ブラズは自分自身のことを「ブルターニュ的考えに固執する心優しき者」と称しており、彼の著作には『アルモリカのブルトン人における死の伝説』（一八九三年）、『パルドン祭りの国で』（一九〇〇年）などが知られている。一八九二年「ブルターニュの聖人伝説に関する研究調査」を開始し、一八九四年までの三年間、実際に、ブルターニュ各地を歩き、人々に尋ねながら民衆の間に伝えられている聖人にまつわる伝説の記録を行なった。そして、一八九三年より「ブルターニュ年報」に論文を発表していった。

7　前掲注6、二七四〜二七五ページ。

8　アルフォンス・デュプロンも、フィニステールの地に到来した聖母信仰は「古くからこの地域に根づいている海の女神への信仰を補完するものでしかなかった」と述べている（『サンティヤゴ巡礼の旅』（田辺保監訳　原書房　一九九二年、三三七ページ）。

9　アルフォンス・デュプロン『サンティヤゴ巡礼の旅』（田辺保監訳　原書房　一九九二年、三三五〜三三六ページ）。

10　遠山公一「アンナ」（大貫隆・名取四郎・宮本久雄・百瀬文晃編『岩波キリスト教辞典』岩波書店、二〇〇二年）。

11　'Le livret du Pèlerin de Sainte Anne,' Apt Vaucluse France, 2003

12　ブルターニュ地方のキリスト教布教以前の聖アンナ信仰の一面について、田辺保は紀元五、六世紀頃から「ケル・アンナ」（聖アンナの家）というのがあったといい、その聖アンナ崇拝をもたらしたのは、大ブリテン島から追われてきたケルト人たちと推定している。ケルト人たちが自分たちの風習や言葉とともに独特の信仰をこの地にもたらしたという（田辺保『ブルターニュへの旅』朝日新聞社　一九九二年、一一六ページ）。

13　前掲注6

14　Patrick Huchet, 'La grande histoire de SAINTE-ANNE-D'AURAY, éditions Ouest-France, 1996

15　田辺保『ブルターニュへの旅』朝日新聞社　一九九二年、一一八ページ

16　Donatien Laurent, 'La cime sacrée de Locronan,' "Hauts lieux du sacré en Bretagne," Centre de Recherche Bretonne et Celtique, Brest, 1997, p.357-365, 新谷尚紀「ブルターニュのトロメニー伝説と現在―」（『国立歴史民俗博物館研究報告』一〇八、二〇〇三年）

17 François Lebrun et Hervé Martin, 'Le pèlerinage des Sept-Saints en Bretagne,' "L'Histoire", n° 25, 1981, p.58-66, 田辺保『フランス巡礼の旅』（朝日新聞社　二〇〇〇年）、同『ブルターニュへの旅』（朝日新聞社　一九九二年）

18 Jean-Christophe Cassard, 'Le Tro-Breiz médiéval, un mirage historiographique?' "Hauts lieux du sacré en Bretagne", Centre de Recherche Bretonne et Celtique, Brest, 1997, p.93-119

19 前掲注18、一一八ページ

第Ⅱ章　パルドン祭りと奇跡の泉

関沢まゆみ

1　はじめに

民俗信仰と創唱宗教との関係とは、という視点からブルターニュ各地のパルドン祭りの特徴に注目してみると、そのプロセシオン（宗教行列）において、シャペルの周りをまわることはいずれのパルドン祭りでも共通している。しかしそれだけでなく、聖なる泉水をめぐるタイプや、タンタットゥと呼ばれる聖なる火を焚くタイプ、また聖なる巨石をめぐるタイプ、などといくつかに分類することができる。

ブルターニュ地方は泉が多いことで知られており、その泉水には病気の治癒など奇跡の信仰が色濃く伝えられている。(1) ブレスト大学の学生による一定地域における泉の集中調査も行なわれ、サン・ルナン郡（十二市町村）においては、一五四カ所の泉が現存し、一方、現存はしないものの伝承の上で確認できる十三カ所の泉も含めて、それらの分布、形態、名称、泉水への民間信仰などについて紹介されている。(2)また、フィニステール県南部に位置するビグーデン地方南西部の六市町村においては二六四カ所の泉が確認され、その泉水の効用については、病気治癒、動物の治癒、神のお告げを伝える、などがあることが指摘されている。(3)その対象となるのは、足（子供の歩行）、吹き出物、皮膚病、癩病、めまい、発熱、眼病、腹痛、分娩、リューマチ、豊富な母乳、言語能力、不妊、腰痛、百日咳、傷などであり、泉水はそれらを治癒する効験のあるものとなっている。また予知には、結婚、家族の健康、天気などがあげられている。

私たちの調査では、まず泉水とシャペルや教会の立地の密接な関係や、泉水とパルドン祭りとの関係性が注目された。

2　泉水とシャペルの立地

泉水とシャペルあるいは教会の立地については、両者が近接している場合と、両者が離れている場合とがみられる。たとえば泉水をシャペルや教会の建物の内部に有している例や、外壁を隔てて接している例、シャペルの庭の一角に有している例、シャペルから二〇～一〇〇メートルほど離れている例などがある。私たちが現地調査したいくつかの例を紹介してみよう。

教会堂内の泉水
（サン・ジャン・デュ・ドワ）

教会の庭の泉水
（サン・ジャン・デュ・ドワ）

サン・ジャン・デュ・ドワ　たとえば、第Ⅲ章で詳しく述べる、ブルターニュ北西海岸に位置するサン・ジャン・デュ・ドワを訪れると、まず目に入るのは教会の敷地内に豊かな水をたたえている大きな泉水である。この屋外の泉水は十七世紀に再建されたものであるが、一九五五年におきたこの教会の火災以前には教会の建物の中にも泉水が湧き出るところがあり、人びとの信仰を集めていた。サン・ジャン・デュ・ドワでは聖ヨハネ（サンジャン）の指を聖遺骨として守り伝えてきているが、これは眼病に効くという。この泉水に聖ヨハネの指を浸すと眼病を治す奇跡の水になるといわれていて、この村に住むトリスタンさん（一九三六年生まれ）は、子供のころ両親からその泉水をかけられたことを覚えているという。

ル・フォルグェット　また、ル・フォルグェットというブルターニュ北西部に位置する人口約三、二〇〇人の町がある。この町のバジリック（教会）の正面の祭壇は、外壁を隔てて泉と隣り合わせになっている。この泉は教会が建てられるよりも古くから存在していたことが次のようなサランの伝説からわかる。

　十四世紀中ごろ、この地はレスネヴァンの森で、泉の近くにサランという少し頭のおかしい男が住んでいた。サランは乞食をして暮らし、家から家へと「アヴェ・マリア」と繰り返し唱えながら施し物を求めていた。毎日、樫の木に登っては猿のように「アヴェ・マリア」と叫んでいた。サランはすべての祈りを学んだものの、「アヴェ・マリア」という二つの言葉しか覚えられなかった。サランは「森のきちがい《アン・フォルケ》」と呼ばれた。地元の教会の記録によれば、サランは一三五八年の冬に死んだという。サランの遺体は、彼がよく木登りをしてゆすっていた樫の木の近くにある泉のそばに埋められた。サランはこの泉の水にいつもパンを浸して食べていたのである。すると、すぐに墓に奇跡がおこった。墓の上に一輪の百合の花が咲き、その白い花びらに金色の文字で'Avé Maria'と書かれていたのである。人々が墓を掘り返したところ、サランの口から花が咲き出ていたという。

　後に、人々は墓に奇跡があったことを忘れ、泉に奇跡があるものと考え、泉にむかってアヴェ・マリアへの祈りを捧げるようになった。そして、ブルターニュの貴族がマリアへの感謝の気持ちをあらわして、泉の上に教会を建てた。その祭壇の下に泉水が涌くところがあり、その水が教会の壁を隔てて外に流れ出るようになっている。今日も、その泉を訪れる巡礼者が多い。この泉水が病気を治すというよう

ル・フォルグェットの泉

サランの伝説を描いた絵

トロワ・フォンテン、泉

な伝承はないが、コインを投げ入れて祈る人が多い。昔は、エパングル（ピン）を泉に投げこみ、ピンが底まで沈んだら結婚の希望はかなわず、水の上に浮いたらその年の終りまでに結婚できるといって占ったものだという。

現在でも願い事がある人は教会内の七つの祭壇の前で祈ってから泉に行く。そうすれば願いがかなえられるといわれている。

ル・フォルグェットの町の名前はこの「森のきちがい《アン・フォルケ》」というサランの呼び名に由来している。もともと森だったところに、十四世紀末から十五世紀初めにかけて教会が建立され、その一、二世紀後にはアンヌ・ドゥ・ブルターニュの援助によって教会を大きくしたと伝えられている。

トロワ・フォンテン　グェゼックという村のなかのトロワ・フォンテンという人口一、〇〇二人（二〇〇〇年現在）の集落の事例である。シャペルの道向かいに村の名前の通り三つの泉が隣接している。

一つめの泉には聖ヨハネの石像、二つめの泉には聖母マリアの石像、三つめの泉には現在は失われているが、サン・チーブとマドレーヌとサロメの三体の石像があった。一九九五年に改修工事が行なわれ、この三つの泉に石製の屋根付きの囲いをめぐらし、泉水のもとまで階段がつけられた。それまでは三番めの泉はあまり手入れされず藪に埋まっていたという。この泉については、次のような伝説が伝えられている。(4)

子供を大勢かかえた父親が妻に先立たれた後、嘆きのあまり貧しくて育てる自信がないと、三番めの泉に子供を投げ入れて殺そうとした。その時、聖母マリアが現れ「家に帰ってごらんなさい。食べ物もお金も十分あるから、子供を殺さないでください」と言われた。そこで、父親は家に帰ってみると、本当に食べ物もお金もたくさんあった、という。また、この父親は三つ子を抱えて困っていたが、家に帰ったら乳母がいたという話もある。

現在は行なわれていないが、泉にコインを投げ入れて祈れば、母乳が良く出るとも言われていたという。そして、ここでも泉があったからこの地にシャペルを建てたこと、泉はキリスト教以前から聖なる場所とされていたこと、などが言い伝えられている。

プレイベン　プレイベンには教会が一つとシャペルが七つある。その七つのシャペルのうち、聖母マリア、サン・ローラン、ラ・トリニテ、ラ・マドレーヌ、サン・エデン（村のシャペル）をまつる五つのシャペルにそれぞれ泉水がある。市長のピルシェ氏（一九二三年生まれ）は、その中の一つ、サン・

エデンのシャペルに住んでいるが、シャペルの中に岩があって、そこから水が湧き出ている。ここでも、泉があったからそこにシャペルが建てられたという。サン・エデンをまつっていて、この泉水は目の病気に効く。サン・エデンはアイルランドから来た聖人で、泉のそばに住んでいたと伝えられている。キリスト教以前の信仰に関係があるという。

以上、これらはいずれも泉がシャペルや教会の建設に先行して存在していたことを言い伝えている事例であり、これらの泉水には奇跡の効験が伝えられている点が共通している。

3 パルドン祭り

前述の町や村のパルドン祭りについてみてみよう。

〈事例1〉 ル・フォルグエットのパルドン祭り

ル・フォルグエットでは、十八〜十九世紀にパルドン祭りのミサのために屋外に礼拝堂を作り、その後十九世紀初めに教会も建て直したといい、そうしてパルドン祭りに巡礼に訪れる人が増えてきてから集落が形成されていったといわれている。現在の屋外の礼拝堂は一九二〇年に改築されたものである。

九月の第一日曜日（一九七〇年代までは九月八日だった）にパルドン祭りが行なわれる。二〇〇〇年の場合、九月二日（土）の夜、十八時から教会でのミサがあり、二十一時から二十一時三十分にキャンドルを手にした人々によって教会から約五百メートルほど離れた礼拝堂へとプロセシオンが行なわれ、二十三時まで若者による現代風にアレンジされた屋外ミサが行なわれた。そして三日（日）は十時から十字架やバニエール、聖母マリアの石像、その他の村や町から参加した人々のバニエールや聖像などによる大規模なプロセシオンが、教会から礼拝堂まで行なわれた。十時三十分から屋外でミサが行なわれ、十二時に昼食、十四時に教会で晩課、十五時にもう一度教会から礼拝堂へのプロセシオンが行なわれて、礼拝堂での屋外ミサの後、教会へ帰って終了した。この後、教会内部に安置された聖母マリアの黒い石像にキスする巡礼者の姿が多くみられた。

教会の聖歌隊の男性（一九三七年生まれ）によると、一九二〇年に礼拝堂が改築される以前、プロセシオンでは教会の周囲をまわっていたと思われるという。現在バニエールだけでも八十〜百旗も参加するため行列が長くなるので、時間がかかりすぎないように、プロセシオンの順路は、礼拝堂の周囲を巡回していたのをやめて、教会から礼拝堂までの直線距離にして短くするなど、いくつか変更がみられるという。

〈事例2〉グェゼックのパルドン祭り

グェゼックには、トロワ・フォンテンとトレギュロンという二つのシャペルがある。トロワ・フォンテンのシャペルの道向かいに泉があるように、トレギュロンにはシャペルから約百メートルほど離れた地点に泉がある。このトレギュロンの泉には、大きなおっぱいをしたマリア像がまつられている。その乳首からは三筋の乳が垂れており、一つの乳房を赤ん坊のキリストがしゃぶっている石像である。村の人は三筋の乳についてこれは三位一体をあらわしていると説明する。またこの泉には子供の病気を治す奇跡が伝えられている。

シャペルの管理、運営は二つの集落の住民がそれぞれの組織を作り、それはプレジドンとファブリシァンを代表とする十名前後で構成されている。プレジドンはメンバーによる選挙で五十歳過ぎの男性が選ばれ、パルドン祭りの昼食会の料理の準備やゲームなどの遊びの世話をする。ファブリシァンは比較的年齢の若い者のなかから希望者が一年交代でつとめ、プロセシオンでバニエールを持つ人物を決めたり、シャペルを花で飾ったりするなどの世話をする。このメンバーでパルドン祭りのやり方を決めるのである。

トロワ・フォンテン　トロワ・フォンテンでは八月十五日に聖母マリアへのパルドン祭りが行なわれる。十時三十分にシャペルでミサが行なわれ、十字架、聖遺骨の輿、バニエールを持った人々を先頭に、プロセシオンが行なわれる。その順路は、一九八〇年以前はシャペルから約五百メートル先にあるカルヴェール（一九三三年に建立されたもので、それ以前は存在しなかった）まで歩いていったが、今では人々が高齢化したため、シャペルの建物の周囲を一回まわるだけである。十二時から近くの農地に張られた長テントのなかに五百席余りが設けられ、一同に会して昼食をとる。メインディッシュは豚の丸焼き一頭（骨付きハムに略されることもある）、フライドポテト、むき海老とジャガイモのサラダ、りんごの焼き菓子、パン、コーヒー、赤ワインである。十五時頃からはシャペルの庭で歌やダンスなどが行なわれる。ブルトン・ダンスも踊られる。この昼食の準備は、グェゼックだけでなく近隣の町や村の者もボランティア的に集まり、約八十人で手分けして行なう。

なお、村の人はシャペルの向かい側にある泉へもプロセシオンをしたいと希望しているが、神父の理解が得られず、かなえられていない。私たちが訪れた二〇〇〇年八月十五日に行なわれたパルドン祭りの後、シャペルの老朽化のためにシャペルへの立ち入りが禁止され、パルドン祭りも中止されたままである。このシャペルに建てられているカルヴェールの台座には一五八四年の銘が刻まれているが、一七八九年の革命で破壊されたままの状態で現在にいたっている。

トレギュロン　一方、トレギュロンでは九月八日の聖母マリアの生誕日またはその次の日曜日にパルドン祭りが行なわれる。シャペルでのミサの後、林の木立をぬけて泉へのプロセシオンが行なわれ、泉につくと祈りが捧げられる。

グェゼックでは一九五五年に全戸に水道がひかれたが、それまでは毎日泉の水を汲みにいっていたという。トレギュロンの泉の下流には今でも洗濯場が残されている。泉の水が人々の生活と密接な関係にあったことがよくわかる。このグェゼックという同じ村落の二つのパルドン祭りの例は、パルドン祭りに泉へのプロセシオンが行なわれるか行なわれないかはシャペルと泉との距離とは直接関係がないことを示している。むしろ神父と村人の関係の中で、泉へのプロセシオンは実行されたり中断されたりしているものだということが、このほかその後の各地の聞き取り調査からわかってきたことであった。

トレギュロン、泉

同、泉の石像

同、教会堂内の聖母マリア

4　パルドン祭りと泉水での儀礼

パルドン祭りに泉水での儀礼が行なわれる事例には、私たちが現地調査できたものとしては、第Ⅰ章で述べたサンターヌ・ラ・パルーのプチ・パルドンのほか、前述のトレギュロン、そしてプルーヴィエンのサン・ジャウアという集落、サン・フィリベ、ケリエンのラ・クラルテという集落、プルアルザル、ムール・ドゥ・ブルターニュ、モルビアン県のケリエンやカランなどの事例がある。

〈事例3〉 サン・ジャウアのパルドン祭り(5)

サン・ジャウアという町の名前は聖人ジャウアに由来する。ここのシャペルの床部分は現在も石を敷くなどしておらず地面であるが、その下に聖人が埋葬されていると伝えられている。聖ジャウアが死んだ時、遺体を牛の荷車にのせて自由に行かせたところ、このシャペルまで来たので、聖ジャウアをまつることになった。シャペルの入口を入ると祭壇の脇に聖ジャウアの石像(十五世紀のもの)が石台の上に横たえられている。一八九六年にこの聖ジャウアの墓を掘り起こし、大腿骨を聖遺骨としてシャペルとは別のプルーヴィエンの教会に安置し、その他の部分は聖ジャウアが司教をつとめていたサン・ポル・ドゥ・レオンやカンペール、ブラパールなどに分けて保管された。

プルーヴィエンの泉

ここでは五月の第一日曜日、十時十五分からシャペルでミサが行なわれ、昼食後一時十五分にシャペルから約五十メートル離れたところにある泉へプロセシオンが行なわれる。プロセシオンには十字架、バニエール、聖ジャウアの聖遺骨の一部を安置した輿などのほか、近隣の町や村からもバニエールを持って参加する。泉のまわりで、水の恵みに感謝の祈りを捧げ、聖ジャウアの歌をブルトン語でうたう。祈りを捧げる時、甘いパンを小さく切って全員に配り、これを口の中に入れてから十字を切る。オスティと呼ばれる聖体のパンをいただく儀式は別に行なわれ、この甘いパンはオスティとは異なるブルトンの古い伝統によるものである。この泉水には、妊娠中の女性がおむつを洗っておくと元気な赤ん坊が生まれるとか、胃潰瘍に効き目があると信じられていた。しかし一九五五年に水道がひかれるとともに、水質汚濁のため飲料用としては中止された。

このパルドン祭りは一九八五、八六年まで毎年行なわれていたが、その後一時中断された。その頃、神父が不足しており、このシャペルはプルーヴィエンの教会の神父が兼務していたが、彼はパルドン祭りに対して否定的で、「パルドン祭りは宗教的でない。バニエールも冗談だ。絶対、プロセシオンをしない」と言っていた。その時、サン・ジャウアの人々は「神父さんなしでプロセシオンをする」といってやった年もあったが、小さい問題がおこるとたびたび中止されていた。一九九二年に住民による組織ができてパルドン祭りを復活させたものの、一九九五～九七年にはシャペルの工事のためまた中止され、一九九八年から復活した。

〈事例4〉 サン・フィリベのパルドン祭り

ブルターニュ半島の南沿岸に位置する港町サン・フィリベは人口約一、六〇〇人で、八月の最後の日曜日に、この地域の守護聖人である聖フィリベに捧げるパルドン祭りが行なわれる。数年前まで八月の第一日曜日に行なわれるプチ・パルドンと、八月の最後の日曜日に行なわれるグラン・パルドンとの二つのパルドン祭りがあったが、プチ・パルドンは廃止された。グラン・パルドンではシャペルでのミサの後、教会に近接する地点にある聖人フィリベの石像が安置されている泉へのプロセシオンが行なわれ、泉では神父による儀礼が行なわれる。この泉水を飲むと病気が治ると信じられている。

　私たちが現地調査した一九九九年八月二十九日（日）のサン・フィリベのグラン・パルドンでは、十時三十分にシャペルでミサが行なわれた後、泉へのプロセシオンが行なわれた。このシャペルには聖フィリベの聖遺骨が保管されているといい、その聖遺骨を安置した輿と十字架、聖像、バニエール、漁師によって奉献された船の模型、神父、そして地域の人々が讃美歌をうたいながら、シャペルから木立を抜けて泉までプロセシオンをする。聖フィリベの聖像を担ぐのは四人の男子であり、その資格は赤ん坊の時に洗礼を受けて宗教を学び、十二歳になって聖体拝領《コミュニオン》の儀式を経た者に与えられていたが、近年では子供が少なくなったので、年齢も十二歳に限らず、だいたい身長が同じくらいの子供を選んでいる。

　ミサにおける神父の話によれば、パルドン祭りの意味について「巡礼の一種」であるという。聖地巡礼の典型的なものとしては、イスラエルのエルサレムへの巡礼やスペインのサンティアゴ・デ・コンポステーラへの巡礼が大規模なものとして知られているが、この巡礼を小さくしたのがパルドン祭りのプロセシオンであるという。巡礼は「出家」と同じ意味で、世俗的な問題を捨てて新しい生活に向かって進んで行くことだともいい、神父の立場から、パルドン祭り、とくに泉へのプロセシオンについて巡礼と関連づけて説明し、自らもそのように意味づけていた。

サン・フィリベのプロセシオン《船担ぎ》

サン・フィリベ、
泉の儀式

〈事例5〉 ラ・クラルテのパルドン祭り

内陸部に位置するケリエンのラ・クラルテという十五戸だけの村には、八月十五日の聖母マリアの昇天祭に行なわれるパルドン祭りと、次の日曜日にラ・クラルテの聖母のパルドン祭りとの二つのパルドン祭りがある。そして、ふだんは毎週火曜日に町の教会から神父がきてミサを行なうだけであるが、十五日から次の日曜日のパルドン祭りの日まではラ・クラルテのシャペルで毎晩ミサが行なわれる。二つのパルドン祭りは両方とも聖母マリアへ捧げられるパルドン祭りで、シャペルでのミサとプロセシオンが同じ形式で行なわれる。

二〇〇〇年八月二十日（日）に行なわれたラ・クラルテの聖母のパルドン祭りの場合、十時三十分からシャペルでミサが行なわれ、その後十二時頃から昼食会となった。野外に設けられた会場で村人が皆で昼食を食べる。十四時三十分に再びシャペルに参集してから、十字架やバニエール、聖母マリアの聖像などを手分けして持ってシャペルから約八百メートル先にある泉に集合する。これはまだプロセシオンではない。泉には水源近くの壁の窪みを祭壇に見たてて、聖母マリアの石像を安置し、周囲を紫陽花などの花で飾ってある。泉の石壁に十字架やバニエールをたてかけ、聖母マリアの聖像を安置する。十五時に村人が泉に集合し、司祭と村の有志によって讃美歌と祈りの小さなミサが泉に捧げられる。終ると、泉からシャペルへとブルトン語の歌を歌いながら、プロセシオンが行なわれる。シャペルに戻ると、パルドン祭りは終る。

ラ・クラルテ、眼に効能があるとされる泉

ラ・クラルテ、泉のミサ

ラ・クラルテ、1900年代はじめ頃の泉のミサ

プロセシオンの順路は、一九七五年以前は集落の周囲を歩いたが、人々が高齢化したため、距離を短くし、現在のように泉からシャペルまでの最短距離を歩くように変更された。

ラ・クラルテ在住の石工ジャン・リュック・ギロウさん（一九五〇年生まれ）の解説によれば、泉の石壁には十九世紀頃のものと思われる奇妙な模様の彫刻がほどこされている。また、この泉水を飲んだり、目を洗ったりすると、目がよくなるといわれている。実際に、片目を失明していたがこの泉の水によって治ったという人物がケリエンの町にいるという。この奇跡の伝承を信じて、現在でも、目を泉水で洗う人や、泉水を瓶に汲んで持ち帰る人の姿がみられた。

ラ・クラルテというのは「光」「明るさ」の意味であり、第Ⅰ章で述べたサンターヌ・ラ・パルーと同じプロネヴェ・ポゼに位置するラ・クラルテという村のシャペルにも泉があり、やはり眼病に効くといわれている。

〈事例6〉プルアルザルの聖エロワのパルドン祭り

プルアルザル泉

ブルターニュ地方西部に位置するプルアルザルの村はずれに聖エロワをまつるシャペルがあり、その祭壇には聖人エロワの聖遺骨が埋め込まれている。聖エロワは馬の聖人で、鍛冶屋や鋳造業の守護聖人である。シャペルの庭のカルヴェールは一五三九年の銘があり、歴史の古さを示している。

聖エロワのパルドン祭りは、四十年くらい前までは六月二十四日に行なっていたが、現在では六月最後の日曜日に行なわれている。十時十分から十一時三十分にシャペルでミサがあり、その後、十字架と三旗のバニエール、聖エロワの聖像、神父、参列者がシャペルのまわりを一周する。次に約四〇頭の馬が手綱でひかれながらシャペルの回りを三周する。シャペルの前では神父が馬に対して聖水によるベネディクションを行なう。三回というのは、父、イエス、聖霊のトリニテのためである。ミサに参加した人は神への奉納物として、バターや麦、馬のしっぽなどを、シャペル前の石のテーブルに置いていく。それらは売られてその代金が献金される。

その後で、馬はシャペルから約五十メートルほど離れた泉まで行く。馬が小川を飛び越えて泉に近づくと、このシャペルの世話人の一人、ジャン・ラムールさん（一九二八年生まれ）が馬の首や尻に泉の水をかけ、ベネディクションを行なう。これは馬が子供を産むため、また元気になるために行なうという。そして昼になると、馬を木々につないで、人々は食事をする。泉には馬に乗っている聖マルタンが彫られている。彼は自分自身を二つに切って、一つを貧しい人にあげたというローマの軍人である。この聖像はフランス革命で破壊されたが、カルヴェールと同様に一五〇〇年代の制作といわれている。この泉はパルドン祭りの時だけ使われ、奇跡の伝承はいまはもう伝えられていない。

〈事例7〉カランのパルドン祭り(6)

フィニステール県東部でモルビアン県に入るカランには、教会から約一キロメートル離れた林の中に泉がある。五月十五日頃に行なわれるサン・トリニテのパルドン祭りでは、教会から泉までサン・トリニテの聖像を運んでプロセシオンが行なわれていた。一九九〇年頃まではカランに神父がいたが、その後、プルエイという町の神父に代わった。この神父は一週間に一度しかカランに来ないので、ミサの後で洗礼式などを執り行なうなどの都合と、プロセシオンをしてからプルエイに帰るのでは遅くなってしまうという理由により、まず十時三十分に泉に集って祈りを捧げ、十一時頃、教会までプロセシオンして、ミサを行なうというかたちになった。

この泉にはドウェットと呼ばれる洗濯場があり、やはり一九九〇年頃まで使用されていたが、現在はもう使われていない。しかし、まだ今でも毎週月曜日に洗濯に来るという老婦人（一九一五年生まれ）や、

カラン、林の中の泉。奥は洗濯場

カラン、泉で洗濯をする老婦人

セーターなどの洗濯機で洗えないものや大きいものはやはりこの泉に洗いに行くという婦人（一九二三年生まれ）もいる。

5　まとめ

以上、このような私たちの調査事例をもとに泉水とパルドン祭りについて整理してみたものが表1である。パルドン祭りに際して奇跡の泉水へのプロセシオンと水の儀礼がいまも実践されている事例がみられると同時に、泉水は民俗的な信仰を集めてはいても、とくにプロセシオンや水の儀礼が行なわれていない事例もみられる。それは前述のように、神父と村人との関係をはじめさまざまな要因によるものと推定されるが、少なくともパルドン祭りにとって、泉水を前にした儀礼は必ずしも必要不可欠の要素ではない。むしろ泉水での儀礼はパルドン祭りの伝承の中に導入されてきている要素と考えられるのであり、そこでは、眼病を治す、胃腸やリューマチに効く、生まれてくる赤ん坊の健康、あるいは結婚占いなど、多様な現世利益が語られている。これらのパルドン祭りにおける泉水の儀礼の背景には、より広いブルターニュ地方の奇跡の泉水への民俗信仰が横たわっているように思われる。各地のパルドン祭りを現地調査していく中で、パルドン祭りには水と石と火の三つの要素が取り入れられていることが明らかになってきたが、そのうち水は最も広く見出される要素となっている。それは洗礼をはじめキリスト教カトリックの信仰の中にも聖なる水の儀礼が多く存在することと関係があるように思われる。こ

表1　パルドン祭りにおける泉水の儀礼の有無

	調　査　地
パルドンに泉水の儀礼がある事例	サンターヌ・ラ・パルー、サン・ジャウア、プルーヴィエン、サン・フィリベ、グェゼック（トレギュロン）、プルアルザル、ラ・クラルテ、ムール・ドゥ・ブルターニュ、ケリエン、カラン
パルドンに泉水の儀礼がない事例	ル・フォルグェット、グェゼック（トロワ・フォンテン）、ケルヴェン、サン・ジャン・デュ・ドワ

うして民俗信仰の中の聖水の信仰が、パルドン祭りの中に比較的スムースに取り入れられているのに対して、一方、石という要素は、前述のサンターヌ・ラ・パルーのように破壊されたと言い伝えている事例が多く、パルドン祭りの構成上、扱いにくい要素であったと思われる。ケルト以来のブルターニュの巨石信仰の痕跡は有名なカルナックの遺跡などでよく知られているが、キリスト教カトリックの中に巨石をめぐる信仰は位置づけがたいものであったようである。

なお、火という信仰要素については、次の第Ⅲ章で詳しくみていくことにしたい。

注

1　Sylvette Denèfle,' Croyances aux fontaines en Bretagne,' Edisud, 1994

2　Cathy Marzin 'Fontaines en Basse-Bretagne : les fontaines du canton de Saint-Ronan,' "Fontaines, puits, lavoirs en

Bretagne," Centre de Recherche Bretonne et Celtique, UBO-Brest, 1998

3　Mireille Andro, 'Fontaines en Basse-Bretagne : les fontaines du sud-ouest du Pays bigouden', 前掲注2所収

4　Jamet Pierre氏（一九二三年生まれ）による説明。

5　Chapalain Pierre氏（一九三八年生まれ）による説明。

6　Yeaum Le L'earmec氏（一九二三年生まれ）による説明

第Ⅲ章　パルドン祭りと夏至の火

■タンタットゥと聖ヨハネの火

関沢まゆみ

1　ブルターニュ地方の民俗調査

（1）アナトール・ル・ブラズの調査

柳田國男の創始した日本の民俗学の国際化へむけての一つの試みとして、私たちは日本の民俗調査研究と併行して、フランス、ブルターニュ地方の伝統文化や祭礼行事についての現地調査を実施している。とくに最初の四年間はブルターニュ半島西部に位置するフィニステール県におけるパルドン祭りと呼ばれるキリスト教的色彩の強い伝統行事を中心に調査を行なってきた。調査地域としてフィニステールを選んだ理由は、十九世紀末にアナトール・ル・ブラズ（一八五九〜一九二六）が行なった聖人伝説の採集を中心としたこの地方の民俗に関する調査記録が存在しており、この記録が現行の民俗との比較を可能にしてくれると考えたからである。

アラン・タンギーの「民族学的方法によるある民俗学者の探求――アナトール・ル・ブラズとブルターニュの聖人たち――」[1]は、ブラズ没後七十年を経て、ブラズの再評価の可能性について論じた最初の論文である。アラン・タンギーはそのなかで、十九世紀後半においてブラズがブルターニュの聖人伝説に関心をもったことについて、まさに時代の要請に合致していたことを指摘し、次のように述べている。

まず、「一八五〇年代以降のブルターニュの聖人研究の飛躍的発展」と題した節で、十八世紀から十九世紀半ばの一八五〇年まで、ブルターニュの聖職者たちが宗教改革や啓蒙思想に次々と接触し、徐々に知的な厳格主義の方へと変化していった結果、民衆の間に伝統的に存在していた聖人信仰やパルドン祭りが否定された。しかし、一八四〇年代末、ブルターニュ司教区の枠を越え、教皇至上の信仰心を広く流布させることを奨励するローマの典礼を再確認したことによって聖母信仰の発達と聖人信仰の復興がはかられた。つまり、合理主義とジャンセニスムによる啓蒙の世紀のカトリック教から、民衆の願望によりよく沿うような信心の新しい形にとって代わられたのである。こうしてブルターニュでは土着の古い聖人が流行することとなり、奇跡が彼らの生涯に後光をあたえ、大きな信憑性を獲得することになった。そして、歴史家たちが資料の乏しい中世社会の歴史を構築するために聖人伝を参照しようという態度を示していた時、その同じブルターニュの聖人について地元の人たちが何を語っているのか、と問う学者はほとんどいなかった。そして、「学者たちの聖人伝が関心の高まりの恩恵を受けている一方で、民衆の聖人伝は口承に基づく知識に関して極端に懐疑的な学界から無視され、軽蔑されていた。一八八〇年頃、地方の古い聖人に関するブルターニュの人々の信仰はほとんど知られていなかった[2]」。

このような中で、ブルターニュのトレギェ地方出身の哲学者のエルネスト・ルナンは、「百を数えるこの地方の聖人はどれも五世紀あるいは六世紀、つまりブルトン人の移住の時期からのものである。そのほとんどは実在した人物だが、伝説によって寓話じみた光に囲まれている。比類なき素朴さをもったこれらの寓話は、民衆の想像力とケルト神話の真の宝物とでもいうべきものだが、完全に記述されたことはいままでない。ベネディクト派修道士やジェズィットたちによって収集された教訓的なもの、そしてモレーのドミニコ派修道士アルベール・ル・グランが記述した素朴で奇妙な話もごく一部にすぎない。これらの古い物語の宝物はいったいどこに隠されているのか。それは民衆の記憶の中だ。礼拝堂から礼拝堂へと渡り歩き、善良な人々に話してもらいなさい[3]」と、はじめて聖人伝説の収集を呼びかけた。また、一八九二年にもエルネスト・ルナンは「ブルターニュの古き聖人たちは日々失われている。何人かの善良な婦人が、司祭が知らないふりをしている伝説をまだ覚えている。一刻も早くそれらの話を集めにいかなければならない[4]」と危機感を募らせており、それにこたえたのが当時三十三歳のブラズであった[5]。

ブラズは一八九二年から九四年の三年間、研究助成を得て聖人伝説の聞き取り調査を行ない、その成果を順次、「民間伝承にもとづいたブルターニュの聖人たち」と題して『ブルターニュ年報』(一八九三~九七)の十本の論文として発表していった。しかし、発表された論文は三年間に行なわれた調査のうち、一年目の途中までの資料によるものでしかなかった。なぜなら、「口承にもとづく知識に関して極端に懐疑的な歴史家」ほどではなくとも、民俗学者の間からも、ブラズによって発表された聖人伝説をめぐってその資料についての厳しい批判がなされたからである。

一つには、情報提供者の選択と情報の質の問題、すなわち信頼のおける話者による信頼のおける資料であるか否かという資料の信憑性に関する批判、そして、もう一つには、ブラズの記述の問題、すなわち農婦たちから聞いたことを文字通りに解釈し、書き写さなかったという、ブラズによる「加筆、補筆、書き直し」に対する批判であった。「彼はただ聞いたことをではなく、自分が感じたことを解釈したのだろうか」などといわれ、ブラズは採集した伝説を解釈し、文字通り書き写さなかったという理由で批判されたのである。(6)

ところで、この言葉は日本民俗学の場合、『遠野物語』(7)をめぐる柳田國男への批判を思い出させる。『遠野物語』は佐々木喜善が話した通りに書かれたものなのか、それとも柳田が加筆あるいは脚色しているのではないか、という指摘である。(8)とくに、序文に「此話はすべて遠野の人佐々木鏡石君より聞きたり。昨明治四十二年の二月頃より始めて夜分折々訪ね来り此話をせられしを筆記せしなり。鏡石君は話上手には非ざれども誠実なる人なり。自分も亦一字一句をも加減せず感じたるまゝを書きたり」(傍点筆者)とあるが、この傍点部分の意味をめぐってはこれまでも議論がなされてきているところである。(9)

佐々木が柳田を訪ねるときに同席していたという水野葉舟の発表した「或る隠居が死んだ、その通夜の晩の事[10]（略）」と柳田第二十二話「佐々木氏の曽祖母年よりて死去せし時（略）」）との比較や、柳田自身による『遠野物語』の初版と増補版との比較検討などが行なわれてきており、「『遠野物語』は、素材は佐々木から提供されたものであっても、文章は完全に柳田自身のものであり、場合によっては内容的に加筆が行なわれた可能性が大きい[11]」とされている。

民俗学の草創期である十九世紀後半から二十世紀初めにかけて、日本では柳田國男（一八七五〜一九六二）が『後狩詞記[12]』や『遠野物語』を発表した頃、それと前後して、フランスのフィニステール地方においても、ブラズが聖人伝説の調査収集を行ない、『死の伝説[13]』や『パルドン祭りの国[14]』などを発表していた。しかし、聞き取りによって採集されたブラズの資料の信憑性をめぐっては大きな批判がなされていた。柳田もブラズもそれぞれ、当時の急速で激しい近代化の波のなかで廃れていく伝統や伝承を見直そうとする動機をもち、民衆に語り伝えられている伝承の聞き取りを行なっていった点は共通しているものの、柳田國男はその後、民俗学という日本発の学問を構築したのに対して、ブラズは学術的にはまったく評価されず、民俗学者としてではなく「地方に根ざした一作家」と位置付けられてきたのである。

このブラズの没後、長い間行方不明になっていた彼の調査ノートが、一九八五年にブレスト大学教授のドナシアン・ローランによって発見されたことをきっかけに、ブラズの再評価が試みられ始めている。二〇〇三年三月にブレスト大学図書館で筆者が数えた範囲では五十五冊の調査ノートが収蔵されている

1985年に発見された、アナトール・ル・ブラズの調査ノート

が、それらは、現在、ドナシアン・ローランの指導のもとでアラン・タンギーによって翻刻と分析がすすめられている。この調査ノートと発表論文との照合がなされる時、あらためてブラズの正当な評価がなされていくものと思われる。筆者がブレスト大学においてブラズの調査ノートを読んだかぎりにおいては、いつ、どこで、だれに聞いた話かを記録し、その内容においてはたとえば『パルドン祭りの国』では、祭りの儀礼を詳述するというよりも祭りに訪れる人物の描写が卓越していることが注目された。つまり、ブラズは祭りの次第や構成に対するよりも、祭りに集まる人々の格好や行動、目的、会話などに関心をもっていたことがわかる。そこで、ブラズの記述のそのような傾向性をある程度理解したうえで、ブラズの調査記録を活用することは有効と考え、十九世紀末のブラズの調査記

録が残されているフィニステール地方のパルドン祭りの現在の民俗調査を実施したのである。

(2) パルドン祭りとトロメニ

ブルターニュには野に咲く花ほど多くの聖人が存在しているといわれ、人々の聖人への信仰もカトリックへの信仰も篤いといわれている。教会暦には各聖人の祝日が設けられており、代表的な教会暦聖人には、聖母マリアのほかに使徒、殉教者たち、ペストの治癒聖人や眼病の治癒聖女などの特定聖人もいる。そしてブルターニュ地方にはほかにも数多くのしかも歴史が明らかでない聖人が存在し、人々に信仰されている。聖人信仰は、初代教会の時代に殉教者崇拝から生まれ、中世になるとキリスト教世界で発展したもので、一五六三年のトリエント公会議でカトリック教徒の聖人崇敬が確認された[15]。それを受けてブルターニュにおける聖人信仰は自由になっていった。その後、前述したように、十八世紀から十九世紀半ばの一八五〇年までは宗教改革や啓蒙思想の影響を受けた聖職者たちによって聖人信仰は否定されたが、一八四〇年代末、ブルターニュ司教区の狭い枠を越え、教皇至上の信仰を広く流布させることを奨励するローマの典礼を再確認したことによって、聖人信仰の復興がはかられて現在にいたるのである。

ブルターニュの町や村の教会やシャペルと呼ばれる礼拝堂には、聖人の像が安置されており、その聖人の遺骨の一部あるいは一片が聖遺骨として保管されている例が多い。それぞれの聖人の祝日には、その聖遺骨や聖人像、聖人を刺繍したバニエール（旗）などへ捧げるミサとそれらの聖なる遺骨を教会の外に出して、十字架を先頭に町や村の中の一定の順路をプロセシオン（宗教行列）することが行なわれている。

このような形を基本として行なわれる聖人の祭りの代表的なものとして、ブルターニュにはパルドン祭りとトロメニの二つがある。パルドン祭りは個々の町や村で教会やシャペルにまつっている聖人の数だけ行なわれるといっても過言ではない。とくに五月から十月に多く行なわれるが、なかでも八月十五日の聖母マリアの昇天節は特別である。

一方、第Ⅳ章「ブルターニュのトロメニ」で詳述されるようにトロメニは現在、ロクロナン、グエヌウ、ランドロウの三カ所のみで伝承されている。トロメニはブルトン語で「土地を囲う」という意味であり、そのプロセシオンをブルトン語で「聖遺骨の巡回」（'Tro ar relegou'）という。[16] その辿る道は聖人の散歩道であるとか、領主から一日あるいは一晩のうちに囲えるだけの土地を与えるといわれて聖人が歩いた道であると言い伝えられており、聖人を顕彰するという性格が強い。

ロクロナンのトロメニでは聖ロナンを、グエヌウのトロメニでは聖グエヌウを、ランドロウのトロメニでは聖テロを、それぞれ対象としたミサとそれぞれの聖人の遺骨を担いだ行進が行なわれ、それらのトロメニにおいては、それぞれの町の教会やシャペルに安置されている十字架や聖像やバニエールもすべて参加する。その行進は教会から出発して、必ず太陽と同じ方向つまり時計まわりに廻り、再び教会へ帰って来ることによって終る。

トロメニの行なわれる日は、ロクロナンでは七月の第二日曜日（聖ロナンの祝日は六月一日）、グエヌウでは復活祭後四十日目（聖グエヌウの祝日は十月二十五日）、ランドロウでは復活祭後七度目の日曜日（聖テロの祝日は二月九日）と決まっている。パルドン祭りは基本的に聖人の祝日に行なわれるのに対し、トロメニでは聖人の日とは関係なくキリスト教の教会暦に合うものとなっている点が異なる。なお、ロクロナンのトロメニの日は聖人の祝日ではなくキリスト教暦にも合わないが、これがケルト暦に合致するとの説がドナシアン・ローランによって提出されている(17)。

したがって、聖人を対象とした祭りといっても、パルドン祭りはキリスト教の教会暦にある聖人の祝日にあわせて行なわれる例が多いのに対して、トロメニでは六、七世紀にブリテンやアイルランドからブルターニュに渡ってきた隠修士《エルミット》の由緒を強調する宗教儀礼としての性格がみとめられる。そして、トロメニの行なわれる月日については、聖人の日ではなくキリスト教の教会暦にしたがう例と、聖人の日でもなく教会暦にも合わないような、ドナシアン・ローランのいうケルト暦にしたがって行なわれる例がみられることは、キリスト教以前の聖なるものへの信仰とキリスト教以後の信仰との習合の可能性を示すものとして注目される。しかし、キリスト教とキリスト教以前の信仰との関係について、ここでただちに習合というような漠然とした語で論じることは避けねばなるまい。文献と民俗の両者を含む現地での精密調査が必要とされるゆえんである。

（3）ロベール・エルッと聖ベッソ

ヨーロッパにおける聖人の祭りの調査から、その分析を試みたものの早い例としてロベール・エルッ

（一八八二〜一九一五）による北西イタリア、ポー河の水源地帯にあたる山岳地帯において崇拝されている聖ベッソをめぐる研究[18]があり、渡邊昌美によって紹介されている[19]。

渡邊の訳文によれば、聖ベッソの祭りは毎年八月十日に、キリスト教の儀礼として、司祭によるミサとプロセシオンを中心に行なわれている。その祭りの概要は次のようなものである。

標高二、〇四七メートルの山岳放牧地に高さ約三十メートルの岩塊の露頭がある。これが聖ベッソの山といわれている。そこに十字架と小さな祈祷所があり霊場となっている。聖ベッソを信仰する人々は近い村でも二時間、遠い村では八時間もかけて険しい山道を登ってくる。司祭がミサを行ない、聖者を讃える説教をした後、行列が行なわれる。参加者は村ごとに年齢や村での地位により順序よく整列し、大きな聖者像を担い、色鮮やかな幟を持って、ロザリオの祈りを高唱しながら、時計と反対回りに岩を一巡する。そして一巡するごとに聖者像に平伏し、その足に接吻する。昔は幟の木枠の中に収められた聖なるパンを配分したという。昔、岩の上の十字架が木製だった頃は削り取って持ち帰ったものだし、エルツの調査当時でも岩に背中を擦りつけて病気の治癒や不妊の治癒を願ったり、岩のかけらを持ち帰る風習は残っていた。岩のかけらは大切に保管され、非常時に身に帯び、あるいは病人に飲ませるコップに沈めるので「聖ベッソの石」と呼んで聖遺物扱いにしている。行列の終わった後は舞踏、宴会、供物のお下がりの交換などを行なう。

聖ベッソの来歴について、教会の公式伝説では彼はテーベ軍団の一員であったとされている。虐殺を免れた兵士ベッソはこの山間にやってきて伝道した。牧童たちが主人の羊をあぶっているのを見つけ、盗みの罪を説いたところ、立腹した牧童たちは彼を岩塊から突き落とした。そこへ追手が迫ってきて彼を惨殺したという。一方、地元で語られている話では、ベッソは羊飼いの若者で、常に人里離れた山の放牧場にいて、神に祈りを捧げていた。羊は彼の回りに群れて、しかも丸々と肥っていた。これを妬んだ邪悪な牧童がベッソを崖から突き落として殺した。冬、ある者が雪中に花を見つけ、雪を取り除くと哀れな若者を発見し、岩山に葬った。この牧童ベッソ、哀れな死、そして自分たちの先祖によるその発見という話のほうに村人は共感を示すという。

エルッによれば、教会の公式伝説よりもこの地元で語られている伝承のほうがベッソ伝説の原型に近いと考えられるとし、さらに、このような伝説の基本には聖ベッソ山の岩石信仰が存在したと推測している。祭りのなかでも岩塊の周囲を回る行列にこそ、その岩塊の神聖な性格が示されており、この行列が最も重要な儀礼であるという。山での暮らしを知らない教会の聖職者の学識によって、平地の聖堂においても十世紀末から十一世紀初め以来、聖ベッソが守護聖人の一人に加えられ、聖遺物も奉安され、信仰の焦点が岩山から平地の聖堂に移され、テーベ軍団という一大殉教者集団にベッソの籍が与えられたのだとエルッは考えた。

人々の間では、聖ベッソは万能な聖者で、病気や魔女の呪い、兵役除けなどに効験があるといわれ、とくに兵隊にとられた若者は聖像から細片をとって身につけていくとその身の安全が守護されると信じているという。

このエルッの分析では、人々の間に伝えられてきた土着的な信仰が中世世界を経るなかで、教会の指導によってキリスト教的な歴史的意味付けがなされて定型化していく過程と、それにもかかわらず、人々の民俗信仰が伝承されつづけていくという点が注目される。このようなキリスト教による民俗信仰の定型化という傾向は、全ヨーロッパ的にも十四世紀中ごろから、小霊場の急増というかたちで認められるといわれている[20]。

エルツによる聖ベッソの祭りの描写は、パルドン祭りという言葉こそ用いられてはいないものの、フランス、ブルターニュ地方における町や村の聖人を対象としたパルドン祭りとよく似ている。

(4) パルドン祭りと民俗伝承との関係

ブルターニュ半島西部、バス・ブルターニュ地方では、近代化のなかで、教会とくに司祭たちを中心にブルトン語擁護運動がおこり、ブルトン語による『諸聖人伝』(一九一一年)も編集され、各家庭に普及していった[21]。そして現在、パルドン祭りにおいてブルトン語によるミサを交えているケースもある。このように今もブルトン語が存在していながら、パルドン祭りについてはそれを意味するブルトン語が存在しない点が注目される。パルドン祭りとは、一般的には、人々がシャペルに集まって、その聖人のもとに日ごろの罪の許しを乞うことだといわれているが、パルドン(pardon)にあたるブルトン語の呼称が見当たらないのである。

そこで、パルドン祭りがキリスト教以前の信仰の名残りではなく、十七世紀から十八世紀に教会の指導によって新しく誕生した祭りだという歴史学のジョルジュ・プロヴォによる最近の研究[22]が注目される。

この十七世紀というのは、教会が民俗信仰を迷信とみなしながらもそれらを教会の指導のもとにおこうとする動きがあった時期であり、そのような背景の中で、現行のようなパルドン祭りの様式が整えられていったのだというのである。しかし、現在、各地に伝えられているパルドン祭りを現場で観察する限りでは、それが十七世紀から十八世紀の教会の指導によってのみ始められた祭りだとはとうてい考えられない。パルドン祭りというブルトン語が存在しないことと、パルドン祭りの現実の多様で多彩な民俗伝承との間にはどのような関係があるのか。この問題を明らかにするためにも、個別の事例研究を行なう必要がある。

2　サン・ジャン・デュ・ドワのパルドン祭り

(1) 火のパルドン

二〇〇〇年夏、私たちはブルターニュ半島北西部沿岸に位置するサン・ジャン・デュ・ドワを訪れて、同地のトリスタン夫妻の親切と厚意により、関係資料や写真類などを見ながら説明を受けた。そのとき、何よりも大きな衝撃を覚えたのは、他ならぬタンタットゥ（tantad）の上で火焔に包まれた十字架であった。聖なる十字架を火で焼くとはなにごとか、という疑問がまず浮かんだのである。そして、この地のパルドン祭りの情報を集めるうちに、たいへん内容豊かな祭りであることがわかってきた。そして、このサン・ジャン・デュ・ドワにはブラズも一八九〇年代に訪れ、このパルドン祭りを「火のパル

ドン」と名づけていたのである。(23)

このタンタットゥについて、ジョルジュ・プロヴォが行なった、一五六〇年から一七九〇年の報告書と十九世紀初めまでの明細書に対する分析によれば、「歓喜の篝火」は、一七〇七年のパルドン祭りで「聖ヨハネの篝火にするイグサのために」二リーヴル一〇スーの出費という記載がみられるのが初出であるという。(24)つまり、サン・ジャン・デュ・ドワのパルドン祭りにおいて、タンタットゥがその典礼儀式のなかに組み込まれたのは十八世紀初頭になってからのことであり、この十八世紀というのは教会がパルドン祭りを積極的に組織化していったその時期であるとも指摘している。しかし、果たしてそうであろうか。先の、ロベール・エルツは北西イタリアの聖ベッソの祭りの分析から、土着的な民俗信仰がキリスト教的な意味づけを与えられて定型化されていく過程を想定している。私はそのエルツの視点を参照しながら、このサン・ジャン・デュ・ドワのパルドン祭りにおけるタンタットゥの導入についても、その背景となっている民俗信仰について分析を行なうこととする。

(2) 奇跡の伝説

サン・ジャン・デュ・ドワは人口六二〇人（二〇〇一年現在）で、この村の名前は「サン・ジャン（聖ヨハネのフランス語）の指」という意味である。この村ではその名前の通り、聖ヨハネの人さし指と伝えられる聖遺骨が存在し、長さ五十五ミリ、直径三十二ミリの円筒形をした金と銀の小さな聖遺物箱に入れて教会で保管されている。これは現在もなお多くの人々の崇敬を集めている。

聖ヨハネの指がこの村にきたのは一四二五年頃と伝えられており、その後すぐに、この聖遺骨を目に当てると目の病が治るという奇跡を期待して、多くの巡礼者が訪れるようになった。その経緯については次のような伝説が記されている(25)。

聖ヨハネが斬首された後、彼の弟子達は遺骸を持ち去り、セバストに埋葬した。彼の墓では数多くの奇跡が起こったので、その噂は背教者ユリアヌス帝（在位三六一～三六三）の耳にも達した。激怒した彼は、聖遺骨を掘り返して焼いて灰を撒き散らすように命じた。しかし、薪の山に火をつけるや否や土砂ぶりの雨が降りだし、火は消えてしまった。その場にいたキリスト教徒たちはかなりの量の骨を集めることができた。右手の人さし指はエルサレムに運ばれて、十字軍の時代までそこにあった。正確な時期はわからないが、ある時テクルという名のノルマンディー娘がその一部をノルマンディー地方コタンタン半島中央部にあるサンロー近くの故郷へ持ち帰った。それを安置するために聖ヨハネに捧げられた教会が建てられたが、そこも多くの奇跡で有名になった。

この教会から遠くないところで、一四二五年頃、一人のプルガスヌウ出身の若者が、ある大貴族に仕えていた。彼は聖ヨハネに大変熱心な信仰心を抱いていて、その「指」を深く崇敬していた。ブルターニュへの帰国が近づいた時、彼は幾ばくかでもそれを故郷に持っていきたいということだけを願っていた。その恩恵を得るために絶えず祈り、しばしば絶食した。出発の日、彼は教会へ行って特別熱心な祈りを捧げると、自分でも理解できない歓喜にとらわれたのを感じながら出発した。最初の町につくと鐘楼の鐘々がひとりでに大きく鳴り出し、彼が通ると木々がおじぎをした。それを見た住民たちは彼を魔法使いではないかと疑い投獄した。

翌日、目が覚めると、彼は自分の教区の、現在ではペナハの丘の上を流れている泉の近くにいた。彼の目には、トラオン・メリアデックの谷、ブルターニュ半島南岸にある都市ヴァンヌの司教、聖メリアデックに奉献された礼拝堂、プルガスヌウの教会、そして父親の農場が見えた。まだ夢を見ているのかと疑いながら谷へ降りて行ったが、彼が進むにつれて道の並木の梢が幹を傾けおじぎをするのだった。聖メリアデックの礼拝堂に着くと、ひとりでにローソクがともり鐘が非常に激しく鳴り出したので、近隣の村々の住民たちが集まってきた。彼らは祈りを捧げている若者を見つけた。突然、彼がそれとは知らずに持っていた聖遺物が一飛びに祭壇まで飛んで行った。彼の右の手と腕をつなぐ関節の皮膚と肉の間にそれはあったのである。感動と喜びから回復して話せるようになると、彼はそれは聖ヨハネの指であると人々に明かし、何が起こったのかを語った。

この話を耳にしたブルターニュ公は若者に直接話しを聞き、ノルマンディーの聖ヨハネ教会へも、若者が仕えていた大貴族へも、彼が投獄されていた町へも、問い合わせたが、集められた情報はいずれも彼の話を確認するものだった。聖遺物が聖ヨハネの指であることに疑いはなかった。この恩恵への感謝を表して、大公はモレーのノートル・ダム・デュ・ミュールからプルガスヌウへ、そして聖メリアデック礼拝堂への盛大なプロセシオン（宗教行列）を行なった。礼拝堂で大公は聖遺物に接吻し、首から下げて持っていた指を入れるための聖遺物箱を懐から出して与え、他にもたくさんの寄付をした。

聖遺物による奇跡を求めて多くの人々がこの小さな礼拝堂へ来て献金をした。当時、村の名前はサン・メリアデックといい、プルガスヌウの領地であったため、巡礼者による献金もその三分の一がプルガスヌウの領主へ納められていた。しかし、一七九〇年にプルガスヌウより独立し、村の名前もサン・ジャン・デュ・ドワと改名された。また、村には聖メリアデックに捧げられた礼拝堂があったが、それも聖ヨハネに捧げる教会へと改築された。一四四〇年に着工し、一五一三年に完成したが、その教会建設の途中、一五〇五年のことである。ブルターニュ公国最後のアンヌ王女（一四七七〜一五一四）がフランス国王ルイ十二世に嫁いだ後、はじめて自分の旧領を訪問していた旅の途中、モレーに来た時、左目が重症の炎症をおこしていた。そこで、聖ヨハネの聖遺物によって目の病気を治そうと考えた。最初は司祭たちの配慮で、聖遺物をモレーに運ぼうとしたが、教会を出るや否や大きな音を立てて聖遺物をのせた御輿が壊れてしまい、聖遺物は教会の自分の収納場所へ戻ってしまっていた。この話を聞いたアンヌ王女は聖遺物を求めに行くべきは自分自身だったと聖ヨハネに謝り、徒歩で参詣することを希望した。実際にはサン・ジャン・デュ・ドワから五、六里離れたラン・フェトゥールと呼ばれる荒野まで天蓋付きの輿に乗り、そこからは歩いて教会に向かった。信心深いアンヌ王女はサン・ジャン・デュ・ドワの村にいる間、ずっと祈り続けた。盛儀ミサではナントの司教ギローム・グェグェンより聖体拝領を受け、ミサの後、司教がむき出しで差出した聖遺物を見つめ、それを目に当てた。すると、あっというまに炎症が消えた。王女は感謝の印として、建築途中の教会を完成させるための資金援助を行なったほか、金メッキした銀製の聖杯と聖体皿、十字架、ビロードのバニエール三旗を寄付した。

そして、村人たちは教会の聖遺物およびアンヌ王女から寄贈された宝物の数々を守るための術をよく心得ていたという。たとえば、旧教同盟（宗教戦争中の過激派カトリックの政治・軍事組織）の時代（一五九一～九六年）の古い報告書は、教会財産管理委員会や教会堂責任者たちが王党派や旧教同盟の乱暴な軍人たちによる盗難を避けるために、宝物を夜のうちに秘密の場所に隠したという。またフランス革命では聖像の破壊などが行なわれ、フィニステールの多くの教会では現在も破壊痕がそのまま残されているが、このサン・ジャン・デュ・ドワでは教会の建造物も聖遺物も何一つ破壊されることがなかった。それについても、村人たちの間では「抜き身の炎の剣を手にした大天使達が、夜、ステンドグラスの前で歩哨をして聖遺物を守っているのを見た」と語られていたという。

このような教会受難の歴史を乗り越えて守り伝えられてきた、聖ヨハネ、聖メリアデック、聖モーデの聖遺骨を秘密に管理する方法は現在も同じである。二〇〇〇年と二〇〇一年の私たちの現地調査に全面的に協力してもらえたトリスタン夫妻の語るところでも、現在、聖遺物は六月最後の日曜日に行なわれるパルドン祭りのときにだけ公開されるが、神父と秘密のファブリシァンと呼ばれる教会の世話人の二人が出すことになっている。そして現在もそのファブリシァンが誰なのかは秘密であるため、わからないのだという。

また、アンヌ王女についても、現在、村人の誰一人として知らない者はいないほどである。彼らは口々に「アンヌ王女が教会の泉水で目の病気を治した。そのお礼にお金のない農民も目の悪い人もサン・ジャン・デュ・ドワへ来られるように道路をただで通れるようにしてくれた。だから今もブルターニュの高速道路は料金をとっていない」、「教会を建て始めたのは一四四〇年だった。一五〇五年にアンヌ王女がサン・ジャン・デュ・ドワへ来た。王女は聖遺物を目に当てた。すると、目が治ったので、教会を完成させるためのお金を出した。それによって一五一三年に教会が完成した」などの話をしてくれる。

ブルターニュでは、アンヌという女性への憧れと崇敬の念が強く伝えられている。キリスト教以前に存在したといわれる女神アーナや海の女神アエスへの信仰、そして聖母マリアの母である聖アンヌへの信仰、さらにアンヌ王女への憧れと崇敬である。(26) ブルターニュには、サンターヌ・ドレーとサンターヌ・ラ・パルーという聖アンヌの名前を冠した町と村がある。サンターヌ・ドレーには聖アンヌへ捧げられた大規模な教会があり、聖アンヌの聖遺骨が奉献されている。そして七月二十六日の聖アンヌの祝日には大勢の巡礼者が参詣して盛大なパルドン祭りが行なわれている。またサンターヌ・ラ・パルーはフィニステール県西部に位置し、大西洋を見下ろす丘の手前にぽつんと建てられたシャペルの中に一五四八年に造られた聖アンヌの石像があり、一九一三年にローマ教皇より黄金の冠を拝戴したという。毎年八月末に行なわれるパルドン祭りには多くの巡礼者が参詣に訪れる。(27) 聖アンヌに参詣することによって、この世の安穏だけでなく来世の安穏も保障されるという信仰がみられるのである。(28)

サン・ジャン・デュ・ドワの村人たちからの聞き取りによるかぎり、現在も彼らが聖ヨハネの聖遺骨を大切に保管しているのは、聖遺骨による奇跡の噂が大勢の巡礼者を呼んで教会の知名度をあげてこの村を活性化するということを期待してではなく、ブルターニュにおいて伝統的に信仰を得ている女神と同名のアンヌ王女の目の病気を治したという伝説をもつ聖ヨハネの聖遺骨が村の誇りだからである。パルドン祭りの開催と伝承とにはトリスタン夫妻や神父をはじめ関係者たちの多くの努力と献身、奉仕がそそがれているが、それは決して観光や開発を目的とするものではない。

(3) パルドン祭りの現在

サン・ジャン・デュ・ドワのパルドン祭りは、かつては六月二十三日と二十四日の二日間行なわれていたが、一九一四年以後、六月二十四日の一日だけで行なわれるようになった。しかし教会側の混乱があり、まもなく、行事は日曜日に行なうのが望ましいという理由で、二十四日にこだわらずに、六月の最後の日曜日に行なうようになった。パルドン祭りが二日間行なわれていた時は、二十三日の七時三十分、十時三十分、十五時にミサがあり、その後プロセシオンが行なわれた。そして二十四日にもう一度大きなミサがあった。しかし、現在では日曜日の十五時にミサがあり、その後プロセシオンを行なうという形に簡略化されている。

ここでは、二〇〇一年六月二十四日(日)に行なわれたパルドン祭りの実際を記述してみる。十四時に村の入口、ラ・クロワ・ブルーのカルヴェールに、この地方の伝統衣装を身につけた村人たちが集合し、その近くにある収蔵庫から聖人を刺繍した六旗のバニエールを出して、出発の準備をする。近隣の村の者も、バニエールを持ってここに集合する。昔は聖人像を持ってきたといわれており、聖人像を忘れたらその像がひとりでにやって来ていたこともあったという。一同はギメックという町のバグパイプの楽隊が演奏する行進曲に先導されて、十字架やバニエールを掲げながら、教会の前の広場まで行進を行なう。教会前の広場では十字架と、聖ヨハネを刺繍したバニエールを掲げた村人と司祭が待っている。そして行進してきた人々のバニエールと一本ずつコツンコツンと先を合わせてバニエールのキスを行なう。この挨拶をすれば教会の門をくぐってもよいのである。

十五時から教会でミサが行なわれ、その後十六時からプロセシオンが行なわれる。このプロセシオンの行列は二本の十字架を先頭に、聖ヨハネを刺繍したバニエール、その他の聖人のバニエール六本と、聖ヨハネの指、聖メリアデックの頭蓋骨、聖モーデの上腕骨などの聖遺骨、聖ヨハネの格好を真似て羊

タンタットゥをつくる

教会からペナハの丘へのプロセシオン

タンタットゥの前でのベネディクション

点火され、猛烈ないきおいで燃えあがるタンタットゥ

聖ヨハネの指を入れた銀の筒を両目に当ててもらう人々

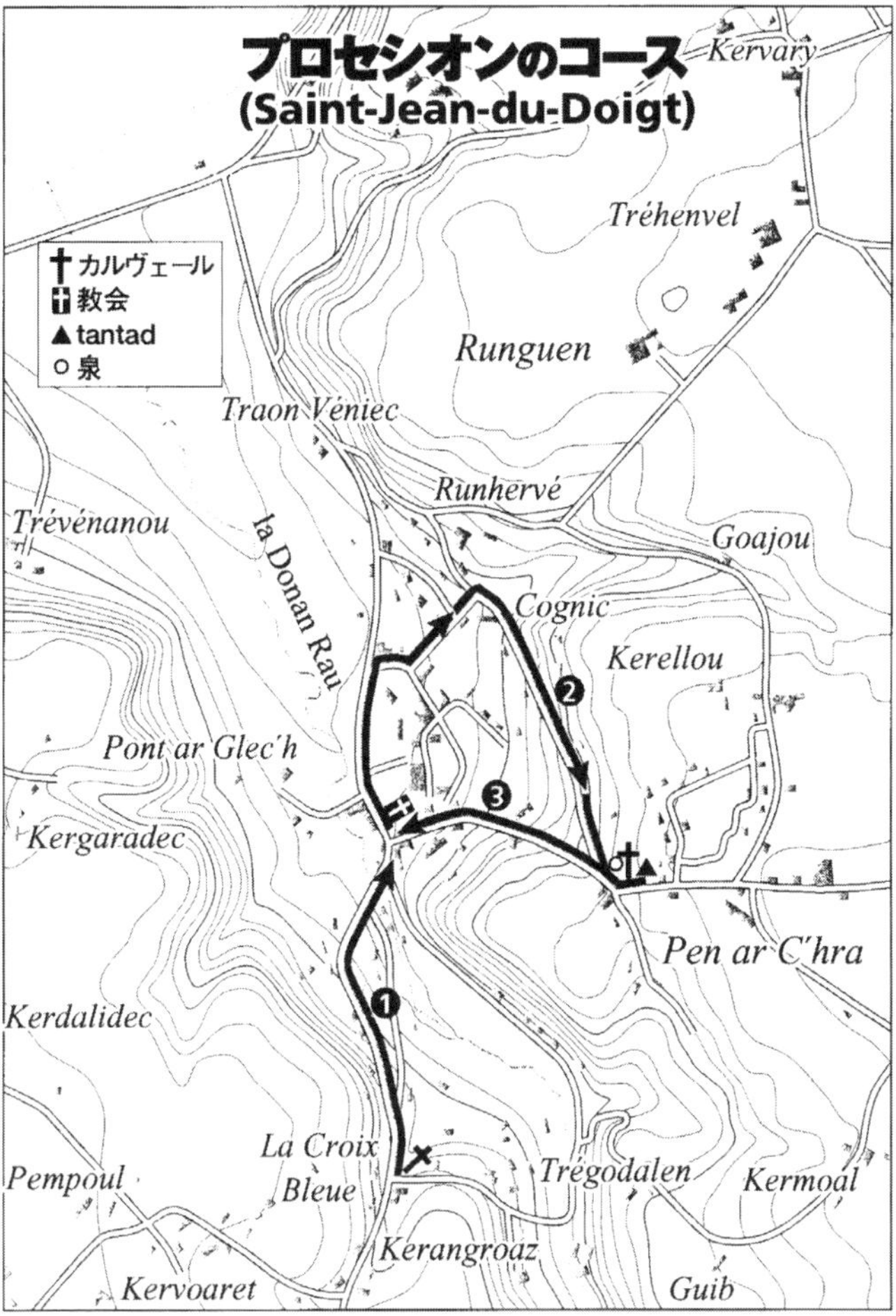
プロセシオンのコース
(Saint-Jean-du-Doigt)
カルヴェール
教会
tantad
泉
Kervary
Tréhenvel
Runguen
Traon Véniec
Runhervé
Trévénanou
la Donan Rau
Goajou
Cognic
Kerellou
Pont ar Glec'h
Kergaradec
Pen ar C'hra
Kerdalidec
La Croix
Bleue
Pempoul
Trégodalen
Kermoal
Kerangroaz
Kervoaret
Guib

を連れて杖を持った男児――これはその年に洗礼を受けた四、五歳の者から選ばれる――、そして天使の翼を肩のところでとめた赤ん坊、聖ヨハネの名前をもつ船の模型を運ぶ役付きの者、その後ろを司祭そして一般の村人とつづく。とくに聖ヨハネのバニエールは重いので力の強い男性が持つことになっている。

教会の門を出るとまず西側の道を進み、集落を囲むように時計回りに歩き、ペナハの丘へと讃美歌をうたいながら行進する。この途中、とくに立ち寄る場所はない。ペナハは村はずれの小高い丘で三叉路になっている場所である。その三叉路の中央の小さな空間に聖メリアデックの泉があり、その水源の側にはカルヴェールが建てられていて、神聖な場所であることが示されている。このカルヴェールに隣接して、高さ五〜六メートルほどの山型のタンタットゥが築かれる。

タンタットゥを作るのは十五人の男性で、彼らは二つのグループに分かれている。まず一つは材料となる木の枝やハリエニシダを集めてくるグループであり、もう一つは、その木の枝とハリエニシダを山型に築くグループである。材料を集める人たちは七、八人で、六月の最初の土曜日に木の枝とハリエニシダをポール・ドゥ・プレサックという地主の所有地、そこはティ・ソンという地名の場所であるが、そこから切ってきて乾かしておく。もう一方の七、八人は二十四日の午前中にタンタットゥを築く。山型にすると最後に枝を組んで作った十字架にバラの花をまいて飾って立てる。この二組の十五人の男性たちは、タンタットゥを作る仕事を親から子へと引継いできている者もいれば、サン・ジャン・デュ・ドワに住むようになって自分の代でその仲間に入った者もいる。基本的に株のようなものは固定しておらず、「伝統的な祭りを続けたいという人がつとめている」という自発的な集団である。

教会からペナハの丘へのプロセシオンによって全員がタンタットゥの前に着くと、まずその前にある泉で神父によるベネディクションが行なわれ、人々に聖なる泉水がふりかけられる。その後、祈りの言葉が捧げられ、タンタットゥへの点火がなされる。点火の方法は、二〇〇一年の場合、教会から子供が点火用のキャンドルを運んできたが実際にはそれは用いられずに、タンタットゥを作った男性二人がライターで火をつけた。前任者の司祭はそのキャンドルで自ら点火を行なっていたといい、それが伝統的な方式だという。しかし、ブラズが訪れた一八九八年当時はまた異なっており、教会の尖塔からロープを使って花火でタンタットゥに点火していた。しかしある年、途中で花火が落下して死亡者を出したために、それ以後はこの方法は用いられなくなったという。

タンタットゥは点火されると、猛烈な勢いであっというまに燃え尽きてしまう。人々は熱いので遠巻きにその様子を見ていて、十字架が倒れて焼け落ちるとパルドンは終りだという。そして灰だけになる頃には、人々は教会までの近道の坂道を降りて行く。教会に帰ると、再び簡単なミサが行なわれる。そして、人々は祭壇の前に立つ神父の前に一列に並び、目がよくなるようにと聖ヨハネの指を入れた銀の筒を右目と左目の両方に当ててもらう。聖遺骨を当ててもらった後は、小さなかごに献金をする。そして、パルドン祭りの行事としては、この後、教会前の町の広場で音楽や余興で人々が楽しむ時間がつづく。トランプのコンテストやフェアが行なわれ、それらの収益金は来年のパルドン祭りの資金となる。

二〇〇一年、私たちが参加したパルドン祭りでミサを行なった神父はイヴ・オフレであった。彼は私に、十字軍が聖ヨハネの指をこの村に持ってきたこと、プロセシオンで泉のまわりで行なったのはキリストの血すなわち聖水をあげる儀式であること、このパルドン祭りはキリスト教では夏至の祭りで、夏至と夏の出発を祈るためにタンタットゥを燃やして火をあげるのだということ、タンタットゥを燃やした後の灰の上を歩く人もいるが、それにはとくに理由はないということ、そして、パルドン祭りの終りに人々の目に聖ヨハネの指を当てるのは、前任者の司祭がしたのと同じようにしているのだが、人々のなかには「なぜ、そのような古い行為を行なうのか」とたずねる人もいる、などの話しをしてくれた。またタンタットゥについてはサン・ジャン・デュ・ドワだけの特別なことではなく、神父自身、子供の頃には毎年六月二十四日には村で火を焚き、子供たちは皆その火の回りに座っていたことを覚えているという。そして、サン・ジャン・デュ・ドワのパルドン祭りには、教会的なものと世俗的なものとの両者があると理解して自分は儀式を行なっていると説明してくれた。

（4）タンタットゥの火をめぐる伝承

サン・ジャン・デュ・ドワのパルドン祭りを最も特徴づけているのは大きなタンタットゥである。これを燃やすとパルドン祭りが終る。二〇〇一年の現地調査においては、タンタットゥに点火され、頂上の十字架が崩れ落ちると人々の口からどよめきが聞こえ、祭りの終りが告げられたかのようになり、灰になるまで見とどける者は少なかった。この火をめぐる伝承についてあらためて聞き取り調査を行なったところ、確認できたのは次のようなものであった。

「昔は、隣りの人が自分の噂をしたり、隣りの人と喧嘩ばかりしていると、その理由を紙に書いてタンタットゥの火に燃やせば噂が消え、喧嘩もなくなるといわれた。この紙は教会の司祭がまとめて燃やした。悪い気持ちや悪い事を燃やすために」（アンナ・ポールさん、一九二四年生まれ）、「昔の伝統では、結婚したい女性はタンタットゥの火のまわりを七回まわると願いがかなうといった」、「病気にかからないように、悪い事がないようにと、タンタットゥの燃えた灰を家に持ち帰った。この灰は牛が病気にならないように守ってくれた」、「タンタットゥをつくらないとか、燃やさない年には大変なことがあるという。タンタットゥを燃やすときには雨が降っていてもやむ」（以上、エリック・トリスタンさん、一九三六年生まれ）などである。

これら現在の聞き取りによる火の信仰や火の機能と意味を整理すると、第一に、悪いものが消える（噂や喧嘩）、第二に、火のまわりをまわると願いがかなう（結婚）、第三に、灰に御利益があり持ち帰る（悪いことがないように、牛が病気にかからぬように）、第四に、燃やさないと大変な事が起きる、という四点になる。

そこで、十九世紀後半に、この同じサン・ジャン・デュ・ドワのタンタットゥの火に関する伝承を記録した三人の記述をみてみる。

まず、十九世紀末のブラズの記録によれば、目の見えない者たちがタンタットゥに一番近い場所を求めて座り、目がよくなるようにと煙を目に当てていたことが記されている。[29] また、ブラズも「タンタットゥをつくらないとか燃やさない年には大変なことがある」という伝承を確認しており、これについて次のように記述している。一七九三年ロベスピエールの年にサン・ジャン・デュ・ドワではいつものミサがないので、タンタットゥの儀式をしようとした時、プルガスヌウのサンキュロット（過激共和派）の一人がきて、この区の委員の名で点火を禁じ、もし続行すれば革命裁判所に召喚すると脅したため点火できずにいた。するとその時、突然大きな火事がおこりプルガスヌウのそのサンキュロットの農場が全焼し、家畜たちもすべて灰になってしまった。そして、「もしいかなる火も聖ヨハネに輝くことがなかったら、その年はそれからずっと太陽が見えないだろう」というこの地方の言いまわしがあったので、タンタットゥは点火できなくとも、農場の大火事の火によって最大の不幸は防げたといわれたという。これらの記述は現在の私たちの聞き取りによる火の信仰や火の機能と意味のうち、第二の、火のまわりをまわると願いがかなう、第四の、燃やさないと大変な事が起きる、という二つの伝承に対応している。

また、一八六〇年にケルグリストがサン・ジャン・デュ・ドワのパルドン祭りに訪れた時、人々がタンタットゥの灰の中の燃えさしを火事や雷除けのお守りに持ち帰ったり、芳しい「聖ヨハネの草」の束を持ち帰っていたと記述しているが[30]、これは現在の聞き取りによる、火の信仰や火の機能と意味のうち、第三の、灰に御利益があり悪い事がないように持ち帰る、という伝承に対応している。

この灰に関して、ファンク・ポスティックに紹介されている手紙資料[31]によれば「サン・ジャン・デュ・ドワの祭りは災いをもたらす呪いに対して効果があり、地元の祭りの日に人々はこの効果を目的に、薪の山や束に火をつけていく。その次に、それらの灰が教会の利益のために売り出されている」とあり、タンタットゥの灰の競売が行なわれていたことがわかる。災いをもたらす呪いに対して効果があり、効果を求めて人々は点火するというのは、現在の聞き取りによる火の信仰や火の機能と意味のうち第一の、悪いものが消える、にあたり、灰が教会の利益のために売り出されているというのは、第三の、灰に御利益があり悪いことがないように持ち帰る、にあたっている。

タンタットゥの火に関して現在も聞かれる前述の第一から第四の信仰的な機能は十九世紀末のサン・ジャン・デュ・ドワでは、外部の観察者にもそれとわかるほど明白な信仰的な現象として伝承されていたことがわかる。しかし、二十一世紀初頭の現在ではいずれも過去の伝承として語られており、一見したところでは、現在はその信仰は顕著にみられるとはいえない。しかし、信仰が人びとの精神世界に内面化されているものとすれば、その信仰が現在消滅してしまったとは必ずしもいえないであろう。個々人の信仰の中に潜在している可能性が大である。なかでも、「火は焚かなければならない」ということが強調されているのは、そのことをよくあらわしている。

一方、一八七〇年頃、サン・ジャン・デュ・ドワを訪れたイギリス人牧師は、パルドン祭りでタンタットゥが焚かれた後の日没の頃、「教会の高い鐘塔に上り四方を見わたすと、数里四方にわたって異教時代の名残りである祝いの篝火（le feu de joie）が丘や平地で燃え上がるのが見えた[32]」と記しており、この地域において「聖ヨハネの火」（le feu de la saint Jean）とか「喜びの火」（le feu de joie）と呼ばれる夏至の日の火があちらこちらで焚かれていたことがわかる。つまり、一八七〇年頃の夏至の日には、サン・ジャン・デュ・ドワのパルドン祭りのタンタットゥの火と、その後に各所で焚かれる「聖ヨハネの火」とか「喜びの火」と呼ばれる夏至の火焚き行事との二種類があったことがわかる。しかし、二〇〇一年の私たちの調査の時点においては、パルドン祭りのタンタットゥの火以外の夏至の火焚き行事を確認することはできなかった。

3 パルドンの火と夏至の火焚き行事

(1) 夏至の日の聖ヨハネの火祭り

フランスにおける聖ヨハネの火祭りの習俗の分布は、フランス西南部と、アルザス、ロレーヌ地方に濃厚にみられることが知られている。[33] また、この火の効用をめぐる伝承は多様であるが、疾病予防(人間・家畜)、祓魔、異常気象予防(落雷を含む)など祓禍・予防力と、豊作祈願、成育促進(子供・畑作物)、結婚成就など豊饒・多産・招福力とがあるという。[34]

この夏至の日の聖ヨハネの火祭りについては、フィニステール地域においても、私たちの調査ではブゼック・キャップ・スィザン、グーラン、プラベネック、ロクロナンほかの事例が確認された。

〈事例1〉ブゼック・キャップ・スィザンの聖ヨハネの火祭り

ブルターニュ半島の西端に位置するブゼック・キャップ・スィザンでは、六月二十四日の聖ヨハネの祝日に近い土曜日に聖ヨハネの火祭りを行なう。土曜日の午後、その年に村人から提供された畑に六～

十人が集まってタンタットゥを作る。木の枝で山型にして頂上にはヒマラヤ杉を一本立てる。夜十一時頃、村の地域活性化団体の人たちが点火する。その後、二〇〇二年の場合には、実行委員会によって招かれた専門家によって、子供のためにスコットランドの歴史や火に関する物語が語られ、午前一時頃終わった。

〈事例2〉グーランの聖ヨハネの火祭り(35)

ブゼック・キャップ・スィザンに近いグーランでは、一九七九年か八〇年頃まで、六月二十四日の日没後、聖ヨハネの火祭りが行なわれていた。

原野に、村人はまず石を敷き、その石の上に家ごとに持ち寄った木の枝の束を約二百個ほど高く積んで火をつける。石の形や数はとくに決まっていない。その火を囲んで人々は踊り、火が小さくなると若者たちがそれを飛び越えたりしたという。話者のエムさん（一九二二年生まれ）とその妻イヴォンヌさん（一九二八年生まれ）は共に、子供のころから祭りに参加していたが、石を置く理由についてはわからないという。また、石はそのまま放置され、家に持ち帰ることはしなかったという。

事例1のブゼック・キャップ・スィザンや事例2のグーランが位置するキャップ・スィザン地域では一九八〇年以降、行政の指導によって実行委員会が組織され、それまで各村ごとに行なわれていた聖ヨハネの火祭りを、半島先端部に位置するクレダン・キャップ・スィザンという一カ所にまとめて行なうようになり、集まった人々はクレープを食べたりして楽しむ娯楽的性格の強い祭りに変わってきている。

〈事例3〉プラベネックの聖ヨハネの火祭り[36]

ブレスト近郊に位置するプラベネックという村では、話者のイヴォンヌ・ギリェックさん（一九二一年生まれ）の子供のころ、六月二十三日の夏至の日の日没の頃に村の四辻で何カ所も聖ヨハネの火が焚かれた。点火するのは聖ヨハネと同じ名前であるフランス語のジャンという名前の人のなかで一番の年長者であった。火が焚かれると、その火が小さくなるまで人々は腕をくんで火のまわりをまわった。そして火が消えるときに「タン・アル・サン」《tan ar Sant》（サン・ジャンの火）というお祈りの言葉を唱え、その火を子供や若者が飛び越えた。また、屋根に挿したりするサン・ジャンの草を火にくぐらせてから瞼につけると眼にいいとか、木の燃えかすを井戸に投げこむと水が浄化されるといった。

プラベネックでは八日後の七月一日の聖ペテロの日にも同様に火を焚くが、点火するのはピエールかポールという名前の年長者の役目であった。

〈事例4〉ロクロナンの聖ヨハネの火祭り[37]

ロクロナンは丘の上に立地した人口約八〇〇人の町である。町の中心部に教会があり、その前に広場がある。広場には井戸が掘られており、そのそばに五月一日（現在は五月の第一日曜日）になると、徴兵年齢にあたる十八歳の男子によって「五月の木」と呼ばれるブナの木が一本立てられる。そして、六月二十三日の夏至の日の夜十一時頃、すでに葉が赤茶色に枯れたこの木を倒して、何本かに切って希望者に売る。残りは細かく切って広場で燃やす。この火を聖ヨハネの火と呼ぶ。広場の一角に代々、木彫りの聖像を作る職人がいるが、彼は「夏至の日の木が幸福をもたらす」という伝統にしたがって必ずブナの幹の部分を買い、仕事場の近くに置いておくという。

話者のジャン・イヴ・ニコさん（一九三〇年生まれ）によれば、五月一日は自然が復活する日で、森からブナの木を切ってくるのだという。ブナの木は一番早く葉が出る。彼によれば、ゴール人にとってブナの木は自然が生き返ることの象徴であるという。また、ケルトの宗教では夏至には火祭りがあり、ベレオンという神の祭りが行なわれたという。

（2）パルドン祭りの火焚き行事

一方、夏至ではなくパルドン祭りにタンタットゥの火を焚く事例がある。これには、トレマルガの一月二十九日の聖ウェルタズのパルドン祭り、ボーネンの七月第一日曜日の聖クロードのパルドン祭り、ケルヴェンの八月十五日の聖母マリアのパルドン祭り、ほかの事例がある。

〈事例5〉トレマルガの聖ウェルタズのパルドン祭り[38]

内陸部に位置するトレマルガという人口一七三人の村では、一月二十九日にトレマルガの守護聖人ウェルタズのパルドン祭りが行なわれる。一九九八年から神父の兼務の都合で一月の最後の日曜日に変更されたが、それまでは何曜日でもどんな天気でも、聖ウェルタズの祝日である一月二十九日に祭りを

トレマルガの聖ウェルタズの祭りで、タンタットゥを燃やす

行なっていた。

教会のステンドグラスには聖ウェルタズが描かれている。彼はアイルランドからきた隠修士で、クリスという島に住んでいて修道院を作った。ブルターニュの町を回っていた時、トレマルガの町の人がこの聖人をまつった。

パルドン祭りの日、神父はロストルネンから来る。教会からプロセシオンをして、近くの畑に築いたタンタットゥに行く。その畑は所有者に相談して、作物のない所を選んで決めるので、必ずしも毎年同じ場所に決まっているわけではない。これに新聞紙とガソリンを用いて、神父がマッチかライターで点火する。この火の効用は特にない。ただ火を燃やすだけのことだが、それが大事だという。火を燃やし終わると、同じ道を通らず別の方向から教会へ帰る。

タンタットゥは祭りの前日に、参加する人が木の枝を少しずつ持ちより、イヴ・エラムとイヴ・ギャランデルという代々決まっている家の二人が、ブナの木を芯にしてその回りに枝を積んで山型にしていく。芯となる木は先に少し葉のついたものを用いる。火で燃やした時、最後にブナが勢いよく燃えるのがタンタットゥを作った二人の自慢になる。

話者のエメ・ル・ドゥイグさんによれば、タンタットゥ（tantard）（エメ・ル・ドゥイグさんはrが入るという）はブルトン語で、tan = feu（火）、tard = ar c'hoat・ar coat=le bois（木材）、すなわち「木の火」という意味であり、火には許す（pardon）と浄化する（purifier）の二つの作用があるという。パルドン祭りとは許しを乞う人の祭り、つまり人々が罪過を許してもらう祭りであるが、そのもとには冬から夏までの季節の移り変わりを祝うケルトの祭りが存在したと考えられるという。このケルトの祭りでは火で浄化するという観念があった。たとえばタンタットゥの火が消えると若者と牛がまだ暖かい灰の上を歩く習慣があったが、こうして悪いものを清め、無病息災を祈ったこの火で浄化するということは、冬から夏への季節の移行を祝うケルトの祭りの伝統によるもので、本来キリスト教のパルドン祭りとは関係のないことであったというのである。

〈事例6〉ボーネンの聖クロードのパルドン祭り[39]

内陸部の村、ボーネンでは七月の第一日曜日に聖クロードのパルドン祭りが行なわれる。前日に村の人は村はずれの畑に木の枝を集めて山型に組み、頂上に栗の木の枝を一本さしたタンタットゥを作る。ボーネンに住み、シャペルのプレジドンと呼ばれる世話役であるフィリップ・ルイーェさんによると、タンタットゥ（tantad）とは、tan= feu（火）、tad=le père（父）、すなわち「父の火」という意味の

ボーネンの聖クロードのパルドン祭り（上下とも）

ブルトン語だという。また、この火は「聖クロードのための火」だという。

二〇〇一年の場合、七月一日にパルドン祭りが行なわれた。十時三十分にシャペルでミサが行なわれ、十一時三十分にシャペルから村はずれの畑まで聖クロードの聖像を担ぎ、プロセシオンが行なわれた。タンタットゥの周囲に人々が集まると、司祭が点火を行なう。火がつくとタンタットゥが燃え尽きるのを見とどけることなく人々は戻り、サンドウィッチや飲み物をとり、ダンスや写真撮影をして楽しむ。その後、人々は車で近くのロストルネンという町に行き、ロストルネンの人々と一緒に大きなレストランの別館を貸し切りにして当時一人当たり一五〇フランの会費で食事をとり、舞台での余興や福引、ホールでのダンスなどを楽しみ、夜中まで過ごす。ボーネンは一九七五年にロストルネンに合併されたため、その後にこのような会がもたれるようになったのである。

〈事例7〉ケルヴェンの聖母マリアのパルドン祭り(40)

内陸部に位置するケルヴェンは人口一〇〇人に満たない村である。八月十五日にケルヴェンの聖母マリアのためのグラン・パルドンが行なわれる。朝五時から一時間ごとにミサが行なわれ、十一時には大きいミサが行なわれる。そして十六時頃、晩課が行なわれた後、教会の裏の原っぱに築かれたタンタットゥへとプロセシオンが行なわれる。これは高さ二メートルほどの山型に木の枝を積み、頂上に木を一本立てたものである。教会の鐘楼とタンタットゥとの間に長いロープが張られ、手にキャンドルを持っ

ロクロナン、ブナの木を燃やす

た天使の人形がロープを伝って降りてきてタンタットゥに点火する。

〈事例8〉ロクロナンのトロメニとタンタットゥ

ロクロナンでは先に述べたように、聖ロナンをまつるトロメニが、七月第二土曜日と日曜日に行なわれる。これをプチ・トロメニという。そして六年ごとに七月第二土曜日から第三日曜日まで二週間にわたってグラン・トロメニが行なわれている。いずれもトロメニの開始を告げる七月第二土曜日の夜、教会のエントランスで町の人たちによって聖ロナンの生涯を描いた聖劇が演じられ、トロメニの由来が説明された後、教会から町の一部を小さくプロセシオンして、広場に帰って来ると、そこで小さなタンタットゥが焚かれる。この薪には事例4で述べたように、夏至の日に山林から伐採してきたブナの枝が用いられる。

（3）夏至の日のパルドン祭りと火焚き行事

前掲の、サン・ジャン・デュ・ドワの事例は、夏至の日にパルドン祭りが行なわれ、そこで火焚き行事が行なわれている事例である。それと同じような事例としては、このほか、ムール・ド・ブルターニュの聖ヨハネのパルドン祭り、レスクエット・グァレックの聖クロードのパルドン祭、プルーヴィェンの聖ヨハネのパルドン祭りなどがある。

〈事例9〉ムール・ド・ブルターニュの聖ヨハネのパルドン祭り(41)

ブルターニュ北西部に位置するムール・ド・ブルターニュという町には、聖ヨハネ、聖ペテロ、聖スザンヌ、哀れみの聖母マリア、に奉献された四つのシャペルがある。それぞれにパルドン祭りが行なわれており、二〇〇一年の場合、聖ヨハネのパルドン祭りは六月二十四日、聖ペテロのパルドン祭りは七月一日、聖スザンヌのパルドン祭りは七月七日と八日、哀れみの聖母マリアのパルドン祭りは九月十六日に行なわれた。そのなかで聖ヨハネのパルドン祭りにのみタンタットゥの火が焚かれる。

十時三十分に村人が聖ヨハネのシャペルに集合してから、まず約三百メートル離れた耕地にある泉へ行き、そこで司祭が泉の水を参列者にかけてベネディクションを行なう。その後、十一時三十分頃からシャペルでミサが行なわれ、十二時頃、聖ヨハネの聖像を子供たちが担ぎ、参列者は皆、泉の先に広がる畑の一角まで行く。そこには、シャペルの委員会の者九人が枝を集めて山型にタンタットゥを築き、頂上に樺の木の枝で十字を組んで立てておく。それに司祭と委員会の者二、三人が火をつけて燃やす。この火はフゥエ（fouée）と呼ばれている。この火について説明してくれた男性によれば「フゥエはキリスト教以前においては、夏がきたことを知らせる（夏の始めの）サン・メーンの祭りに焚かれた火のことで、冬の季節の悪かったものを浄化するために焚いた。キリスト教化された後、カトリックの人々はその祭りをキリスト教の祭りに変えた。それで聖ヨハネの祭りの火になった」という。

〈事例10〉レスクエット・グァレックの聖クロードのパルドン祭り(42)

内陸部に位置するレスクエット・グァレックという人口一九三人の村では、六月二十四日に聖クロードのパルドン祭りが行なわれる。十五時からシャペルの庭にある礼拝堂でミサが行なわれた後、十六時頃、シャペルから約四百メートル離れた畑までプロセシオンが行なわれる。畑には前日にモミやナラの木の枝を集めて周囲約五メートル、高さ約四・五メートルの山型にタンタットゥを築き、頂上には栗の木の枝を一本立てる。これに点火するのはファブリシァンと呼ばれるパルドン祭りの世話役である。十七時頃には終了する。

シャペルは一八八五年に建築されたもので、それ以前は建物はなかった。シャペルが建てられたきっかけはマリア顕現の奇跡の場所という伝説による。一八二一年九月八日に、ジャン・ル・ポールという十二歳の羊飼いの男の子がこの場所でマリアをみたという。村の司祭はその子供の話を信じなかったが、村人たちが大勢集まってきた。一八八五年にその場所に建物を建て、一九〇一年にシャペルの鐘がつけられた。このパルドン祭りのプロセシオンに参加したら病気が治ったという人がおり、現在でもシャペル内には松葉杖が奉納されている。

〈事例11〉プルーヴィエンの聖ヨハネのパルドン祭り

プルーヴィェンの聖ヨハネのシャペルでは六月二十四日にパルドン祭りが行なわれる。シャペルの建物の周囲を一周、プロセシオンする。昔は聖ヨハネの聖像があり、近隣の村々からもバニエールをもって参詣者が大勢来たといわれるが、現在は二百人くらいの小規模な行事となっている。このシャペルの庭にある泉の水は目の病気を治したり、イボをとるのに効き目があるといわれている。イボをとるには泉水をつければいい。イボをとるのは一年中いつでも可能であるが、目の病気は六月二十四日に泉水で目を洗うとよくなるという。

また、以前は六月二十四日の聖ヨハネの祝日に木や薮などの枝を集めて山型にしたタンタットゥを焚いていたためパルドン祭りの日と一致していたが、近年、六月二十四日に一番近い日曜日に火を焚くように変更された。話者の男性によると「タンタットゥは最も尊敬されたものだった」という。

以上の事例を、それぞれ現地で参与観察または聞き取り調査によって確認していった四年間であったが、そこで、「パルドン」と「夏至」と「火焚き」を三つの要素とみなして、整理してみるならば、まず第一に注目されるのは、前述のようなサン・ジャン・デュ・ドワの一八七〇年頃のイギリス人牧師が見たという光景である。パルドン祭りでタンタットゥが焚かれた後の日没の頃、「教会の高い鐘塔に上り四方を見わたすと、数里四方にわたって異教時代の名残である祝いの篝火が丘や平地で燃え上がるのが見えた」というのである。つまり、サン・ジャン・デュ・ドワではパルドン祭りにタンタットゥの火が焚かれていたのであるが、それ以外でもこの地域の多くの村や町では「聖ヨハネの火」とか「喜びの火」と呼ばれる夏至の日の火焚き行事が伝えられていたのである。これは、パルドン祭りのタンタットゥの火焚き行事の背景もしくはその基盤に、夏至に火〈聖ヨハネの火〉を焚くという古くからの伝統的な習俗が存在していたことを想定させる。

そして第二に、そのサン・ジャン・デュ・ドワのパルドン祭りのタンタットゥのほか、〈事例9〉のムール・ド・ブルターニュ、〈事例10〉のレスクエット・グァレック、〈事例11〉のプルーヴィエン、のように「夏至」と「パルドン」と「火焚き」の三要素がそろっている事例については、夏至の火焚きの習俗がパルドン祭りのタンタットゥの火を焚く行事としてそのまま重なったかたち、つまりパルドンの聖人の日と夏至の日が重なることによって火焚きの行事を強力に伝承してきているタイプ、いわばタイプAと位置づけることができる。

それに対して第三には、〈事例5〉のトレマルガ、〈事例6〉のボーネンン、〈事例7〉のケルヴェンのように、「パルドン」と「火焚き」という要素は結びついているが、「夏至」という要素が日程の上で離れているタイプの事例も存在する。それらについては、夏至の火焚きの習俗が聖人の日のパルドン祭りの中へタンタットゥの火を焚く行事として移されたかたち、つまりパルドンの聖人の日が夏至と分離していても、火焚きの行事がパルドン祭りの方へ導入されて定着しているタイプ、いわばタイプBということができる。

こうしてAとBの二つにタイプ分けしてみるならば、先のサン・ジャン・デュ・ドワのパルドン祭りのタンタットゥの火焚き行事と、その周辺の村や町でかつて伝えられていた夏至の日の「聖ヨハネの火」とか「喜びの火」と呼ばれる火焚き行事と、この両者が並存していたというのは、タイプAとタイプBの両者をつなぎあわせて考えさせてくれる中間的で媒介的な事例群ということができる。

4　伝統的信仰とパルドン祭り

以上、とくにパルドン祭りのタンタットゥの火焚き行事に注目してみた調査結果として指摘できる点をあげてみるならば、以下の通りとなろう。まず、パルドン祭りの火の習俗の基盤には、夏至の火の習俗が存在するということである。夏至の火の習俗がパルドン祭りにも導入され、そのパルドン祭りへの導入のされ方の差異が、今ここにあげた二つのタイプの差異として現れていると考えられる。パルドン祭りにとって、火の習俗は必ずしも必要不可欠なものではない。しかし、パルドン祭りにとってその目的に合致する部分があったからこそ、火の習俗は導入されたものといえる。これはキリスト教カトリック教会の神父たちが積極的に導入したものではなく、伝統的な習俗であったがために導入されざるをえなかったものと考えられる。では、伝統的な夏至の火の習俗を支えていたブルターニュ地方における火の信仰とは何か。

それについて指摘できることは以下の三点である。第一に、夏の到来を喜ぶ太陽への信仰の一表現として、という点である。そして、それには生者の喜びだけでなく、死者の喜びも含まれると考えられる。生者たちはまさに明るく暖かい季節への変化を喜び、その同じ火で死者も暖をとり、生者と死者とが交流するのである。

〈事例9〉のムール・ド・ブルターニュで聞かれたサン・メーンの祭り、〈事例4〉のロクロナンで聞かれたベレオンという神の祭りなど、かつて夏至には火祭りが行なわれていたという伝説が語られている。夏の始めに当たって冬の間に蓄積した悪いものを浄化するための火が焚かれていたというのである。それがキリスト教化されるに伴い、聖ヨハネの祭りへ移行したと語り継がれているのである。そして夏至の火は前述のように、一般には「聖ヨハネの火」と呼ばれているが、「喜びの火」とも呼ばれており、これは、夏至の火祭りがもともと夏の到来を喜ぶ祭りであったことを表わしていると考えられる。

一方、死者との関係においては、聖ヨハネの火と石との関係が注目される。現在その伝承の直接的な確認は困難であるが、ファンク・ポスティックが紹介している一八六〇年代から一九六〇年代の記録のなかでは、聖ヨハネの火のまわりには石が置かれ、生者を暖めた火で死者たちが暖まるという伝承が存在していた(43)。たとえば早い例としては、一八六〇年頃のH・デュ・クレジゥによる「サン・ジャン・デュ・ドワ近くの村で、サン・ジャンの火のまわりで老人たちが火のまわりに円を描くように椅子を置き、少し遠くに座っていたので、どうしたのかと尋ねると、彼らの前の火に近い席は、『それは死者の席だ。死者たちは今夜彼らの子孫を暖めた火で自分たちも暖まりたいのだ』と答えた」という記述である。[44]

この描写だけでは判断が難しいが、ファンク・ポスティックによれば、この例のように聖ヨハネの火祭りでは、生者が帰った後、死者たちは石のところに暖まりにくると考えられており、死者のために火のそばに石を置くことがよくみられたという。そして、一九六〇年代の調査事例では、民族学者のクリスチャン・ペルラが、キャップ・スィザンのグーランでは、この石は念入りに選ばれた平らで滑らかな石で、「アナオン」《an anaon》《ar zant》(死者の霊魂)と呼ばれていたという。[45]そのグーランで二〇〇三年に私たちが実地調査したところ、現在でも聖ヨハネの火で石を暖めていることは確認されたが、その石によって死者の霊を招き、生者と死者との交流がはかられていたというような伝承はすでに忘れられていた。聖ヨハネの火には、夏至の夜中、村人たち全員が屋外に出て、火のまわりに死者の霊を迎える、生者と死者との交流の祭りとしての性格がうかがえるのである。ここには、火が生者のみならず死者をも暖める火であるという信仰がみられる。これは、火の属性の一つである暖熱という機能からの類推、アナロジーといえるであろう。

第二に聖ヨハネへの信仰といえば、「聖ヨハネの病」ともいわれる癲癇の治癒が一般には知られているが、ブルターニュ地方のサン・ブリュー湾から南部ロルヌ・オ・スッドにいたる広い地域では、聖ヨハネは眼病を治すという信仰がみられるのが特徴的である。[46]サン・ジャン・デュ・ドワにおける聖ヨハネの聖遺骨は右手の中指の第一関節で、これを直接目に当てることによって目がよくなるといわれている。ほかにもトレマウェザンには長さ二〇・五センチメートルの右上腕骨の断片と聖ヨハネの二つの水晶球が保管されており、六月二十三日、聖ヨハネのパルドン祭りの前夜に聖なる泉のそばで火をたき、一度火にくぐらせた聖ヨハネの草を瞼に当てるのと同じようにしてこの聖遺骨を目の上に当てるのだという。(47) 聖ヨハネの草については、〈事例3〉プラベネックでも、火にくぐらせてから瞼に当てていたといっている。この火が眼病の治癒に効験があるという信仰の存在、これは火の属性の一つである光明という機能からの類推、アナロジーといえる。つまり、火の有する「光」と「明かり」という属性が、眼病の治癒という特徴をもつ聖ヨハネ信仰へと結びついたものと考えられるのである。

第三に、火が罪過・罪障・厄病・邪悪なるものを浄化するという信仰の存在がみとめられる。〈事例3〉プラベネックでは、燃えかすを井戸に投げこみ水を浄化したという伝承が確認された。また現在でもサン・ジャン・デュ・ドワのほか、〈事例9〉ムール・ド・ブルターニュ、〈事例10〉レスクエット・グァレック、〈事例5〉トレマルガにおいて、火を焚く理由として、一つには火による浄化のためという伝承が注目された。浄化の対象となるものは、うわさや悪口、けんかなど不愉快な人間関係、邪悪な気持ち、人間や牛など家畜の病気などで、それらを消すために火を焚くというのである。そしてもう一つは季節の移り変わりに関連させた伝承で、夏の始まりを祝う行事の中で、火によって冬の悪いもの・罪過を浄化するために火を焚くという伝承である。この季節の移り変わりに際して、火を焚くことによって浄化するというのは、とくに〈事例4〉ロクロナンにおける「五月の木」の習俗と類似している。五月の第一日曜日に広場にブナの木をたて、そのまま一カ月余り置いておき、六月二十三日の夏至の夜、これが焼かれるのである。これについては春から夏へという季節の移行を表す儀礼としての解釈が示されているが(48)、これらの両者に共通しているのは、火の焼却作用によって浄化するという観念である。つまりこれは、火の属性の一つである焼却という機能からの類推、アナロジーといえる。

以上、ブルターニュ地方各地のパルドン祭りにおけるタンタットゥの火と、夏至の夜の聖ヨハネの火の分析により、以下の三点を指摘することができよう。第一に、もともと夏至の火の伝承が存在していたところに、パルドン祭りという教会の儀式が重なってきて、パルドン祭りにおけるタンタットゥの火として位置づけられたものと考えられる。第二に、夏至の火をめぐっては、先祖の霊が暖まる、眼病を治す、病気や悪いことを焼却する、という信仰的な伝承の存在が確認されるが、それは火の有する暖熱、光明、焼却という三つの基本的属性に対応するものということができる。そして第三に、夏至の火の信仰性が〈事例1〉ブゼック・キャップ・スィザン、〈事例2〉グーランなどのようにパルドン祭りと結びつかなかった事例においては、現在行政主導の娯楽性を重視したものへと変化してきており、民俗の伝承過程における脱信仰化の一現象としてとらえることができる。

パルドン祭りの構成要素として不可欠なのは、シャペルの存在と聖人信仰（聖遺骨信仰）、そしてプロセシオンであるが、明確なのは、パルドン祭りはキリスト教カトリックの教義にのみもとづく宗教行事ではないということである。ブルターニュの伝統的な民俗信仰（croyances populaires）の存在を前提としながら、それらの諸要素を取りこみつつ、キリスト教カトリックの教会中心の宗教行事として構成され伝承されているのがパルドン祭りである。したがって、重要なのは、そこから逆にブルターニュの伝統的な民俗信仰の主要な要素をパルドン祭りの伝承の多様性の中に抽出することができるということである。その一つが本論で述べてきた火をめぐる信仰である。つまりパルドン祭りは、キリスト教カトリックがブルターニュ地方の伝統的で必ずしも体系的とはいえなかった多様な民俗信仰を組みこむかたちで作り上げた宗教行事であり、パルドンにあたるブルトン語が存在しないのは、それがそのままではブルトンの伝統行事ではなかったことを示す。しかし逆に、パルドン祭りの中にこそブルターニュ地方の伝統的な民俗信仰が伝存されたともいえる。火をめぐる信仰はパルドン祭りという伝承の場を得ることによって、時代ごとの意味づけを与えられながらも、本論で各地の事例を紹介したように、現在も生きて伝承されているのである。つまり、キリスト教カトリックの宗教行事が、逆に伝統的な民俗信仰の保存伝承装置としての機能をも果たしてきているということができるのである。

注

1 Alain Tanguy ‘La quête d'un folkloriste à la lumière de l'ethnologie : Anatole Le Braz et les saints bretons,’ Milin Gaël et Galliou Patrick (éds), “Hauts lieux du sacré en Bretagne”, Centre de recherche bretonne et celtique, Brest, 1997, p. 285-305

2 前掲注1、二八七ページ

3 Ernest Renan, “Souvenirs d'enfance et de jeunesse”, Paris, Garnier–Flammarion, 1973 (1883), p. 82-83

4 Ernest Renan, ‘Les Gallois en Bretagne’ “Feuilles détachées, faisant suite aux souvenirs d'enfance et de jeunesse”, Paris, Calmann-Lévy, 1892

5　前掲注1、二九〇ページ

6　Georges Dottin, préface à : Anatole Le Braz , "La Légende de la Mort chez les Bretons armoricains", Paris / Spézet, Champion / Coop Breizh, 1990 (1893), LXXII, p. 12

7　柳田國男『遠野物語』(『柳田國男全集』四　ちくま文庫、一九八九(一九一〇))

8　相馬庸郎「柳田民俗学の文学性」(『文学』二九―一　一九六一年)、桑原武夫『遠野物語・山の人生』解説(岩波文庫、一九七六年)など

9　岩本由輝『もう一つの遠野物語』(刀水書房、一九八三年)、岩本通弥「柳田国男における〈事実〉と〈記述〉(一)――『山の人生』と『遠野物語』の"事実"をめぐる解釈――」(東海大学文明研究所編『近代日本における柳田国男の位相』一九九三年)

10　水野葉舟「怪談」『趣味』四―六、一九〇九年

11　岩本由輝、前掲注9、三七～三八ページ

12　柳田國男『後狩詞記』(『柳田國男全集』五　ちくま文庫、一九八九(一九〇九))

13　Anatole Le Braz, "La Légende de la Mort chez les Bretons armoricains", Paris / Spézet, Champion / Coop Breizh, 1990 (1893)

14　Anatole Le Braz, "Au pays des pardons", Terre de Brume Editions, 1998(1887)

15　川村信三「トリエント公会議」(大貫隆、名取四郎、宮本久雄、百瀬文晃編『岩波キリスト教辞典』岩波書店、二〇〇二年)

16　Chanoine Kerbiriou Louis, "Landeleau dans la cornouaille des monts", Brest, Imprimerie de la presse libérale,

1942

17 Donatien Laurent, 'La Troménie de Locronan ; Rites, espace et temps sacré', "Saint Ronan et la troménie', actes du colloque international, 1995, p. 11-57

18 Robert Hertz, "Saint Besse ; étude d'un culte alpestre", dans Revue de l'histoire des religions, t. lxvii, 1913

19 渡邊昌美『中世の奇蹟と幻想』岩波新書　一九八九年、一一九～一二七ページ

20 前掲注19、一二七ページ

21 原　聖「ブルトン語の抑圧と擁護」(『思想』六九七　一九八二年、二七～四四ページ)

22 Georges Provost, 'La Fête et le sacré', "Pardons et pèlerinages en Bretagne aux XVIIe et XVIIIe siècles", Paris, éd. du Cerf, 1998

23 Anatole Le Braz, 'Saint-Jean-du-Doigt――Le pardon du feu' , "Au pays des pardons", Terre de Brume éditions, 1998 (1894), p. 143-199

24 Georges Provost, 'Saint-Jean-du-Doigt, haut lieu du Trégor occidental : le pèlerinages du XVIe au XVIIIe siécle' "Saint-Jean-du-Doigt ; des origines à Tanguy Prigent", Centre de Recherche Bretonne et Celtique, 2001.

25 François Kergrist de et Louis Le Guennec, 'L'église de Saint-Jeand-du-Doigt et ses annexes : histoire et description' , Morlaix, 1910 (François de Kergrist 'L'église de Saint-Jean-du-Doigt' , Société Française d'Archéologie, 1896)

26 Anatole Le Braz, 'Sainte-Anne de la Palude――Le pardon de la mer' , "Au pays des pardons", Terres de brumes éditions, 1998 (1887), p. 267, およびアルフォンス・デュプロン『サンティヤゴ巡礼の旅』田辺保監訳　原

書房　一九九二年、三三七ページ

27　関沢まゆみ「パルドン祭りにみる巡礼と旅——フランス、ブルターニュ地方Sainte-Anne-la-Paludの事例より——」(『旅の文化研究所研究報告』一〇　二〇〇一年、一五〜二六ページ)

28　田辺　保『ブルターニュへの旅』(朝日選書)朝日新聞社　一九九二年

29　前掲注23

30　前掲注25

31　"Bulletin de la Société Archéologique du Finistère", 1998, t. cxxvii, p. 344, Fañch Postic, 'Quelques aspects particuliers des feux de la Saint-Jean en Basse-Bretagne', "Saint-Jean-du-Doigt ; des origines à Tanguy Prigent" Centre de Recherche Bretonne et Celtique, 2001, p. 309 より。

32　Philip Winter de Quetteville 'Le Pardon de Saint-Jean-du-Doigt vu par un Pasteur Angrais vers 1870', "Les Cahiers de l'Iroise" octobre-Décembre 1960

33　Arnold Van Gennep, 'Le cycle de la Saint-Jean' "Le folklore français IV", Robert Lafont, 1999 (1949)

34　蔵持不三也「祝火考——アルザス地方民族調査ノートより——」(『社会史研究』二、一九八三年、三二三〜三三一ページ)。

35　Aimé Kerisit 氏(一九二二年生まれ)による説明。

36　Yvonne Guirriec 氏(一九二一年生まれ)による説明。

37　Jean-Yves Nicot 氏(一九三〇年生まれ)による説明。

38　Aimé Le Duigou 氏(一九五四年生まれ)による説明。

39 Philippe Rouillé 氏による説明。

40 Elisa Oliveiro 氏（一九二三年生まれ）による説明。

41 Joseph Rouilllé 氏による説明。

42 Elie Kerrah 氏（一九三四年生まれ）による説明。

43 Fãnch Postic, ‘Quelques aspects particuliers des feux de la Saint-Jean en-Basse-Bretagne’ “Saint-Jean-du-Doigt ; des origines à Tanguy Prigent” , Centre de Recherche Bretonne et Celtique, 2001

44 Henri du Cleziou, “La Bretagne pittoresque”, Paris, Sinnett édition, 1886

45 Christian Pelras, ‘Goulien, commune rurale du Cap-Sizun (Finistère)’ , “Études d’ethnologie”, Paris, Masson, 1966, p.435

46 Bernard Tanguy, ‘Le culte de saint Jean-Baptiste et l’implantation templière et hospitalière en Bretagne’ , “Saint-Jean-du-Doigt ; des origines à Tanguy Prigent”, Centre de Recherche Bretonne et Celtique, 1999, p. 156-157

47 前掲注46、一五六ページ

48 Donatien Laurent, ‘La troménie de Locronan ; Rites, espace et temps sacré’ , “Saint Ronan et la troménie”, Actes du colloque international, 1995, p. 11-57

第Ⅳ章　ブルターニュのトロメニ

■伝説と現在

新谷　尚紀

1　はじめに――民俗学の海外調査研究――

ケガレ・カミ理論と聖地ルルド

日本の民俗を専門に研究している私が、最初にフランスの民俗文化に関心をもったのは、今からおよそ二十年前の一九八七年（昭和六十二年）のことであった。

それは聖女ベルナデッタの奇跡で有名なピレネー山麓の聖地ルルドのマサビエの洞窟の大きな写真を見たときである。そこには難病治癒の奇跡をあらわすおびただしい数の松葉杖が架けられていた。当時、国立歴史民俗博物館の共同研究「儀礼と芸能における民俗的世界観」に、外部からの共同研究員として

おびただしい数の松葉杖が架けられたピレネー山麓の聖地ルルド

参加してとりまとめた論文[1]と、その論文を中心に『ケガレからカミへ』という論著[2]を刊行して、「すべてのカミはケガレから生れる」という過激な学説を発表していた私にとって、そのルルドのマサビエの洞窟の前に架けられた不気味ともいえるたくさんの松葉杖群は、日本でも香川県三野町の弥谷寺をはじめ各地の寺社に、病気治癒のしるしとして奉納されている松葉杖やコルセット、ギプスの類とまったく同じ意味をもつものと思われたのである。それは、日本の民俗の分析から得られた、「聖なる存在とは人々のケガレの吸引浄化装置である」という学説、つまり、「ケガレ・ハラヘ・カミ」理論（ケガレ・カミ理論）の普遍性への期待を与えてくれるものであった。

　一九八九年（平成元年）三月に実現した、私にとってそれこそ生まれて初めての海外旅行、それもたった一人の一ヵ月間のフランス各地への見聞旅行は、多くの刺激を与えてくれるものであった。そして、さらにブルターニュ地方の伝統行事、パルドン祭りへの関心を深めるものともなった。「パルドン」が「すみません」の意味ならば、人々の一年間の罪ケガレを悔い改め、祓え清める祭りであるはずである。それなら、日本でも同じようなケガレを祓う意味をもつ村落行事の疫病送りや虫送り、都市祭礼の祇園祭などと、どこが同じでどこが違うのか、と興味を覚えたのである。

一九九〇年（平成二年）と九一年（平成三年）のブルターニュ各地でのパルドン祭りの見学は、もちろんまだ、私の民俗学研究活動の一環に位置づけられるものではなかった。日本での研究を進める上で何か新しいヒントや刺激を得られればそれで十分と考えていた。しかし、極東の島国日本から、はるかユーラシア大陸の西の果てブルターニュ半島にやって来て、初めてパルドン祭りを見学した私には、日本の疫病送りや虫送り行事との違いが強烈に印象づけられた。

パルドン祭りでは、人々の一年間の罪障を、幼子キリストを抱く聖母マリア像を担いだ聖なる行進と礼拝堂でのミサと懺悔によって町や村の領域内部で浄化しているのに対して、日本の疫病送りや虫送り行事では、隣村との村境まで藁人形を担いだ行進によって疫病や害虫を送り出し浄化している。山口県下の虫送りではサネモリサマと呼ぶ藁人形をリレー式に隣りの村から隣りの村へと送り出し、最終の村の海岸では「サバーサマ、カラ（唐）へ行け」といって海に流しているような例もある。[3] パルドン祭りの町や村が内部で浄化を完結させているのに対して、疫病送りや虫送り行事の村では外部への連結によって浄化を果している。つまり、フランスのそれが自己完結的なのに対して、日本のそれが他者依存的なのだ、さらにいえば、フランス社会が自己完結的なのに対して日本社会が他者依存的な体質をもっているのではないか、などという想像をめぐらしたものであった。

もちろん、これは単なる印象と仮想であって、論というにはほど遠いものに違いなかった。しかし、すべての儀礼が完了して教会に再び安置された古い石製の黒い聖母マリア像につぎつぎと接吻する人々の印象は強烈で、民俗文化に関心をもつ者として、異文化研究・他文化研究の必要性がこのとき強く感じられたのである。

柳田國男

日本民俗学の異文化・他文化研究　柳田國男の民俗学が、その研究対象を日本列島に限定し、一国民俗学を主張したことについての評価は現在二つに分かれている。一つは、柳田の一国民俗学にナショナリズムとコロニアリズム（植民地主義）を見出して批判を加えるものであり[4]、もう一つは、柳田の一国民俗学は言語の資料性を重視する柳田民俗学の歴史主義に根ざすものであり、侵略膨張主義の時代にあってはむしろ一国主義に内在した不干渉主義の可能性が注目されるとする見解である[5]。論調としては一時期前者が注目されたが、その論拠に対する実証的批判があいつぎ[6]、すでに前者の説得力は失われているといってよい。

その柳田の時代は遠く過ぎ、現在では二十一世紀初頭の超情報化、超高速化の流動世界にあって、経済のグローバリゼーションが人間集団の大量移動にともなうボーダレス化の状況を出現させている中で、日本の民俗学は新たな脱皮を試みはじめている。そして、日本列島の多様な民俗文化を世界的な視野でとらえようと、視線は列島内に展開している民俗文化の地域性や多様性へと向けられると同時に、列島外へと広く東アジア、東南アジア、さらには世界各地へと向けられようとしている。

その民俗学にとって不可欠なのは、列島内諸地域へのこれまで以上の精密な調査分析であり、それをないがしろにして、外へ外へと関心を向けて先走るのは民俗学の歴史に対する単なる無責任というべきであろう。むしろ、列島文化の多様性への新たな視線を磨くためにこそ、列島外へと新しい視線を投げかけていくという姿勢が重要である。そして、その際、東アジア諸地域のように、古代以来日本列島と長期にわたって歴史的交流関係を重ねてきている地域を対象とする場合と、ヨーロッパやアフリカなどの諸地域のように、相互に地理的に隔絶し、歴史的にも直接的な交流が近現代以降に限定されている地域を対象とする場合との両者が考えられる。前者の場合には、歴史的交流関係と文化伝播の問題などに関する実証的追跡が可能な限りそれが重要であり、困難な学際的作業ではあるが、それだけに稔り豊かな研究成果が期待できる。一方、後者では、むしろ、相互の民俗文化の特徴の把握が目指されることとなる。前者と後者、いずれに向かうにせよ、安易な印象比較こそ厳に排されるべきであるが、現在の日本の民俗学にとってその対象を広く世界に広げていくことに躊躇は必要ない。

西欧社会を対象とする日本民俗学

日本民俗学が対象としてきた民俗とは、柳田の造語である「民間伝承」である。その民間伝承とは、英語のフォークロア、フランス語のトラディション・ポピュレールの訳語である。その英語のフォークロアは、もともと「民衆」を意味するフォークと「知識」を意味するロアの二つの古語から作られた語で、そのままの意味で用いられるのであれば、民衆生活の知恵を研究対象とする学問という意味になるが、実際には、早くから民間説話の研究という狭い意味へと限定されてしまっている。したがって、生活文化伝承全体を対象としながら、とくに歴史的研究視角を重視する柳田のいうところの民間伝承とは大きく意味が異なってきており、柳田の民間伝承はむしろフランス語のトラディション・ポピュレールのほうが近い。しかし、そのフランスにおいても、国内での民間伝承を対象とする研究は早くからその勢いを失っていった。

社会学の先駆者、エミール・デュルケム（一八五八～一九一七）によって、従来の民族誌学を超克する新しいフランスの民族学が、調査と理論の両方からその道を切り開いていったのとは対照的に、『通過儀礼』（一九〇九）、『現代フランス民俗学便覧』（一九四三／一九八二）全九巻などを残したアルノルド・ヴァン・ジェネップ（一八七三～一九五七）の輝かしい活動を最後に、フランス民俗学は停滞へと向かってしまった。

しかし、第二次世界大戦後は、フランス南部のタラスコンのタラスク祭りの調査分析を行なったルイ・デュモンの『ラ・タラスク』（一九五一）や、リュシアン・ベルノとルネ・ブランカールの共著『フランスの一農村』（一九五三）など、従来いわゆる「未開」社会を対象として行なってきたフィールドワークを、「先進国」フランスの農村を対象として、その日常生活や親族構造、社会組織、ライフサイクルなどの調査項目を用意して行なう研究が現れてきている。また、フランス国立科学研究所CNRSも、民族学、歴史学、社会学の研究者を動員して、一九五五年の中部オブラック地方を最初とするフランス国内の本格的な村落調査を実施しはじめており、ほぼ十年ごとに精緻な報告書が刊行されてきている。そこには、フランスの民族学が、従来のように「未開」社会だけでなく、「先進国」たる自国社会をも対象としてきている動きがみてとれる。そして、これまでしばしば言われてきた「〈調査する欧米人民族学者・文化人類学者〉対〈調査されるアジア・アフリカ人〉」とか、アジア・アフリカの学者を「ネイティブ民族学者・文化人類学者」と呼ぶような、不公正な関係性の構図を克服する機運が、少しずついま世界規模で起こっている。日本の民俗学も、世界へ向けて相互の研究交流を積極的に推進し研鑽を積むべきときがいまきているのである。本論はまだ第一歩にすぎないが、フランスのフィールドで柳田國男が提唱した日本民俗学の方法を試みてみたい。それは、ここで調査対象とするパルドンとトロメニについての情報をなるべく広く収集し、比較論的に整理分析してみようということである。

2　ブルターニュのトロメニ

フランスのブルターニュ半島一帯に伝えられている宗教的な伝統行事パルドン祭りに類似したもので、より大規模な伝統行事がトロメニである。二〇〇二年現在、ブルターニュ半島西部のコルヌアイユ司教区とレオン司教区の三ヵ所に伝えられており、最も有名なのが、ドゥアルヌネ湾を見下ろせる海抜二八五メートルのメネ・ロコンと呼ばれる山稜の中腹に位置し、一九二〇年以来、伝統的な町並み景観を保存することに成功して、観光地としてもよく知られているロクロナンのそれである。そして残りの二つが、今も農村地域の景観を見せているコルヌアイユ司教区内陸部の小さな村ランドロウのそれと、ブルターニュ半島西部最大の都市であり軍港としても知られるブレストの近郊の町グエヌウのそれである。

このトロメニに関する著名な研究者であり、私たちの研究協力者でもあるブレスト大学のドナシアン・ローラン教授によれば、かつてトロメニが行なわれていたのは、この三ヵ所以外にも数ヵ所があったという(7)。それは、司教座聖堂参事会員ペロンが調査したというプルザネ、ランデルノー、ロクマリア・カンペールであり、また、ラルジエールに依拠して加えることができるというブルブリアックと、ギセニー、またさらには、司教座聖堂参事会員ポンダヴァとアブグラルが、十九世紀初期まで行なわれていたと指摘しているロクエノーレ、アンヴィック、トーレという三つの小教区が一緒になって順番に行なっていた一例である。

しかし、一九九九〜二〇〇二年の現在の時点で私たちが実際に確認できたのは、上記のロクロナン、ランドロウ、グエヌウの三例のみであり、その他はすでにすべて廃絶していた。たとえば、プルザネを訪れた私たちが出会うことができた一九五八年生れのベルナデッタ・トレガーさんは、彼女が子供の頃、ちょうど今から三十年くらい前までは行なわれていたが、その後廃れてしまい、現在ではまったく行なわれていないと語ってくれた。そのプルザネ在住の研究者でブレスト大学のジャン＝フランソワ・シモン教授が提示してくれた写真や資料によれば、一九六九年のトロメニが最後であったと考えられる。そして、その廃絶の最も大きな理由は、当時のプルザネの教会の神父がトロメニの行事に対してきわめて否定的であったためであり、それに抗してでも実施し維持していこうとする住民たちの動きが見られなかったためであるという。そして、すでに現在では、トロメニの再興の可能性はないであろうとシモン教授はいう。

そこで本論では、私たちが一九九九年から二〇〇二年にかけて集中的に現地での事前事後の聞取り調査を行ないながら実際に参加して観察を進め、また、その後も現地交流を継続している、上記のランドロウ、グエヌウ、ロクロナンの三つの事例を紹介し、その分析を試みることにしたい。

3　ランドロウのトロメニ

（1）伝説の語るトロメニ

聖テロ　ランドロウは二〇〇二年現在、人口一、〇五〇人の村である。このランドロウという名前は古いケルト語で「隠者の庵」あるいは「隠棲修道士の修道院」という意味の'lan'と五、六世紀にイギリスから海を渡ってブルターニュに伝道にやってきた聖人たちの一人である聖テロ、ブルトン語の

Thélo の名前からきている。また、十二世紀にウェールズの伝記作家によって編まれた伝記には次のように記されてもいる。(8)

聖テロはウェールズのルランタフの司教の聖デュブリス（四一二年没）の弟子で、デュブリスの後継者に選ばれたが、ペストがその地方を襲い、彼はアルモリカ半島つまりブルターニュ半島をめざして航海することになった。彼はエルサレムに巡礼を行ない、鐘が贈られた。その鐘は病気を治す力があるとされ、さらにその鐘の前ではうその誓いができず、魂が神のもとへと上っていけるようにと絶えず鳴っていた。ほかにも、不思議な話が伝えられている。ある日、聖テロは、住民たちの三分の一を殺してしまった翼のある蛇からアルモリカの国を救ってくれるように頼まれた。天から霊感を受けた聖テロはその蛇を攻撃した。自分のストラをその首にかけて海に投げ落としてしまった。このような偉業は他の多くのブルターニュの聖人の伝記でもみられるが、当時のブルターニュの森には猛獣がはびこっており、それらの動物は異教のシンボルでもあった。

二〇〇二年のトロメニを見学に来ていたブレスト大学の大学院生ジョエル・アスコエット君によれば、現在もウェールズでは、聖テロは教会のまわりに住む人たちを守る力がある、また神様と話すことができる、などといわれているとのことである。

トロメニの由来

聖テロに関しては、フランスに伝えられているもう一つの聖人伝説がある。(9)

聖テロはかなり長い間ポエールの森に滞在していた。この地にやってきた彼は、最初メネッ・グラッに家を建てるつもりだった。彼は礎石を立て、屋根代わりに平らな石を置くまでしたが、礼拝の邪魔をされるほど隣りの沼のカエルの鳴き声がうるさかった。聖テロはこの地に固執したが、カエルの鳴き声は聖テロが祈ることも寝ることもできないほどひどいものになった。仕方なく場所を移した彼は、泉に近い木立の中に木板で小屋を建てた。次いで教会を建て、それを中心に小教区を組織するための土地の取得を望んだ。

そして、この地の領主であるカステル・ガル卿（ブルトン語。フランス語ではシャトー・ガル卿という）にその計画を伝えた。すると、カステル・ガル卿は次のように答えた。「おまえが一晩のうちに回れるだけの土地をやろう。つまり、どこにいようと夜明けを告げる雄鶏の声が聞えた瞬間に立ち止まるのだぞ」。聖テロは家に帰ると、身のまわりの世話をするために少し前から来ていた妹にその話をした。彼女はうわべでは喜んでいたが、心の底では激しい嫉妬を抱いていた。そのことを知らぬまま、聖テロは戸口に立ち、口笛を吹いた。すると一頭の鹿が木立の中から出て来て、彼の足元にひざまづいた。これから彼が所有するであろう土地の境界線を定めるために、神が遣わした動物である。（中略）

日が落ちると、聖テロは鹿に乗って全速力で駆け出した。しかし、カステル・ガル卿の城館の地所を通りかかった時、彼めがけて犬の群れが放たれた。聖人はやっとのことで楢の木に逃げ延びたが、鹿は森の中に走り去ってしまった。そして妹が陰険な邪魔をしなければ、聖テロはその遅れを取り戻したにちがいないのだが。というのも、彼女は鶏小屋からとってきた雄鶏を煙突の中に押し込み、火床にあった柴の枯れ枝の束に火をつけたのである。その雄鶏は煙から逃れようと羽根をばたつかせ、悲痛な鳴き声をあげた。それにつられるようにして、村中の家禽たちが鳴き声をあげ、それは農家から農家へと伝わり、領主との約束通りに聖テロの足を止めることになったのである。もしそれがなければ、聖テロの教区は現在のそれよりも広く、コロレックからクレダンまでの広がりをもつものになっていたであろうに。

赤鹿　この伝説では、聖テロは鹿に乗って教会から楢の木のところまで行ったが、楢の木の上で夜明けを迎えてしまったことになっている。しかし、現在、村人たちの話、たとえば神父のピエール・マエさん（一九三七年生れ）によれば、次のように語られている。

赤鹿に乗る聖テロ

城の城主が聖テロに一晩で歩いた範囲の土地を与えるといった。しかし、城主の妹は嫉妬深い人だったので、聖テロに向けて犬を放した。聖テロは楢の木に登って犬から逃れた。彼を助けに赤鹿がきたので、聖テロはその赤鹿に乗って続きの道を回ることができた。

（2）現在のトロメニ

聖霊降臨の主日　ランドロウでは現在も、復活祭後七度目の日曜日、聖霊降臨の主日に、聖テロが回ったとされる順路をたどるトロメニが行なわれている。二〇〇一年の場合は六月三日、二〇〇二年の場合は五月十九日であった。聖霊降臨の主日にあわせて、年によってトロメニの日程は変わることになる。神父のピエール・マエさんによれば、ランドロウではとくにトロメニのプロセシオンを「聖遺物の巡回」といい、聖テロの聖遺骨とともに、聖テロが回ったのと同じ道を辿ることが重要とされている。聖テロの聖遺骨は、このランドロウ以外にも、イギリスの三つの村に伝えられているというが、ランドロウではとくに腕の骨が教会に保管されている。その聖遺骨は金メッキをした二頭の鹿に四方を支えられた錫製の長方形の聖遺物箱に納められている。

死者の家族　ランドロウの住民あるいは出身者で、その一年のうちに家族に死んだ人がいたら、このトロメニで聖テロの聖遺骨を安置した輿を二人で交代しながら担ぐことになっている。一九二六、二七年までは、聖遺骨の輿、十字架、聖像、バニエール（聖像を刺繍した旗）などを担ぐために希望者はお金をたくさん支払う必要があった。そのために聖遺骨は家族に死者がいる場合で、しかもお金を多く出した人が担いでいた。これらは'Journal 1900-1968'というランドロウの教会の歴代の神父が記録しているノートからの情報であるが、一九二六、二七年以降は、聖遺骨の輿を担ぐのはお金ではなく、家

聖遺骨などを担ぐ人の年齢・性別

金の十字架	60歳の男性
聖母マリアの聖像	60歳の女性
聖ヨセフの聖像	50歳の男性
聖母マリアの聖像	50歳の女性
聖テロのバニエール	40歳の男性
聖母マリアのバニエール	40歳の女性
サクレ・クールのバニエール	20歳の男性
聖母マリアの小型のバニエール	16〜17歳の女性
聖テレーズのバニエール	14歳と15歳の女性

族に死んだ者がいる人が交代で、また十字架、聖像、バニエールを担ぐのは、年齢を基準として、上の表のように決められた。そして、聖テロの聖遺骨の輿を担ぐ条件は、家族に死んだ人のいる人、癌で死にそうな家族がいる人、病気が治ったからその感謝の気持ちを伝えたい人、などである。二〇〇二年のトロメニでは、三週間前に息子が死んだという年配の男性が最初から最後まで聖遺骨を担ぐことを希望し、彼とその家族が主に担いだ。トロメニには、昔は戦争で亡くなった人のために大勢が歩いていたという。また、聖テロを助けた鹿の伝説に関連して「鹿が死んだ人の霊を運ぶ」という信仰が語られている。家族を亡くした人たちには、このトロメニに参加することによって死者の冥福を祈るという意味がある。

バニエール（聖像を刺繍した旗）　トロメニの始まる前、教会に集まってきた人々は建物のまわりを三周ほど歩いて回る。そして午前八時に神父、十字架、聖遺骨を安置した輿、バニエールや聖像、町の人々ら約二七〇人が連なり、プロセシオンと呼ばれる行進が始まる。教会からまず北方へと向かう。行列の進む順路に面する家々では道路の路面に色鮮やかな花々を撒いて装飾し、プロセシオンの一行を迎える。聖遺骨を安置した輿がやってくると、その下をくぐる高齢者たちが多い。こうするとリューマチに効くといわれている。

午前十一時から聖ローランのペニティ（小礼拝堂）でミサが行なわれるため、それまでに約八キロメートルの道のりを歩かなければならない。途中で二つのスタシオンに立ち寄り、祈りと讃美歌を捧げる。聖ローランのペニティでは屋外ミサが行なわれ、その後、昼食の時間がとられて、午後二時に一行

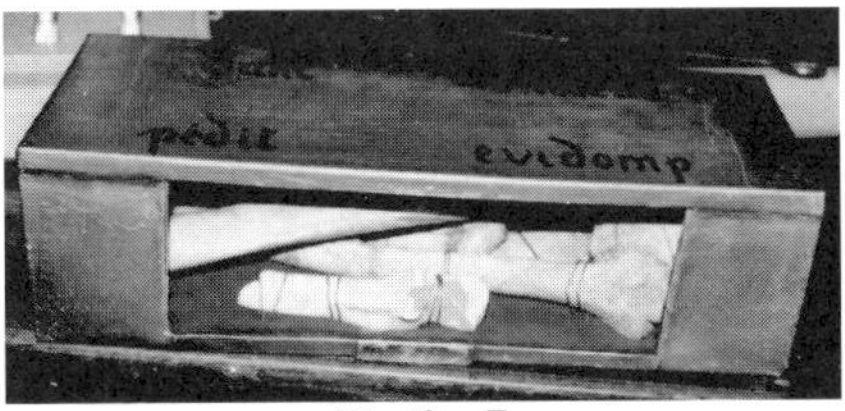

聖 遺 骨

聖遺骨の輿を担ぐ人

聖遺骨の輿をくぐる人

麦畑を進む

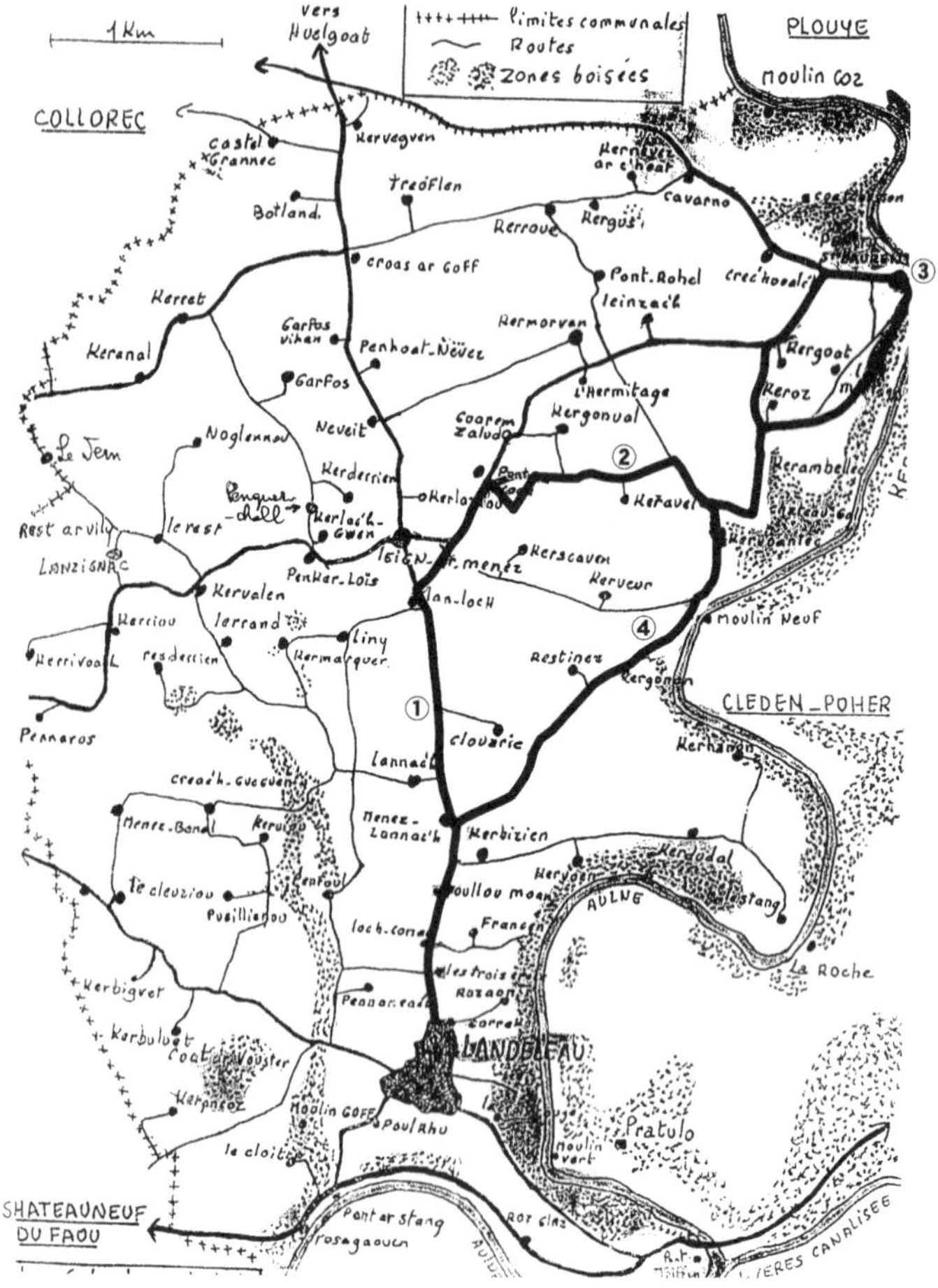

①ラナシュのシャペル跡　②聖テロの楢の木
③聖ローランのペニティ　④聖ロックのシャペル跡

ランドロウのトロメニの順路

はふたたびそのペニティを出発し、一つのスタシオンで祈りと讃美歌を捧げ、教会までの復路の約七キロメートルを歩く。この合計約十五キロメートルの道のりは、平坦地ばかりではなく、山道があり、麦畑の中にこのトロメニのために麦を刈り取って作った一本道や、牧草地などもある。そのため、最近では重量のあるバニエールと聖像とは、教会から約一キロメートルのところにある集落のはずれのフランロンという地名の場所にある倉庫の前にいったん置いて行くことになっている。帰路、ここを通る時にもう一度それらを持って、教会までのプロセシオンをバグパイプの楽隊とともに行なうのである。しかし、十字架と聖遺骨を安置した輿だけは約十五キロメートルの全行程を行進する。昔は重いバニエールや聖像も全行程をプロセシオンしていたが、今は道が狭いし、雨が降ったりして泥だらけになるから置いて行くのだという。

そのバニエールにはこんな伝説がある。ある年、城主のカステル・ガル卿がバニエールを城に一泊させたことがあった。そのときのことである。村人たちがバニエールを城に置いて帰ったら、夜中に教会のカリヨンが鳴りだし、人々が外を見るとバニエールがひとりで帰ってきていたという。城主は聖テロに犬をしかけた人だから、バニエールは城にいたくなかったためだろうと村人たちは語り合ったという。

第一のスタシオン　第一のスタシオンは、ラナシュという地名の場所である。ここには一九二六年まではシャペルが存在したが、今は何もない。トロメニの行事が行なわれるときにはノートルダム・ドゥ・ボンヌベルの聖像が道路の脇に安置される。ここで祈りが捧げられ、讃美歌が歌われる。また、この付

ドルメン

「聖テロの楢」の根元にしつらえられた祭壇。楢の大木のうしろには、木片を削り取ろうとする人々が群がる。

近の家の人たちは行列が着くとすぐに聖遺骨の輿の下をくぐって健康を祈る。

ドルメン　このトロメニの順路からははずれているが、ランドロウの北方のユルゴートという村との間に巨石のドルメンがあり、「聖テロのテーブル」とか「聖テロの家」と呼ばれている。地面から約一メートルの高さの四つの脚で直径三〜三・五メートルのほぼ円形の厚みのある石を支えている。現在、このドルメンは畑のなかにあり、トロメニではドルメンを遠巻きにした道を選んで歩き、直接ドルメンのある場所には行かない。かつて司祭がそこに行ってはいけないと言ったという。

楢の木の前で説明してくれる
ふだん着のマエ神父

楢の聖樹　第二のスタシオンは、「聖テロの楢(10)」と呼ばれる大きな楢の木の場所である。犬に追いかけられた聖テロがここの楢の木に登ったと伝えられている。この木の根元近くに仮の祭壇が作られ、聖遺骨を安置して、パルドンの意味の特別なミサが約二十分間行なわれる。現在の楢の木は樹齢が約三〇〇年ほどの大木であるが、この先代の木は樹齢六〇〇〜七〇〇年くらいの大木であったが枯れてしまったという。昔からこの楢の木の小さな木片を削り取ってお守りとして持ち帰る人が多い。火事から

ペニティ・サンローランでのミサ

守ってくれるお守りだといわれている。このようなお守りをキリスト教カトリックは禁止したが、今では神父も仕方なく、よいと認めている。ピエール・マエ神父は、この楢の木を人々が信仰の対象としていることについて、クリスチャニズム以前の信仰で、五、六世紀からのものか、ドルイド教では楢の木が聖樹として大きな意味をもっているので、その宗教による儀式の名残りだろうと思っているが、黙認しているのだという。

ペニティ・サンローラン　その後、一行は小さな泉水の前の小道を通り、カステル・ガル卿の城館の前を曲がって山道を通り抜けて牧草地を通り、三番目のスタシオンであるペニティ・サンローランと呼ばれるシャペルへと向かう。昔、ランドロウには七つのシャペルがあったという。

その一つは第一スタシオンのラナシュのシャペル、

二つめは第四スタシオンの聖ロックのシャペル、三つめは町の教会の鐘楼の七～八メートル手前の墓地の中に一八八四年以前まで建てられていたという聖テロの小礼拝堂である。現在のランドロウの教会の入口付近に「聖テロのベッド」といわれている石棺状のものが置かれているが、これがその墓地の中に建てられていた「聖テロの小礼拝堂」の中にあったものだといわれている。四つめは墓地の中にあった聖モーデの礼拝堂で、一七四八年の小教区の記録簿によれば、荒廃が原因で取り壊しが検討され、ミサも行なわれなくなったという。取り壊された後も、人々はその狭い跡地に病人の飲み物や薬を撒いたり、傷や潰瘍に当てられた湿布などを置き続けていたという。

そして、五つめはランジニャックのトリニテ教会の礼拝堂、六つめは聖ヨハネの礼拝堂、七つめがペニティ・サンローランである。これらのうち六つは廃墟となり、このペニティ・サンローランだけが残っているのである。このペニティ・サンローランのシャペルはただペニティとも呼ばれ、呼称は混同しているが、建物の内部には十四世紀のものと見なされている聖ローランの聖像と聖ロックの聖像とがある。一九〇四年まではもうひとつの聖像もあったが、盗まれてしまったという。

ペニティの修復　一九四二年頃に『司教区歴史考古学紀要』に発表されたマドレーヌ・デロゾの「これが最後のトロメニか」という論文[11]には、このペニティ・サンローランの荒廃ぶりが描かれているが、その後、司祭と村人の努力で修理が行なわれた。そして、トロメニの際、このペニティで行なわれるミサのために、祭壇を用意したり花を飾りつけたりする奉仕は、ル・カムさんという家族が毎年行なってきた。しかし、一九九〇年頃この家族が村から出ていったため、その後は、コルベルさん、トゥテックさん、マソンさんの三家族の女性と、二〇〇二年から参加したピションさんという家族の女性との四人で世話をしている。トロメニの前日、ペニティの壁や聖像を掃除してきれいに装飾し、ランドロウの家々の庭から花を集めてきてアレンジしている。一人はフラワー・アレンジメントのクラスで勉強した経験のある女性で、昨年の写真を見ながらアレンジメントを行なっていた。写真を参考にする理由についてたずねると、「去年と少し違うようにするために写真を参考に見ているのよ。同じ材料を使ってもどこか変えるようにしているわ」と話してくれた。

復路のもてなし　ペニティ・サンローランでのミサが終わり、昼食の休憩をとった後、午後二時にそのペニティを出発すると、一行は道路から坂道へと進み、それを登って畑の間の道を歩き、再びカステル・ガル卿の城館の前を通るなど、往路と一部は同じ道を通り、小さな泉水の近くのX路を左にむけて南の方角へ鋭角的に曲がり、四番目のスタシオンへと向かう。その四番目のスタシオンの手前には、一行に飲み物を提供する一軒の農家がある。百年くらい前からこの家は一行のためにシードルの樽を一つ開けてきたというが、今は家の中に人々を招き入れてワイン、ジュース、水などをふるまっている。第四のスタシオンは、聖ロックのシャペル跡である。そこでも祈りと歌が捧げられる。

教会への帰還　この後、プロセシオンは一路、町へと向かい、フランロンの倉庫の前で往路で置い

荒れた小道の草刈り

ていったバニエールや聖像を取り出して、町の教会へと行進していく。バグパイプの楽隊の演奏が加わり晴れがましく教会に帰り着くと、建物の入口で聖遺骨の輿が両方から高く掲げられ、人々はそれに手をふれてから、聖遺骨の下をくぐって中に入る。そして、マエ神父によってラテン語のミサが行なわれ、参列者一人ひとりによる聖遺骨へのキスがなされてトロメニは終了する。

準備の草刈り　このランドロウの教会では、ファブリシァンと呼ばれる祭りの世話役は決められていない。神父とボランティアがトロメニの準備や進行を行なっている。二〇〇二年五月十九日のトロメニの準備としては、十五日に一行が歩く道の草刈りが行なわれた。草刈りの仕事は、ランドロウ、コロレック、スペゼの三つのコミューン（村）から六人の人たちが出て行なわれるが、パロワス（教区）から三人とメリー（市役所）から三人ずつが出ることになっている。二〇〇二年の場合、パロワス（教区）からは、ピエール・ル・ガルさん、フランソワ・コセネックさん、ゲルロワン・クラストルさんの三名、メリー（市役所）からはイブ・バラエルさん、フランソワ・ジェフロイさん、グイ・リボルさん（市役所の助役）の三名が出た。朝九時に草刈り用の鎌と叉木を用意して、町役場の前に集合し、ランロックとポンスコアとケルゴアの近くの三ヵ所の、通常使われていない荒れた小道の草刈りを行なった。十二時頃にペニティの庭の草刈りを終えた後、みんなで近くに住むグイ・リボルさんの家に立ち寄り、庭でアペリティフを飲み、マエ神父の家にもアペリティフで立ち寄ったのち、隣り町のレストランに行って、慰労を兼ねた昼食をとった。

素朴なトロメニ　一九四二年頃にこのトロメニに参加した前述のマドレーヌ・デロゾの論文[12]の中には次のような記述がある。

「知名度や参加者数ではプルザネ、グエヌウ、ロクロナンのトロメニには及ばないが、長さと趣きでは決して劣らない。何よりもここには観光客がいない。ランドロウと近隣の小教区の信者たちが参加するだけである。聖霊降誕祭の朝八時、四つの組鐘の調和がとれ威勢のよい響きと歌声の中、教会にあふれかえる人々の間をかきわけながら、一頭の鹿の上に置かれ、担架にしっかりと付けられたささやかな聖遺物箱が進んで行く。それは道中ずっと同じ二人の小教区の人間によって担がれるが、彼らの脇には、皮をはいだハシバミの杖を持った二人の友人がお供する。押し寄せる群衆や、行き過ぎた行動に走る巡礼者を抑えるのがその友人たちの役目である」。そしてその道中には「トロメニには参加できなかったが、運び手が親切に持ち上げてくれた聖遺骨の下を通って、守護聖人への信仰心を表したいという人々が集まってくる。トロメニの行程の途中には、しばしばくるぶしまで浸かってしまうほどの、飛び越えることができないような泥濘があったり、何度も小川を渡らなければならないこともあるが、その間も讃美歌の歌はやむことはない。三十二詩節とリフレインからなる聖人を称える歌である。」

このデロゾの記述した光景は、私たちが参加した二〇〇二年のトロメニにおいてもそのほとんどが共通するものであった。

4　グエヌウのトロメニ

(1) 伝説の語るトロメニ

聖グエヌウ　ブルターニュ半島西部の港町であり軍港でもあるブレスト。この都市は第二次世界大戦でアメリカ軍による猛爆撃を受け、壊滅的な打撃を受けた。そのブレストから北方約七キロメートルの郊外にグエヌウという町がある。この町は、プラベネック、ブルグブラン、ギパバ、ボアズ、ギラなどと境を接しており、グエヌウという地名は、聖グエヌウという聖人の名前に由来する。グエヌウ在住の一九二一年生れのイヴォンヌ・ギリエックさんというパトリモアン（教会などの文化遺産を守る組織）のメンバーの一人によれば、次のような伝説が語られている。

西暦六三〇年に十八歳の若い聖グエヌウが、家族と一緒にイギリスからブルターニュへとキリスト教の布教のためにやって来た。母はすでに死亡していたが、父は聖テュドンという聖人で、弟は聖マジャン、妹は聖テュドナといった。聖グエヌウはこの地に修道院を建てた。その場所はラングエズヌウ、つまり「世俗のところではない」場所と呼ばれた。

教会と泉水　現在、町の中央にある教会は、その聖グエヌウの修道院の上に建てられたと考えられている。そして、教会の北側にある泉水は、修道院の頃にはすでに存在していたといわれている。この土地では水が不足していたので、グエヌウが神に水を祈ったところ、そこを掘れば水があるといわれ、泉水を見つけた。そのおかげでこの土地では水のない年はなくなったという。グエヌウはとくに人の病気を治す聖人とはいわれていないが、この泉水はリューマチに効くという。太陽が昇る前に泉に行って、痛いところを水に浸すとよい。最近では、ドイツからきた神父が両肘を浸していたという。また、泉水は赤ん坊の肌の病気に効くので、布を水に浸してから赤ん坊の肌をふくお母さんも多い。今もこれらの伝承は生きている。

聖グエヌウは六七五年にカンペーレで死んだ。その時、聖グエヌウの弟がやって来て、兄であることを確認し、エヴェック（司教）のいるサン・ポール・ドゥ・レオンに埋葬された。当時、教会が聖遺

グエヌウの町と、その中心に建つ教会

骨を保有することによって神聖性を獲得できると考えられ、聖遺骨がよく売買されていたという。グエヌウの教会には一七八九年のフランス革命以前には、聖グエヌウの頭蓋骨と指先が銀製の箱に納められていたといわれているが、現在は指先だけが保存されている。

トロメニの由来　グエヌウの教会には、この聖人の功績を伝える伝説とトロメニと呼ばれる伝統行事が伝えられている。ドミニコ会修道士で十七世紀に聖人伝説の収集を行なったアルベール・ル・グランの「聖人の功績についての伝説とは」[13]という論文によれば、その伝説とは次のような内容である。

聖グエヌウは彼への資金提供者であったコモール伯爵に「一日で溝で囲める限りの土地を与える」と言われて、牧草用のフォーク型の農具を手に取り、「それで地面を引きずりながら、ブルターニュ里で

フォーク型の農具を曳く聖グエヌウ

約四里を四辺形に歩いた。先が分岐したこの農具を引きずるごとに、不思議なことに大地が両側に盛りあがって大きな溝を形作り、彼の資金提供者の土地と彼に与えられた土地とをみごとに分けたのである。その囲い地に含まれた土地を耕そうとする者はいなかった。なぜなら、その場所を冒瀆しようとした者たちには罰が当たって急死してしまうことが何度もあったからである」。

産業地区の造成

このように、伝説では聖グエヌウがフォーク型の農具を引きずりながら歩いて一日で囲める限りの土地の所有を認められたというが、現在の市街地の範囲と聖グエヌウが歩いたといわれる範囲とがまったく一致しているわけではない。現在では、グエヌウの町は大都市ブレストの近郊に位置するため、第二次大戦後のギパバ飛行場の建設、ブレストへ向かう自動車専用道路の建設、産業地区の造成、郊外型大規模ショッピングセンターの建設などがさかんに行なわれたため、伝説上の七世紀に聖グエヌウが歩いたといわれる範囲と、現在の二十一世紀初頭の市街地の範囲とが一致しているわけではない。グエヌウの市街地とギパバの飛行場とが接する一帯は安全のために現在では立ち入り禁止になっており、またグエヌウの南方の林野が開拓されて産業地区が造成されたことによって、そのエリアもグエヌウの範囲として認識されるようになり、そのような市街地の拡張にともなって新しく設定された境界線も、聖グエヌウの歩いた道として柔軟に人々には解釈されている。そのため、聖グエヌウはブルターニュ里で四里、約十六キロメートル歩いたといわれていたものが、現在では延長されてその距離は約十八キロメートルとなっている。

(2) 現在のトロメニ

アサンシオン 人々は一年に一回、毎年復活祭の四十日後の木曜日(キリスト昇天・アサンシオンの日)にこの道を歩く。二〇〇一年の場合は五月二十四日(木)に行なわれたが、二〇〇二年の場合は五月九日(木)に行なわれた。トロメニには神父も参加する。教会には引退したドイツ語教師フランソワ・ディべェが神父としてつとめているが、一九九七年以降、身体が弱く全行程十八キロメートルは歩けないため、二〇〇二年にはブレストの若い神父がはじめて参加して、全長十八キロメートルを歩いた。

聖遺骨を担ぐ役 二〇〇二年五月九日、早朝五時に教会でのミサが行なわれた。その後、教会のボランティアの人たちが朝食に用意したケーキとコーヒーを少しとって、六時のまだ朝暗いうちから行進・プロセシオンが始まった。十字架二本と聖遺骨の輿が担がれ、神父も同行した。十字架を持ち聖遺骨の輿を担ぐのは、現在では希望者が交代しながら行なっているが、一九六〇年代以前は、十字架はシャンサバンという城主の家系の人物が一人で持ち、聖遺骨は徴兵前の十八歳くらいの若者が四人で交代しながら担ぐものと決まっていた。当時はこのトロメニにはグエヌウの人たちのうち、一家族から少なくとも一人が参加するという程度で、計約五十人程度が参加していた。そのうち徴兵される若者は十五人くらいだったという。しかし、一九六〇年代から七〇年代にかけて、グエヌウの人口がそれまでの約一、五〇〇人程度から、約六、〇〇〇〜七、〇〇〇人にまで急増したため、トロメニの参加者も約三〇〇〜四〇〇人くらいに増えた。また、その間に城主の家系の人物も城を売却したので、希望者が交代で十字架を持ち、聖遺骨の輿を担ぐという現在のかたちへと変わった。

グエヌウの町の子供がトロメニに最初に参加するのはだいたい十四歳である。初等教育終了後の試験を受ける者が最近では聖遺骨を担ぐようになっている。トロメニは五月、卒業試験は六月なので、「合格するように」という気持ちで担ぐという。

グエヌウ人になる

トロメニには、グエヌウの住人とグエヌウ出身の家族たちがこの日に帰ってきて参加している。二〇〇二年の場合、参加者は三〇五人と発表された。そのプロセシオンには老若男女がふだん着で参加し、比較的早い速度で歩いていく。このグエヌウのトロメニのほか、ランドロウの場合もロクロナンの場合もみなそうなのだが、プロセシオンに参加する人々の足は老若男女ともに非常に速い。とくに日本人の私たちには、それが非常に印象深く受け止められた。ゆっくりと景色を楽しみながらの散歩ではなく、まさに行進なのである。そのように急ぐ理由を聞くと、グエヌウでは、「十一時の教会のミサに間に合うように帰らなければならないからだ」という。また、「グエヌウ人になるために一度はトロメニに参加する、トロメニに参加したら、死亡後、グエヌウに墓をもらえる」ともいわれている。

この約十八キロメートルの間に十ヵ所の、スタシオンと呼ばれる祭壇が設けられている。グエヌウのトロメニの責任者として中心的な世話をしているのは、海軍を引退した後、教会での奉仕活動を行なっているロベール・ルドウさん（一九四〇年生れ）とモニックさんご夫妻である。

グエヌウのトロメニの責任者
ルドウさんのお宅で、ご夫妻と

そのロベール・ルドウさんのリードのもと、それぞれのスタシオンで人々は十字架と聖遺骨を前にして祈りを捧げ、讃美歌や聖グエヌウをたたえる歌を歌う。その十ヵ所のスタシオンの位置については、「キリスト教よりも民俗信仰にもとづく場所」と考えられている。

プロセシオン　まず、プロセシオンは教会を北西方向へ出て、町外れで鋭角的に東方へ曲がり、グエヌウとプラベネックの境界となっている古い道を通ってペノアつまり「林の終わり」の意味の場所へと向かう。ペノアにあるカルヴェールが第一スタシオンである。現在ではここで、トロメニへの参加の動機について、運動のため、人とつきあうため、挑戦もしくは信仰など、そのすべての理由のどれか一つでもよい、信仰でなくても尊重する、という意味の、読師からの話があり、神父による祈りが捧げられて、歌が歌われた。

ベルナール・タンギーの論文[14]によれば、かつてはカルヴェールのまわりを三回ずつ十字架と聖遺骨がまわり、「おお、十字架」、「幸福であれ、元気であれ」の歌が歌われたという。

境界の石　それから、自動車専用道路の下に作られたトンネルをくぐり、南方へと向きを変え、約一キロメートルほど畑の中の道を歩いて、「境界石のゴレム」と呼ばれる畑の向かいに着くと、その一角で立ち止まる。「シャペルのゴレム」とも呼ばれる古墳の場所である。これが第二スタシオンである。ここでは、読師から「生産の成績向上と環境の尊重とを合わせ行なわねばならないが、それは難しい」というような意味の、生産の増大と環境保護問題についての話があり、神父による祈りが捧げられ、収穫に関する歌が歌われた。

そのあと、飛行場建設のために順路が一部変更されたギパバとの境界の道を通って「聖グエヌウの椅子」と呼ばれる表面に窪みがある四角形の石のところまで行く。これが第三スタシオンである。これはカルヴェールの台石だという見方もあるが、一方では「聖グエヌウがフォーク型の農具を引きずりながら歩いた時に腰掛けて休んだ石」ともいわれている。ここでは石の前で読師が「生命の意味について、

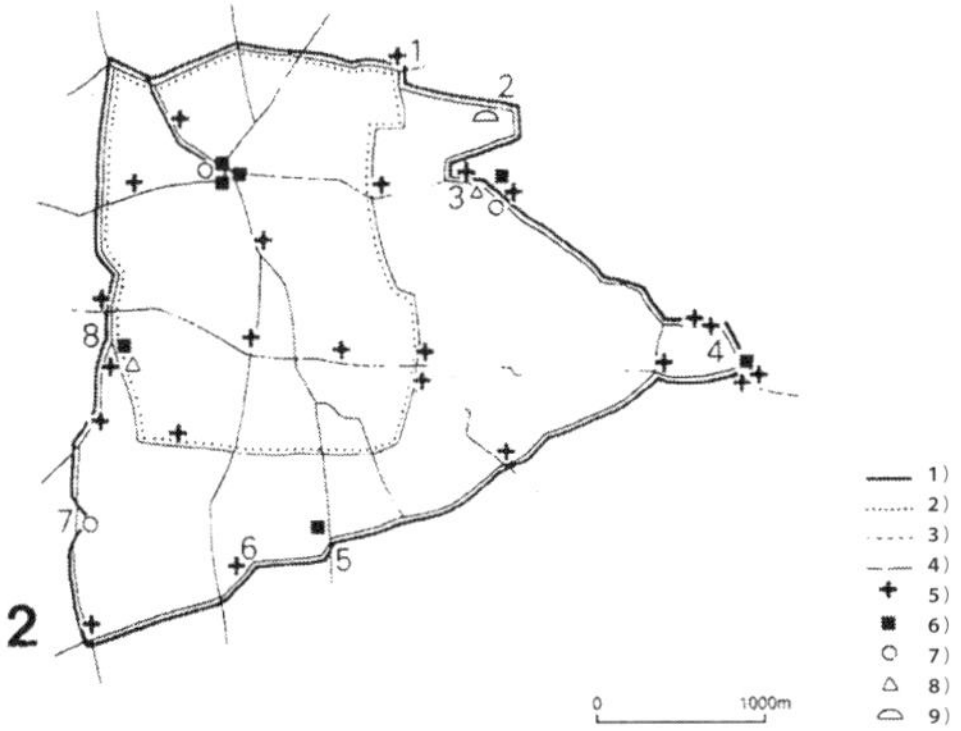

凡例

1） グエヌウのトロメニの道筋
2） 原初の修道院の囲い地
3） グエヌウのコミューンの境界
4） 道（町と町とを結ぶ街道）と小道
5） クロワ（現存するものと推定位置）
6） 教会と教会とシャペル（現存するものと消滅したもの）
7） 聖グエヌウに奉献された泉
8） 聖グエヌウの椅子とベッド
9） 古墳の遺跡

ベルナール・タンギー「グエヌウのトロメニ」（1994年）より

時には世界の困難を忘れて安心して自分の生命の意味を考えねばならない。そのような時間を作ることは大切である」などと話し、神父による祈りが捧げられ、歌が歌われた。

第四スタシオン　サンテュドン礼拝堂跡地　このグエヌウからギパバへの道を、現在では飛行場を迂回しながら進み、サンテュドン礼拝堂跡地へと行く。ここが第四スタシオンである。木々で囲われた礼拝堂跡地にはカルヴェールが一つ立っており、その前で読師によって聖フランソワ・ダシスを称える詩が唱えられ、歌が歌われた。第二次大戦後は行なわれなくなったが、それ以前はここでグエヌウからのプロセシオンとギパバからのプロセシオンとが合流し、第五スタシオンまで一区間を一緒に行進したという。

第３スタシオン。「聖グエヌウの椅子」

先のベルナール・タンギーによれば[15]、サンテュドン礼拝堂跡地で二つのプロセシオンが合流すると、グエヌウの教会の聖遺骨とギパバの教会の聖遺骨との二つが建物の残骸部分の石の上に並べられて信者たちのキスを受け、それから二つのプロセシオンは、ケルバオ村の西端に位置してグエヌウとギパバの境界を示すカルヴェールまで一緒にプロセシオンを行ない、祈りを捧げてもう一度聖遺骨にキスをして別れたという。またこのサンテュドン礼拝堂は十八世紀初頭にはすでに廃墟となっていたが、その敷地内は神聖な場所とされ、靴を脱いで裸足でしか入ることができなかったという。

産業地区を進む　第五スタシオンはケルバオ村の西端、グエヌウとギパバの境界を示すカルヴェールである。読師に十二歳くらいの女の子が選ばれ、トロントで開かれる予定のカトリックの若者の集会JMCの準備の話題が話された。そして「若い人もカトリック人として活躍しなければならない」と語りかけると、神父が「若者を手伝いましょう。若者を力づけていきましょう」と結んだ。そして歌が歌われた。参加者の一人は、この神父の言葉には最近のフランスの若者たちをめぐる問題が含まれていると話しかけてきた。

第４スタシオン。サンテュドン礼拝堂跡

第６スタシオン。ケルガラデックのカルヴェール

次の第六スタシオンはケルガラデックのカルヴェールである。これはブレストとグエヌウの市街地の境界を示す地点である。第七スタシオンはケロドレンの

シャペルである。ここにはトレモダン城のシャペルがあったが、退職した司祭の住まいになり、その後一九六〇年に現在の建物が建てられた。ここの住所は現在ではブレストになっている。読師が「仕事や働く姿勢への宗教の言葉を聞きましょう。仕事は生活をよくするためにある」と語ると、神父が「失業者と将来について、失業している人々の将来への不安を受けとめて、それから救ってください、と神様にいいましょう」と話した。そして歌が歌われた。このヴィレヌヴ村の東には「ビロードの木」と呼ばれる小さな広場があったといわれる。ある年のトロメニの日、天気が悪かったため神父がプロセシオンを行なおうとしなかった。すると、十字架とバニエールがひとりでに教会を離れてプロセシオンを始め、この木の茂みにまで来ていたという伝説が語り伝えられている。

聖グエヌウの泉水　一行はその後、「千の原」という意味の農場の向かいの草原にある聖グエヌウの泉水に行き、祈りを捧げて涌き出ている泉水を飲む。この泉水には病気から人々の生命を守る力があるという。この泉水の場所は昔はスタシオンといわれていたが、今はスタシオンとはみなされていない。第八スタシオンはケルゴアのシャペルであったが、シャペルは廃墟になったため、プロセシオンの際は、その場所に緑の木々の枝でおおわれたヒュッテ（小屋）が建てられ、その前の石の上にマリア像が安置される。ここでは読師が聖母マリアを称える詩を読み、神父も聖母マリアへの賛辞のあと、E. A. P.（Equip d'Animation Pastorale）というカトリックの活動や神父不足などカトリックの教会が抱えている問題についての話があり、「活発なカトリック人として暮らしてください」と参列者たちに語りか

グエヌウのトロメニの巡路（①〜⑩がスタシオン）

けた。そして、歌が歌われた。

新設の第九スタシオン

聖グエヌウの泉

第８スタシオン。緑の枝でおおわれたヒュッテの下に安置されたマリア像

第九スタシオンはペングエレックという場所で、第二次大戦中の一九四四年にドイツ兵によってグエヌウの住民四十二名が捕えられ、一軒の農家に押し込められて虐殺されたという家の向かい側の道路端に建てられた追悼碑とカルヴェールが対象とされている。かつては北のランテルを経由してそのまま町へ戻っていたが、ここは第二次大戦後、新しくスタシオンとして加えられた場所である。読師が一九四四年八月七日にここで虐殺が行なわれたことを確認し、戦争と平和について語った。その辛い思い出は人々にとっては「すでに終わっていること」という意識が強いため、この話のなかで過去の戦争のことにはふれられず、

二〇〇二年現在進行しているイスラエルとパレスチナの戦いについて、戦争の犠牲となっている国民やエルサレムとパレスチナのテレ・サント墓地など、キリスト教徒にとってつらい事件のある聖地についての話があった。神父からも戦争と平和についての話があり、平和の歌が歌われた。

町への帰還　それから町の北の入口に位置するランテルという場所につくられた新しい墓地の前の広場でプロセシオンの一行はいったん立ち止まり、収蔵庫から聖人像を刺繍したバニエール六本を出して、再び教会を目指して出発した。一行が見えると教会のカリヨンが高らかに鳴らされ、カリヨンの音が鳴り響く道路を十字架、聖遺骨、バニエールとともに人々がプロセシオンを行なった。教会に入る前に、教会の北側に近接する聖グエヌウの泉水の前で立ち止まり、祈りが捧げられる。この時、聖遺骨の輿の下をくぐる人が多い。くぐるとリューマチが治るといわれている。それから、一度教会の前を素通りして、町の南方へ向かい、「トロメニの道」という名前のつけられている小道を通って、ストレア・シャペルという場所の、聖メモルのカルヴェールの場所へと行く。このカルヴェールの足元には「聖グエヌウの石」と呼ばれる周囲約五メートル、厚さ約六十センチで、真中に十〜十五センチの丸い穴があいた石が横たわっている。伝説では、聖グエヌウが贖罪の苦行として何時間もそこに片腕を固定していたと伝えられており、その石は四肢の病を治してくれると信じられている。

聖グエヌウの石　この「聖グエヌウの石」はすでに消滅してしまった聖メモルの礼拝堂の屋外に置か

町への帰還

れていたもので、一八六五年にグエヌウの教会財産管理委員会に譲渡されたものだという記録がある。これが第十スタシオンである。ここでは人々は全員が聖遺骨の輿に手で触ってその下をくぐる。全部で三百人くらいが次々と一人ずつ行なった。ここで読師によって、グエヌウの人々から寄せられた次のような祈りの言葉が次々と読み上げられ、一つ一つに対して全員で祈りを唱えた。(一)ある家族はたいへん病気で悩んでいる。助けてあげてください。(二)ある家族では小さな子供が亡くなった。その悲しみを軽くしてあげましょう。(三)エルサレムの聖地で悲しい事件があった。早く終わるように。(四)パキスタンで亡くなった二人の犠牲者、海軍工廠の技師を悼む。テロ事件で亡くなった人への祈り。(五)教会は新しい組織に再編成されつつあり、果すべき大きな目的がある。これからすることとしては四つある。信仰の根源に戻ること、グループの活発化、神父になること、政治家を呼び政界に信仰を広めること、など、それらができるように祈りましょう等々。それらのあとで、トロメニが終ることが告げられ、歌が歌われた。神父からは、歩くことで神と対話ができたことへの感謝と祈りが捧げられた。

教会への帰還　そして、教会へと戻り、その門を入ると、すぐには教会の中へは入らずに、教会の敷地内の墓地を回る。そして、正面の入口ではなく北側の裏口から入り、教会の長椅子に着くと、読師と神父から、トロメニが無事に終ったという感謝の言葉が述べられ、聖グエヌウの歌がブルトン語で歌われて、すべてが終った。

これらの各スタシオンで捧げられる祈りは、あらかじめグエヌウの人々から希望が出され、それをトロメニの責任者であるロベール・ルドウさんが原稿にまとめておいたテキストを読む形式で行なわれている。各スタシオンでの読師役はその場でルドウさんが指名したり、あるいは希望する者がつとめる。

スタシオンの変更　なお、スタシオンについては、先のベルナール・タンギーの論文[16]では、ギパバの飛行場とブレストへの自動車専用道路ができて変更される前のトロメニの経路が記されているが、そこでは、スタシオンは、①パノアのカルヴェール、②古墳、③聖グエヌウの椅子、④サンテュドンの礼拝堂

聖グエヌウの石

スタシオンの位置と数

1980年頃　11ヵ所（町の博物館の展示資料）
①パノアのカルヴェール
②シャペルの原
③サングエヌウの椅子
④サンテュドンの礼拝堂跡
⑤ケルバオ村西端のカルヴェール
⑥ケルガラデックのカルヴェール
⑦ケロドレンのシャペル
⑧千の原（泉水）
⑨ケルグロアの聖母マリアのシャペル跡
⑩ペングエレック
⑪ストレアシャペルのカルヴェール

1984年　8ヵ所（ベルナール・タンギーの調査時点）
①パノアのカルヴェール
②古墳
③聖グエヌウの椅子
④サンテュドンの礼拝堂跡
⑤ヴィルヌヴ村の東
⑥ケルガラデックのカルヴェール
⑦聖グエヌウの泉水
⑧ケルグロアのシャペル跡

2002年　10ヵ所（私たちの調査時点）
①パノアのカルヴェール
②古墳
③聖グエヌウの椅子
④サンテュドンの礼拝堂跡
⑤ケルバオ村西端のカルヴェール
⑥ケルガラデックのカルヴェール
⑦ケロドレンのシャペル
⑧ケルグロアのシャペル跡
⑨ペングエレック
⑩聖メモルのカルヴェール

跡地、⑤ヴィルヌヴ村の東、⑥ケルガラデックのカルヴェール、⑦聖グエヌウの泉水、⑧聖母マリアのシャペル跡、の計八ヵ所とされている。このうち第五スタシオンについては、一八六〇年にカリオウが残した覚書によれば「コズ・リバン村の向かい、正確な場所を示すものは何もない所」が第五スタシオンとなっていたというから、カルヴェールなどの目印は存在していなかったことがわかる。また、ペングエレックにおける一九四四年の大量虐殺を追悼してスタシオンが設けられているが、これは前述のように新しいものであり、かつてはランテルを経由してそのまま町へと戻っていた。そして、教会に入る前に聖グエヌウの泉水の前で立ち止まり、「主の祈り」、「天使の祝詞」、「グロリア」を唱え、それから聖メモルのカルヴェールで歌を歌うと記されているが、これらについてはとくに第九、第十のスタシオンとは位置づけられてはいない。

それに対して、二〇〇二年の例では、ペングエレックと聖メモルのカルヴェールの場所がスタシオンとされており、スタシオンの位置づけが異なっている。このほかにも、第五スタシオンは一八六〇年の時とはちがい、あいまいではない。ケルバオ村の西端でグエヌウとギパバの境界を示すカルヴェールが建てられている。一方、第七スタシオンについては、現在ではシャペル・ケロドレンとされており、聖グエヌウの泉水は、そこにも立ち寄り水を飲むものの、泉水への祈りは捧げられず、「この泉水はスタシオンではない」とされている。トロメニの責任者として奉仕しているロベール・ルドウさんによれば、グエヌウのトロメニは一七八九年の革命の時代と第二次大戦の時を除き、毎年必ず行なわれていると語り伝えられているというが、スタシオンの場所やその位置づけについては少しずつの変化がみられたことがわかる。

サンピシュ　このグエヌウのトロメニは全長約十八キロメートルという長距離であるため、途中で「サングエヌウ、サンピシュ」つまり「聖グエヌウがおしっこする」という意味の言葉が伝えられている。このトロメニでは必ずその途中で雨が降るというのである。二〇〇二年の場合も、ブルターニュ地方特有の気候としてよくあることだが、確かに雨が降ったりやんだりしていた。

5　ロクロナンのトロメニ

(1)　伝説の語るトロメニ

大小二つのトロメニ　コルヌアイユ地方の中心都市カンペールから北へ約二十キロメートルのところに、ロクロナンという町がある。ブルターニュ地方西部では珍しく丘の上に築かれた町で、教会を中心とした町の一画は中世的な町並みを残していることで知られており、訪れる観光客も多い。観光客がまず訪れるのは教会である。ロクロナンの教会の側廊にはペニティと呼ばれる礼拝堂が隣接しており、このペニティには聖ロナンの墓廟がある。十六世紀にブルターニュのアンヌ王女が子授けを聖人ロナンに特別に祈ったところ、何人もの子供に恵まれた。そこで、そのお礼にロナンに捧げるペニティを建立したと言い伝えられている。ロクロナンを訪れる観光客たちに対してこの町の歴史の説明をボランティアで行なっているジャン・イブ・ニコさん（一九三〇年生まれ）によれば、ロクロナンはブルトン語で'nemeton'（空の下の教会）といい、キリスト教以前のケルト時代における聖なる地、すなわち「聖なる場所」を意味するという。

現在、ロクロナンは人口約八〇〇人で、彼らのほとんどが参加する祭りが七月に行なわれるトロメニである。トロメニには、プチ・トロメニとグラン・トロメニの二つのタイプがある。ブレスト大学のドナシアン・ローラン教授によれば[17]、ロクロナンの教会に保管されている古文書から最も古い資料の日付は一五八七年で、それ以来、トロメニは規則的に六年ごとに催されているという。一五八七、一五九三、一五九九、一六〇五という年次ごとである。そして、プチ・トロメニについては十九世紀末以前の記録は見当たらないという。このドナシアン・ローランの示す古文書には、トロメニが「六年ごと」あるいは「七年周期で」という記述があり、近年でも二〇〇一年、その前は一九九五年、一九八〇年というように六年ごとに一回の周期で行なわれてきている。

トロメニの語源　このトロメニの語源については、ドナシアン・ローランはブルトン語の tro minihi からきた語であるとして、minihi つまり修道院の囲い地を tro する、つまり一巡するという意味であるとしている。一方、民間伝承的な語源説では tro mene で、山の一巡を意味するものと言い伝えている。

現在では、毎年七月の第二日曜日にプチ・トロメニが行なわれている。町の教会に隣接する聖ロナン

丘の上に築かれたロクロナンの町の遠望

の墓廟のペニティから、海抜二八五メートルのメネ・ロコンと呼ばれる山稜の、プラス・アルコン（角の場所）と呼ばれる山頂にあるもう一つの聖ロナンのシャペルを目指してプロセシオンが行なわれる。この距離は約五キロメートルである。これは聖ロナンが月曜日から土曜日まで毎日歩いた散歩道といわれている。

それに対して、六年ごとに一回、七月第二日曜日から第三日曜日にかけて行なわれているのがグラン・トロメニである。これは、ロクロナンだけでなく、ロクロナンと境界を接するケラズ、プロネヴェ・ポゼ、ケメネヴァン、プロゴネックという四つのコミューン（地区）をはじめとして、近隣の町や村から約七、〇〇〇〜八、〇〇〇人の人々が参加して行なわれる盛大なものである。このグラン・トロメニでプロセシオンが行なわれるのは、聖ロナンが毎週日曜日に歩いた散歩道といわれる約十二キロメートルの順路である。この順路には高低差があるのが特徴で、最も高い

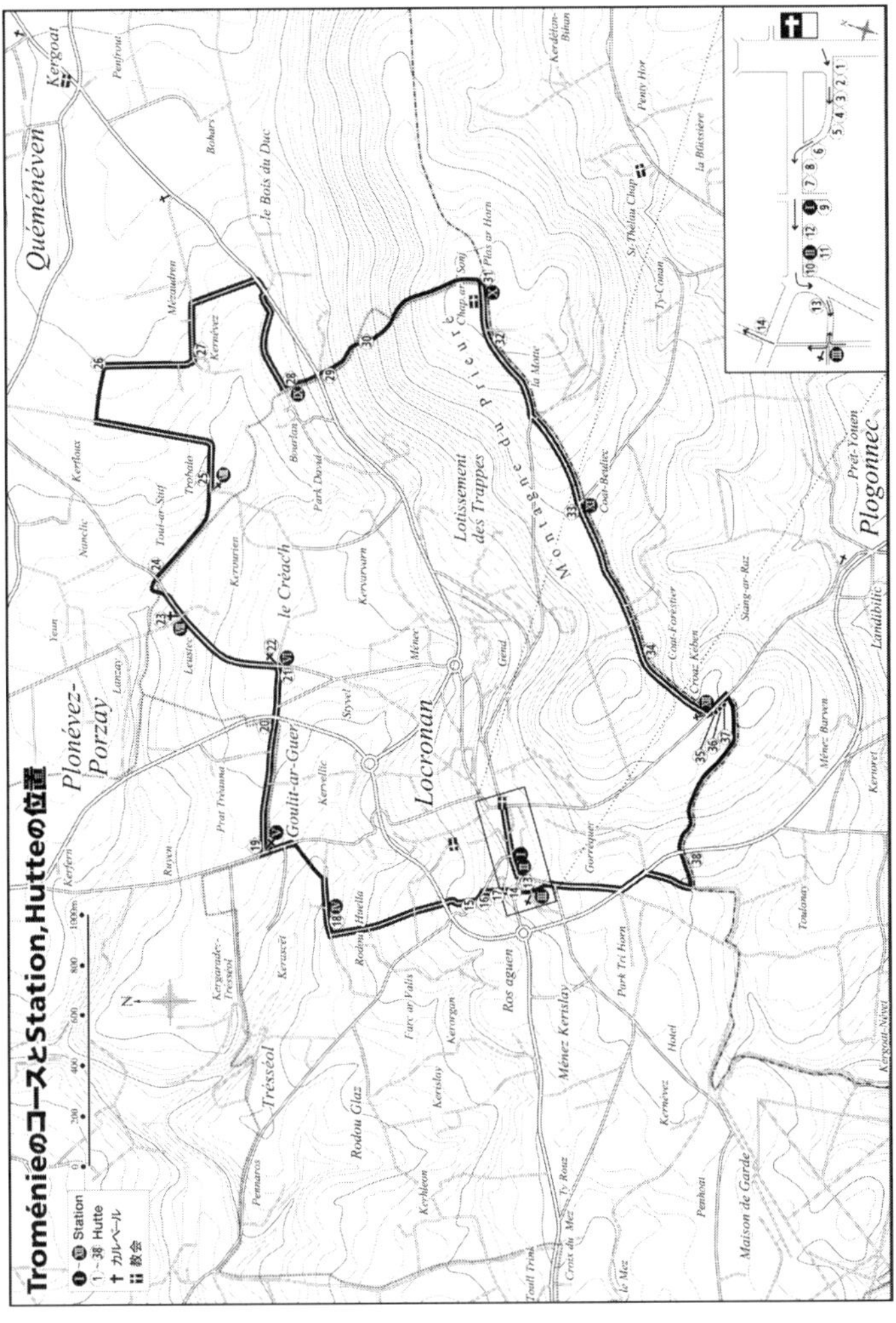

（186、187頁の表に対応）

所はロクロナンの東南に位置する海抜二八五メートルのメネ・ロコンと呼ばれる山稜の山頂部であり、最も低い所はロクロナンの西北に位置する海抜六十八メートルの低湿地帯である。

トロメニの順路と「石の牝馬」

このトロメニの順路には、聖ロナンにちなむ伝説がいくつか伝えられている。プロセシオンはまず聖ロナンのペニティから出発し、広場の南西角のランの小道を通り、西に約五〇〇メートル下る。それから北方へ向かい、そして次には東方へと向かう。そして、南へと方向を変え、メネ・ロコンと呼ばれる聖なる山稜へ登り、その頂上のプラス・アルコンに建てられている聖ロナンのシャペルに至る。その後、西に尾根道を下り、カンペールとシャトランを結ぶ古代ローマの街道の交差点へ出る。それからカゼク・ヴァエンつまり「石の牝馬」と呼ばれる周囲約十三メートルの巨石が横たわる場所を過ぎ、やがて聖ロナンの教会と墓廟へと帰り着く。

この順路の途中にある「石の牝馬」については、「ロナンの椅子」ともいわれており、ロナンが散歩の途中で一休みした場所という伝説もある。そして、この巨石の窪みに女性が腰掛ければ子供に恵まれるという伝承が現在も根強く伝えられている。前述のジャン・イブ・ニコさんによれば、巨石はもと三個あったが、そのうち二個は家を建てる時の材料として切り出され、現在では一個しか残っていないのだという。そして、この巨石は上から見れば巨大な男性のファルス（男性器）に見えるともいう。ジャン・イブ・ニコさんのいう三個の巨石については、その存在が確かに認められている。一つはこの「石の牝馬」、もう一つはメネ・ロコンの頂上にあった巨石、そして、メネ・ロコンの南側山麓のブウランと呼ばれるところにあった三つの小さなメンヒルで、それには斜めに傾いた三本の十字架が刻まれていたという。一九二九年に撮影された写真では、巡礼者たちがブウランのメンヒルのまわりを太陽の方向に三周したり、接吻したりしている様子がわかる。しかし、現在では「石の牝馬」だけが残されており、他の二つは存在しない。

現在のトロメニにおいては、この巨石は正式な祭祀の対象となってはおらず、プロセシオンでは神父たちはただ通り過ぎるだけである。しかし参加者のほとんどは、これに腰掛けることによって子供が授かるという信仰のことは知っており、何人かの女性は本気とそうでない場合との両者が見受けられるが、確かに腰掛ける人たちがいまもかなりいる。ドナシアン・ローランが引用している『教区討議記録簿』に記録された一八八七年のトロメニの報告書には「司祭たちは『石の牝馬』の前を通った。信者たちは周囲を回っていた」と記されており、人々は教会の司祭たちの指導とは別に、これに反しても、聖なる巨石への信仰をその周囲を三回まわるとか接吻するなどの行為によって示していたことがわかる。

性悪女ケバン　伝説といえばもう一つ、性悪女ケバンの伝説も注目される。プロセシオンの順路のなかにある、聖人ロナンの遺骸を運んだ牛の歩いた道についての伝説である。聖ロナンが、のちにサン・ブリューでエヴェック（司祭）となって亡くなった時、三つの教区つまりコルヌアイユ、レオン、ヴァンヌの三つの教区がロナンの聖遺骨を欲しがった。そこで、ロナンの遺骸を荷車に乗せて白い野生の牛に自由にひかせた。すると、牛はこのロクロナンへと帰ってきた。その時、ロナンを怨んでいたケバン

現在の「石の牝馬」

「石の牝馬」に接吻する巡礼者（1929年撮影）

という性悪女が、ちょうど自分の家のあるケルネヴェ、旧地名でいうトロバロのスティフの谷の小川のほとりで洗濯をしていた。彼女はロナンの遺骸が帰ってきたことを怒って、洗濯に用いる槌で牛に一撃を加え、葬列の車を引く牛の一頭の角を折った。しかし、牛たちはトロバロからロナンの日曜日の散歩道をたどってまだ進み続け、角は山上に着いた時に落ちた。そこがプラス・アルコンである。このプラス・アルコンとは、トロバロからなおロナンの遺骸を運んでいた牛たちが突然立ち止まり、コルヌアイユ伯爵が神の啓示を得て、この聖なる隠者に「谷とその隠棲所の間に含まれるすべての土地と、隠棲所の周辺すべて」をロナンの永久所有地として与えるまで、その牛たちが先に進むことを拒んだ場所である、と聖人ロナンのラテン語伝記は伝えている。

一方、ケバンはケルネヴェの洗濯場から聖ロナンの聖なる葬列に付いてきていたが、プラス・アルコンの山頂部から尾根道を下ったところにある、プロゴネックとロクロナンとの境にあたる場所で大地が左右に裂けて呑みこまれてしまったという。そこはベズ・ケバン（ケバンの墓）と呼ばれており、そのしるしに石の十字のカルヴェールが建てられているが、誰もそのまわりを一巡などしないし、十字を切るものもまったくいない。昔はここを通りすぎるとき、軽蔑のしるしに、このケバンの十字架に向かって必ず石を投げつけていたものだという。

プラス・アルコン（角の場所）　メネ・ロコンの山頂部はプラス・アルコンつまり角の場所と呼ばれ、トロメニが出発して約八キロメートルの地点に位置する。ロクロナンで最も高い地点であり、西にサンターヌ・ラ・パルーの入り江に波打つ大西洋の海が見晴らせるところである。ここに現在のシャペルが建てられたのは一九一三年のことで、それよりはるか以前には、ジョゼフ・ロットが引用しているジョゼフ・キランドルの間接証言によれば、「高さ約一メートルで、渦巻き状の蛇形の模様で飾られた聖石」があったらしいと、ブレスト大学のドナシアン・ローラン教授はのべている。[18]

六年ごとのトロメニ　また、同じくドナシアン・ローランによれば[19]、教会の古文書類には、「聖ルネ（聖ロナンのフランス語名）の全体プロセシオン」（一五九九）、「聖ルネの巡歴と呼ばれる公式プロセシオン」（一六三五）、「俗にトロアンヌ・メネシィと呼ばれる聖ルネのプロセシオン」（一六四一、一六五三）、

ドナシアン・ローラン夫妻の夕食会で

「聖ルネの七年周期のプロセシオン」（一六四七）、「聖ルネの大パルドン祭あるいはトロメニ」（一六五五）、「グラン・トロメニ」（一七〇六）などの記述がみられ、これらが現在まで続くグラン・トロメニの伝統を証明しているという。そして前述のように、ロクロナンとプロゴネックの教会財産管理委員会の報告書が言及している最も古い年代は一五八五年であり、古文書によっては「七年ごとに」という記事もみられるが、一五八七—一五九三—一五九九—一六〇五—一六一一—……—一九八三と確実に六年ごとの間隔で行なわれてきていることが追跡できるという。

(2) ヒュッテと世話役

四つのコミューンと十二のスタシオン　聖ロナンのペニティを出発して、西へ、北へ、と順次、ほぼ四辺形を描くように辿るトロメニの順路の向こう側には、たがいに境を接する四つのコミューンが存在する。西のケラズ、北のプロネヴェ・ポゼ、東のケメネヴァン、南のプロゴネックである。そして、この四辺形の順路には十二ヵ所のスタシオンと呼ばれる「休憩祭壇」が設置されている。スタシオンには、キリスト受難像を描くカルヴェールや、それより古い時代のものといわれるクロワと呼ばれる高さ約一メートル程度の石の十字架があるのが普通である。カルヴェールは第二、第三、第五、第六、第七、第十一、第十二の七ヵ所に、クロワは第一、第四、第八、第九の四カ所に確認できる。そして第十は聖ロナンのシャペルであるが、それは前述のようにもとは巨石であった。六年に一回のトロメニの期間にはそれぞれのスタシオンの標識には、カルヴェールやクロワの近くに青と黄色の三角形の小旗が掲げられる。そして、スタシオンのカルヴェールやクロワの場所には、ヒュッテと呼ばれる「仮設祭壇」も設置される。ヒュッテとは、楢、木蔦、糸杉などの木の枝を利用して作る高さ約一・五メートル程度の聖人像を安置した緑の枝葉におおわれた小屋のことである

第一スタシオンには聖エウトロプ、第二スタシオンには聖エチオモ、第三スタシオンには聖ジェルマンと聖エヴァン、第四スタシオンには聖アンヌ、第五スタシオンには、ノートルダム・ド・ボンヌベル、第六スタシオンには聖ミリョーと聖ミカエル、第七スタシオンには聖ヨハネ、第八スタシオンには聖グエノレ、第九スタシオンには聖ウエン、第十スタシオンには聖ロナン、第十一スタシオンには聖テロ、第十二スタシオンには聖モーリス（二〇〇一年は設置されず）、と、それぞれ聖人をまつるヒュッテが設置される。

聖人をまつるヒュッテ　これら十二ヵ所のスタシオンに設置されるヒュッテ以外にも、順路の途中にはおびただしい数のヒュッテが作られる。二〇〇一年の場合、全長約十二キロメートルの順路に合計三十八ヵ所のヒュッテが作られた。ロクロナンからはもちろん、それだけでなく周辺のケラズ、プロ

第５スタシオン　青と黄色の三角形の小旗が掲げられている

ネヴェ・ポゼ、ケメネヴァン、プロゴネックのそれぞれの町や村の教会やシャペルから持ち寄られる聖人像を安置した小さな祭壇である。数えてみると、二〇〇一年のグラン・トロメニでは、ヒュッテは、ロクロナンのものが二十一ヵ所、ケラズのものが一ヵ所、プロネヴェ・ポゼのものが四ヵ所、ケメネヴァンのものが五ヵ所、プロゴネックのものが七ヵ所作られていた。そのヒュッテを設置したり、トロメニの期間にヒュッテ内に座って聖人に付きそったり、ヒュッテを飾る紫陽花などの花を毎日取りかえる役割を負う人たちには四つのタイプがあった。第一は、その責任者となる家族が一家族あるいは数家族が代々決まっているタイプである。第二は、ファブリシァンと呼ばれる教会やシャペルの世話役的な責任者夫婦が行なうタイプである。第三は、教会やシャペルの管理や運営を行なう組織（アソシアシオン）のメンバーが行なうタイプである。そして第四は、まったくの有志が行なうというタイプである。

ヒュッテを世話する家族・ファブリシァン・アソシアシオン　ロクロナンの場合、村の教会が一つと、シャペル・ド・ノートルダム・ド・ボンヌベルとシャペル・ド・サンロナンと呼ばれるシャペルが二つあり、それらに安置されている聖人像が二十一ヵ所のヒュッテに出される。そして、そのうち世話をする家族が代々決まっているのが十七例、ファブリシァンが中心となって行なうものが三例、アソシアシオンが行なうのが一例である。これらは一八六〜一八七頁の表に整理してあるが、隣りのケラズの場合、村の教会が一つあり、その守護聖人の聖ジェルマンをまつるヒュッテが一ヵ所出されて有志が交代で世話をしていた。プロネヴェ・ポゼの場合、村の教会が一つと、シャペル・ド・ノートルダム・ド・ラ・クラルテとシャペル・ド・サンターヌ・ラ・パルーの二つのシャペルがあり、それらからヒュッテは四ヵ所出された。教会やシャペルのファブリシァンが世話をするのが三例、有志が行なうのが一例であった。家族が代々決まっている例はない。プロネヴェ・ポゼの守護聖人の聖ミ

聖マルグリットのヒュッテ

ヒュッテ（1900 年代初頭）

リョーについては、教会のファブリシァンが世話をしている。

ケメネヴァンの場合、村の教会が一つとシャペルが一つ、シャペル・ド・ケルゴアがあり、それらからヒュッテは五ヵ所出された。家族が代々決まっているのが四例、アソシアシオンが行なうのが一例である。そのなかで、教会に保管されているケメネヴァンの守護聖人の聖ウエンの聖像が運び出され、それについてはアソシアシオンの十五人が交代で世話をしているが、シャペルから出された四つの聖人像については、それぞれ担当する家族が一〜三家族ずつ定められている。

プロゴネックの場合、村の教会が一つとシャペルが六つ、シャペル・ド・サンタルバン、シャペル・ド・サンテロ、シャペル・ド・セザク、シャペル・ド・ロレット、シャペル・ド・サンテゴネック、シャペル・ド・サンピエールがある。それらから、ヒュッテは七ヵ所に出された。そのうち、アソシアシオンが世話をするのが五例、有志が行なうのが二例である。教会に保管されているプロゴネックの守護聖人の聖テュリアンのヒュッテには有志が交代で詰め、各シャペルについては、原則としてそれぞれのシャペルにアソシアシオンが存在する場合には、そのメンバーが中心となって世話をするという傾向がみられた。アソシアシオンが存在しない場合には、シャペルの近隣に住む地区の有志が世話をしている。ただし、特定の家族が代々聖人像の管理を行なっていたが、約十年くらい前からアソシアシオンの手助けを受けるようになったという例も一例あった。

聖人像の大集合　つまり、ロクロナン周辺のプロネヴェ・ポゼ、ケラズ、ケメネヴァン、プロゴネックの四つの地区からは必ず、それぞれの守護聖人像が持ち出されるとともに、シャペルなどでまつられている聖人たちも一つずつヒュッテを作って、この聖ロナンのグラン・トロメニを行なう人々に見せるという形がとられているのである。そして、ヒュッテの配置には一定の規則性があり、ロクロナンの町の中に設置されるヒュッテにはロクロナンの教会に保管されている聖人たちが、周辺部では、西側にはケラズの教会やシャペルの聖人たち、北側にはプロネヴェ・ポゼの教会やシャペルの聖人たち、東側にはケメネヴァンの教会やシャペルの聖人たち、南側にはプロゴネックの教会やシャペルの聖人たちのヒュッテがそれぞれ多く作られるかたちとなっている。つまり、各村の聖人たちが大集合して、自分の村とロクロナンとの境界線に勢揃いしているというのがその特徴だといってよい。ヒュッテはスタシオンとは異なり、トロメニのプロセシオンの最中、一行が特定のヒュッテの前で祈りを捧げるとか讃美歌を歌うなどということは行なわれず、人々が任意で祈り献金を行なうだけである。

トロメニの運営　トロメニの運営は、聖堂区主任司祭、教区協議会の五人の常任委員、教会財産管理委員会が中心となって行なう。ロクロナンの住民から選出されるファブリシァンは、ノートルダム・ド・ボンヌベルのファブリシァン、ノートルダム・ド・ロザリオのファブリシァン、トレパセのファブリシァン、それにグラン・ファブリシァンの四名である。二〇〇一年の場合、ノートルダム・ド・ボンヌベルのファブリシァンはマリアンヌ・ジョウェン、ノートルダム・ド・ロザリオのファブリシァンはジァン・ル・ケオ、トレパセのファブリシァンはルイーズ・ピトワ、そしてグラン・ファブリシァンは

トロメニ全体の世話役代表のロナン・エナフさん夫妻

ピエール・ドゥイエがつとめていた。この四人のうち、グラン・ファブリシァンが、トロメニにおいて、十字架を持つ者、バニエールや聖遺骨、ロナンの鐘を持つ者などの人選を行ない、プロセシオンを組織する全体の責任者となっている。また、この行事全体の世話役代表である「パルドン祭りの司教の委員会の助言者」の役はロナン・エナフさん（一九二八年生まれ）が長くつとめてきており、司教区の責任者へのトロメニという伝統行事についての解説やカトリックの読師たちへの教示もしてきている。このたびのトロメニを無事に終えたら二〇〇二年でこの役職を引退するつもりだという。公式トロメニが行なわれるのは、七月の第二日曜日と第三日曜日とであるが、それぞれ、一回のトロメニにおけるバニエールの担い手だけでも交代しながら持つため、一旗につき約十二名が必要になる。バニエールは一〇旗余りあるので、人口約八〇〇〇人の町で、バニエールの持ち手だけでも合計約二〇〇〇人もの奉仕が必要なのである。

柔軟な組織運営

一九八九年のトロメニを見学したクリスチャンヌ・ヴィランは「ロクロナンとその

トロメニ[20]」において、六年に一回のトロメニの運営がロクロナンの住民たちの自発的意思と奉仕の精神によって行なわれるため、ファブリシァンはそのような柔軟な組織を維持しなければならないといい、ファブリシァンと住民との信頼関係の重要性について、次のように述べている。

「一九八九年、新しいグラン・ファブリシァンのルネ・ルブタンは、『同意したものは、全員任命された。かつては、主任司祭が職権で旗手を任命し、日曜日に説教壇から告げていた。任命されたら何も言えなかった。勝手に欠席することもできなかっただろう』と言っている。今日では、事態は変わっている。伝統的な階級制は形の上では残っているが、より柔軟な組織に道を譲っている。おそらくこちらの方が、ロクロナンの住民が、自分達が本当に団結している状況やそれが抱える障害などを感知しやすいだろう。一年前から、『私がトロメニに携わるかどうかは問題ではない』と言っている人々がいる。でも、トロメニが近づくにつれて、もし頼まれなければ彼らは傷つくだろうということに人々は気づいている。人々が頼まれ、そしてそれを断る人はめったにいないということは、ある人々にとっては、ある種の離反、さらには反教会主義を表明していても参加できるということでもある。自分から申し出るのは、多分、彼らにとっては難しいことだっただろう。信者でない人々は、旗手より宗教色の薄い、警備係やあるいは土曜の夜の芝居にかかわることが多い。いろいろ困難はあっても、全体的にはよい雰囲気で、昔よりよく組織されていて、参加者も多い印象が残る。こうして配備された組織の一部がその年いっぱい続くだけに、なおさら社会的絆が問題になる。他のファブリシァンや教区信者に助けられながら、トレパセのファブリシァンは、万聖節（十一月一日）の後の最初の日曜日に喜捨を仰ぐと同時に、中に砂糖を少し入れたパンの、「死者のパン」と呼ばれるトレパセのパンを配るために、村中のすべての家々を例外なく回るのである。伝統的に、人々はそのパンを分け合い、十字を切り、食べることになっている。しかし、この巡回はとても陽気に行なわれることが多く、とりわけ、最も遠い村とも接触を保ちかつそれを確かなものにする。そしてまた新参者たちと会うよい機会なのである。この募金係たちが追い返されることはほとんどない。」

このようなファブリシァンの苦労はロクロナンに限らず、周辺の村のファブリシァンについても同様である。二〇〇一年にプロネヴェ・ポゼの教会のファブリシァンをつとめたセバスチャン・エナフさん（一九三〇年生まれ）とジョゼフ・トレトゥさん（一九三五年生まれ）は、七月第二日曜日の公式トロメニにはセバスチャン・エナフさんが、第三日曜日にはジョゼフ・トレトゥさんがそれぞれ責任者として十字架を持ってプロセシオンを行ない、プロネヴェ・ポゼの教会やシャペルのバニエールについては、その持ち手を各回四十人ずつお願いしなければならないとその苦労を語っていた。トロメニのための祭祀組織が特には存在しないため、家族や近所の人たちの手を借りながら、伝統的なコスチュームを用意し、プロセシオンができるように準備をしなければならないのである。日本の民俗における祭祀組織の調査に慣れてしまっている私たちにとって、この柔軟な組織運営の実態は、形式的な調査の困難さをあらためて考えさせてくれるものであった。伝承を荷っているのは、当然ながらそれぞれ意志と意欲をもつ個々人なのであった。

(3) 現在のトロメニ

六年に一度だけ現れる道　トロメニの道は聖なる道として認識されており、その道は六年に一度だけ、七月第二日曜日から第三日曜日の間しか作られないのが特徴である。先のクリスチャンヌ・ヴィランもいうように、麦畑の麦を刈り取って一筋の道をつけ、また小川が流れているところにはトロメニのために木の板を渡して橋をかける。樹木が生い茂った林の中にも六年前と同じように枝を刈り、木の根を除き、場所によっては人が一人通れるくらいの小さな道を作る。このトロメニの期間だけ聖なる道を作るのである。六年に一度のため草や樹木が生い茂っており、七月の第二土曜日には道作りがあちらこちらで行なわれる。そして七月第三日曜日に二度目のプロセシオンが終わると、翌月曜日にはまた川や林を元通りに戻すのである。これらの仕事は組織的に行なわれるのではなく、父親が行なっていたから息子もそれにならうというように、家族の代々の役目として自発的に行なわれている。

観光客には教えない　ロクロナンの観光案内所でも、トロメニの道は正確にはわからない。実際、個人の所有地となっている麦畑やジャガイモ畑、あるいは牧草地に一筋の道をつけるのがプロセシオンの道であり、また木々にふさがれた林の中に一筋の道を作って、それがプロセシオンの道となる。そうして、トロメニの直前の土曜日から翌週の日曜日までしかそれはわからない。現在でも親から子へと、それぞれの家族ではトロメニのために自分の家族が行なうべき仕事を引き継いできている。前述のジャ

トロメニ直前につくられた一筋の道

ふつうの年の麦畑

麦畑の中につくられた道をすすむプロセシオン

ン・イブ・ニコさんは「ジャーナリストがトロメニの道の地図を下さいといってきたことがあったが、断った。これはハイキングのための道ではなく、聖なる道である。それを汚される可能性があるから、たとえ本当の地図があっても教えない。トロメニの日に来ない限りわからない」といっていた。ジャーナリストや観光客の質問には、たとえ道を知っていても教えない、そうしてトロメニの聖なる道を守ろうとしているというのである。

ノートルダム・ド・ピティエのヒュッテ

２年後の同じ場所の様子

聖ロナンの劇の上演

二〇〇一年七月第二日曜日と第三日曜日の二回の公式トロメニの前の土曜日の夜、二回にわたって、一九五三年にベルナール・ド・パラデスによって創作された「聖ロナンの劇」が上演された。教会のポーチを舞台にして、ロクロナンの有志の人たちによって演じられるスペクタクルで、聖人ロナンの伝説とトロメニの意味が教えられる。二〇〇一年七月七日（土）に行なわれたスペクタクルで演じられたのは、次のような内容であった。

ロナンは七世紀にアイルランドで生まれた。天使がロナンに「アイルランドを出てブルターニュに行きなさい」と告げた。ロナンはブルターニュに来て最初に、狼が食べようとしていた羊を助けて、羊の持ち主に返した。その持ち主がケバンという女性の夫であった。ケバンの夫はロナンと友達になった。ケバンはそれを面白く思わなかった。ケバンは「ロナンは私の娘を盗んだ」と嘘をついた。グラドロン王は兵士たちに「ロナンを探せ」といった。王様はロナンが悪いと考えて、罰として犬たちを放った。ところが犬たちはロナンの前に出ると伏せた。そして、ケバンの娘を探し出したら彼女は死んでいた。しかし、ロナンはそれを生き返らせた。ロナンは、サン・ブリユーに近いイリヨンというところに行って死んだ。遺骸を牛車に乗せて牛に自由に引かせたところ、ロクロナンに帰ってきた。ケバンはトロバロと呼ばれるスティフの谷で洗濯をしていたが、その牛車を見ると槌でおどし、猛烈な一撃で一頭の牛の角を折った。牛がさらに山を登り続けると、山頂で牛の角が落ちた。それでそこは「角の場所」と呼ばれることになった。その後、尾根を下ったところで大地が裂けて、ケバンはその中に吸いこまれた。その場所にカルヴェールがあるが、人々はその前を通るとき、昔から絶対にひざまずいてお祈りをすることはしない。

ロナンの話はどんどん皆に知れわたっていった。そしてロナンを聖人として崇拝するようになった。王様たちが、ロクロナンに教会を作るための資金を出すようになった。ジャン五世、アンリ二世、フランソワ二世、アンヌ王女らがシャペルを立てる資金を出した。シャペルには聖人ロナンの遺体が安置されている。ブルターニュの人々はそれぞれの信仰によってロナンのイメージを作った。ロクロナンで糸を織る仕事をする人は、聖ロナンを守護聖人として選んだ。ロナンがクモを見て糸の仕事を教えたのでそうなったという。グラン・トロメニは聖ロナンが歩いた道を歩くが、これには聖人の後につづくという意味がある。そしていつの時代でも、信仰によってトロメニに参加した人にはご利益があった。

そして、トロメニの道作りについては次のような説明がなされた。土をならしてトロメニの道を開く、畑の麦を刈り、山の木を切ってトロメニの道を開く、こうしてトロメニの道を開くのは、「神様の道を開く」ことである。神様の道というのは、神様への道という意味と、神様が進む道という意味との両方の意味がある、と。

このスペクタクルの上演の後、上演に参加した人たちを中心に、教会周辺の家々の間の小道を一回りしてきて、明日からのトロメニの開始を知らせる火が宵闇の広場で焚かれた。

バニエールのキス　二〇〇一年七月八日（日）十時三十分からの盛儀ミサに先立ち、教会の前の広場で、十時十五分に「バニエールのあいさつ」という行進が行なわれた。ロクロナンの十字架とバニエールがペニティから出てきて、教会前の広場を一周しながらケラズ、プロネヴェ・ポゼ、ケメネヴァン、プロゴネックの四つの地区から集合した十字架とバニエールの先をコッツンコッツンと合わせて、いわゆる「バニエールのキス」をするのである。このキスをした地区は次々とロクロナンの後に続き、教会とペ

バニエールのキス

バニエールのキス（1900年代初頭）

ニティの建物を一周して教会の中へと入る。十二時にミサが終わると、昼食の時間となり、その後十四時に広場に集合してトロメニの行進、プロセシオンが始まる。ロクロナンの十字架と聖ロナンの聖遺骨を安置した輿、聖ロナンの鐘、バニエール、そして神父たち、四つの地区の十字架やバニエール、他の町や村からの参加者、巡礼者など長い行列を作ってプロセシオンをする。聖ロナンの鐘は非常に古い真鍮製で、小尖塔の形をした聖遺物箱で運ばれる。伝説によれば、この鐘は聖ロナンがアイルランドから持ってきたもので、この鐘の音で祈りの時に信者たちを呼び集めていたともいう。

トロメニの出発　聖ロナンの聖歌の歌声にのって、広場から「ランの小道」に入り、第一スタシオ

トロメニの出発

ンまで進む間に、①聖クリストフ、②聖ロック、③聖マチュラン、④ノートルダム・ド・ロザリオ、⑤聖ヨセフ、⑥聖マルグリット、⑦聖エルボ、⑧聖セバスチャン、の合計八つのヒュッテの前を通る。これらの聖人像はすべてロクロナンのヒュッテの教会に保管されているものであり、それぞれの聖人の世話をする者が決まっている。前日にヒュッテを作り、トロメニ当日は伝統衣装を着て、ベルを手に、ヒュッテの前を通る人々に献金を呼びかける。

1905年当時のロクロナン

プロセシオンの順路とスタシオンとヒュッテ

プロセシオンの順路に沿って設営されるスタシオンとヒュッテにつ

番号	聖人名	所属コミューン	主な世話人	保管先
1	聖クリストフ	A	◎（1）	A
2	聖ロック	A	◎（1）	A
3	聖マチュラン	A	有志	A
4	N.D. ロザリオ	A	△	A
5	聖ヨセフ	A	◎（2）	A
6	聖マルグリット	A	◎（1）	A
7	聖エルボ	A	◎（1）	A
8	聖セバスチャン	A	◎（1）	A
Ⅰ-9	聖エウトロプ	A	◎（2）	A
10	聖アントワヌ	A	◎（2）	A
Ⅱ-11	エチ・オモ（キリスト）	A	◎（1）	A
12	N.D. ルルド	A	◎（1）	ケルゴアのシャペル
13	聖コランタン	A	◎（2）	A
Ⅲ-14	聖ジェルマン・聖エベン	B	有志	B
15	N.D. ラ・クラルテ	C	△	N.D. ラ・クラルテのシャペル
16	聖テレーズ	A	◎	A
17	聖イヴ	A	◎（1）	A
Ⅳ-18	聖アンヌ	C	△	サンターヌ・ラ・パルーのシャペル
Ⅴ-19	N.D. ボンヌベル	A	△	N.D. ボンヌベルのシャペル
20	聖ローラン	C	有志	C
21	聖バルブ	A	◎（2）	A
Ⅵ-22	聖ミリョー・聖ミカエル	C	△（2）	C
Ⅶ-23	聖ヨハネ	A	◎（2）	N.D. ボンヌベルのシャペル
24	聖マチュラン	D	◎（3）	ケルゴアのシャペル
Ⅷ-25	聖グェノレ	D	◎（2）	ケルゴアのシャペル
26	N.D. ケルゴア	D	◎（1）	ケルゴアのシャペル
27	聖バルブ	D	◎（3）	ケルゴアのシャペル
Ⅸ-28	聖ウエン	D	□（15）	D
29	N.D. ピティエ	A	◎（2）	A
30	N.D. ボンスクール	A	◎（2）	N.D. ボンヌベルのシャペル

Ⅹ-31	聖ロナン	A	◎（1）	A
32	N.D. ポルテ	E	有志	聖アルバンのシャペル
Ⅺ-33	聖テロ	E	◎(2)□(11人)	個人宅
34	聖テュリアン	E	有志	E
Ⅻ-欠	聖モーリス			
35	N.D. トレグロン	E	□（20）	個人宅
36	N.D. ロレット	E	□（40）	ロレットのシャペル
37	聖テゴネック	E	□（10）	聖テゴネックのシャペル
38	聖ピエール	E	□（20）	個人宅

番号

Ⅰ～XII：スタシオン

1～38：ヒュッテ

所属コミューン

A：ロクロナン

B：ケラズ

C：プロネヴェ・ポゼ

D：ケメネヴァン

E：プロゴネック

世話人

◎：家族（ファミーユ）（　）内は家数

△：ファブリシァン

□：アソシアシオン（　）内は人数

保管先

A：ロクロナンのエグリズ（教会）

B：ケラズのエグリズ（教会）

C：プロネヴェ・ポゼのエグリズ（教会）

D：ケメネヴァンのエグリズ（教会）

E：プロゴネックのエグリズ（教会）

2001年のトロメニにおけるスタシオンとヒュッテ

いて現地の人たちから得られた情報により説明を加えておくならば、およそ以下のとおりである。

ヒュッテ①聖クリストフは旅人を守る聖人で、このヒュッテの世話をしているイヴォンヌ・ブルピイヴェさん（一九二三年生まれ）は、トロメニのたびに自分の店の前にヒュッテを立てて、聖人の守りをしている。友達もボランティアで手伝ってくれる。イヴォンヌさんは「自分や家族が旅行をして事故など悪いことがないのは、この聖人のおかげだと思っている」という。②聖ロックはペストの治癒聖人で、ル・エナフさんの一家族がトロメニの間、世話をしている。③聖マチュランは鬱病の治癒聖人で、昔はトレパセのファブリシァンが世話をしていたが、今はミサによく出る人のうち、四人の年配の女性が世話をしている。④ノートルダム・ド・ロザリオは以前はロザリオのファブリシァン、ジァン・ル・ケオとその家族が世話をしている。⑤聖ヨセフは木工職人の守護神で、ギユウの家族が代々世話をしていたが、前回のトロメニからリドランさんの家族も手伝うようになった。⑥聖マルグリットは出産する女性の守護神で、代々エモンさんの家族が世話をしている。今も若い女性たちが多く献金し、この聖人の加護を願っている（一七三頁の写真）。⑦聖エルボは角をもつ家畜の守護神で、代々シポンさんの家族が世話をし、友達が手伝っている。⑧聖セバスチャンはペストなど伝染病患者の守護神で、コックドゥさんの家族が二〇年前から世話をしている。それまではトマスさんの家族とタンギーさんの家族の二家族だったが、彼らが転居したり高齢になったので、代わった。

そして、第一スタシオンにある⑨聖エウトロプは病人と病院の守護神で、ロクロナンには彼の名を冠した病院が一四三〇年にすでに存在しており、そこには彼の聖遺骨が崇められていたと言い伝えられている。かつては、それらの聖遺骨を収めた銀の聖遺物箱がシャペル・ド・ノートルダム・ド・ボンヌベルの近くにある聖エウトロプの泉水につけられた後、この第一スタシオンで巡礼者たちに披露され、この聖人の守り役のファブリシァンが、トロメニの御利益を保証してくれるこの泉水の水を一杯飲むように勧めていたという(21)。昔は木工職人たちがヒュッテを作ったが、今は彼らがロクロナンに住んでいないので、二〇〇一年の場合はロワイエさんの家族がヒュッテを作った。そしてロナン・チボーさんの家族を加えて、七人が二時間交代で小屋での聖像の守りをしていた。

第一スタシオンから第二スタシオンまでの距離は短いため、その間にあるのは⑩聖アントワヌのヒュッテだけである。聖アントワヌは豚を飼う人を守る聖人で、アスコエットさんの家族とペンナネックさんの家族との二家族で世話をしている。アスコエットさんの家族は現在ロクロナンからカンペールに転居している。またパリに住んでいた時期もあったが、トロメニには必ず帰ってきてこのヒュッテを出していたという。今も「家族の伝統」として、子供たちも交代で小屋に来させるようにしているのだといっている。

第二スタシオンのカルヴェールの足元に、⑪エチ・オモの古い樫の木像を安置したヒュッテが設置される。両手を前で縛られた、苦しみのキリスト像である。このエチ・オモは「刑罰を待つキリスト」ともいわれる。審判の途中のイエス・キリストのことである。ピラトが民衆に茨の冠をかぶせたキリストを紹介したとき、「あなたは人間です」、つまり「この人を見よ」といったという、その至高のキリストの審判像である。このヒュッテは代々ルブタンさんの家族が一家族で世話をしている。

それから⑫ノートルダム・ド・ルルド、⑬聖コランタンの二つのヒュッテを経て、第三スタシオンのカルヴェールの場所を直角に北方向に向きを変える。この間にある⑫ノートルダム・ド・ルルドは、ルルドの奇跡の洞窟に示現した聖母マリアで、聖像はケラズの教会から持ってくる。その聖像はもとケルゴアの教会にあったが、神父が壊してしまったため、三回前のトロメニ、つまり十八年前のトロメニから、ケラズのノートルダムの聖像を借りて来ている。小屋を作るのはロクロナンのコスマオさんの家族が代々これを行なっていた。しかし、めんどうがって世話をしなくなったので、三回前、十八年前から、代わってアスクエルさんの家族が世話をしているのだという。⑬聖コランタンはカンペールの初代司教でコルヌアイユ地方の守護聖人である。ジョンクルさんの家族とキニウさんの家族が世話をしている。この二家族は昔はロクロナンに住んでいたが、プロネヴェ・ポゼに引っ越した。それでもトロメニの時は手伝いにきて、この二つの家族が、五、六人で世話をしている。

この第三スタシオンから北に向かって方向を変え、ふだん使っていない土手の間を切り開いて作った小道を数十メートルプロセシオンしていくと、⑭聖ジェルマンと聖エベンのヒュッテに至る。この聖ジェルマンはケラズ教区の守護聖人で、聖エベンはもとケラズの貴族だったといわれており、お祈りをすれば頭痛やリューマチに効くという。ケラズのヒュッテは三回前、つまり十八年前までは第三スタシオンのカルヴェールにもっと近い場所にヒュッテを作っていたが、その後、現在の場所に一つのヒュッテにして統合した。現在のヒュッテの準備や世話は、教会のミサによく来る人たち約十五人が二人ずつ交代で一週間詰めて行なっている。

そこからさらに数十メートル北へ進むと、道路の交差する場所に⑮ノートルダム・ド・ラ・クラルテと、⑯聖テレーズ、⑰聖イブのヒュッテが三基ほど設けられている。ノートルダム・ド・ラ・クラルテは、プロネヴェ・ポゼのシャペル・ド・ラ・クラルテのファブリシァンはじめ世話人十～十五人が世話をしている。聖テレーズは伝道の守護聖人、またはフランスの守護聖人といわれ、ロクロナン在住の家族が世話をしている。聖イブは貧しい人々の弁護士といわれる聖人である。ゲガンさんという一家族が代々世話をしている。

聖アンヌとノートルダム・ド・ボンヌベルのヒュッテ　その場所を通過して森の茂みを通り抜けて約一キロメートルばかり進むと、道は直角に東の方向へと曲がる。するとまもなく、第四スタシオンの高さ約一メートルの古い石の十字架がみえる。その手前に⑱聖アンヌのヒュッテが作られている。これはサンターヌ・ラ・パルーのシャペルの聖像で、聖アンヌはブルターニュの守護聖人といわれ、サンターヌ・ラ・パルーのシャペルのファブリシァンがそのヒュッテの世話をしている。この第四スタシオンの地点は、一九三〇年以前はロクロナンとプロネヴェ・ポゼとの境界であったため、現在でもトロメニにおいては一九三〇年に変更される以前の境界線が尊重されているのだという。

土手の間の小道を進む聖遺骨

ここから次の第五スタシオンのカルヴェールと、⑲ノートルダム・ド・ボンヌベルのシャペルから出される聖像のヒュッテまでは沼地を横切ることになる。トロメニのプロセシオンでは、人々はここで立ち止まってお祈りを捧げる。ノートルダム・ド・ボンヌベルのシャペルのファブリシァンは「スタシオンはカルヴェールではなく、このヒュッテのことである」と主張していた。ここは第四スタシオンと同じように、一九三〇年以前はロクロナンとプロネヴェ・ポゼとの境界地点であった。この低地のノートルダム・ド・ボンヌベルの第五スタシオンの位置は、ちょうど山上の高地の第十スタシオンの聖ロナンのシャペルの位置と対角線上にあり、かつ、その対角線の後方の延長線上にはドゥアルヌネ湾に面した華麗なパルドン祭りで知られるサンターヌ・ラ・パルーのシャペルが立地している。山上の高地の、かつて巨石のあった聖ロナンの第十スタシオンから見下ろせば、ノートルダム・ド・ボンヌベルの第五スタシオンをはるかに望むことができ、かつその延長線上に、白波の寄せるドゥアルヌネ湾の岸壁近くにサンターヌ・ラ・パルーのシャペルが屹立しているのである。

ドナシアン・ローランも指摘するこの高地と低地、乾燥地と湿潤地、巨石と海浜、男性と女性、という好対照に象徴的な意味を考えたくなる衝動は、現地に立つ私たちにも共有できるものであるが、ここでは印象の誘惑としてじっと抑えておかねばなるまい。

ノートルダム・ド・ボンヌベルでのお祈りが終わると、プロセシオンは直角に東へと向きを変え、とうもろこし畑の間の道を進み、プロネヴェ・ポゼの教会に安置されている守護聖人⑳聖ローランのヒュッテの前を通り、さらに、プラ・トレアナと呼ばれる長い栗並木を通って、ロクロナンに住むある農家が代々所有していた㉑聖バルブのヒュッテを通り過ぎ、第六スタシオンのカルヴェールの下に設置されたプロネヴェ・ポゼの守護聖人㉒聖ミリョーのヒュッテに達する。この間の⑳聖ローランは、私たちが一九九九年以来毎年この地を訪れるたびに、彼の家でトロメニやパルドン祭りに関するいろいろな民俗の情報を語ってもらっているジョルジュ・ベルナールさんたちプロネヴェ・ポゼの有志によって世話されている。また、㉑聖バルブは、火事の時、消防士を守る聖人、馬の蹄鉄を作る人や鉱山で

聖ヨハネのヒュッテの前にたつ伝統衣装の子どもたち

牧草地を進むトロメニの行列

働く人、石切りの人などを守る聖人といわれている。この聖バルブの聖像は、かつてある農家に属していて、その農家を買った人がトロメニに際しては小屋を作って聖像を出していた。現在の所有者はル・ガルさんというロクロナンの内のル・メネックに居住する農家であるが、彼が一九五三年に土地を購入したときにこの聖像も付いていた。かつては前の土地所有者の家の中に保管していたが、一九三〇年代からはロクロナンの教会に保管するようになっている。土地と家の売買の時、契約書に必ず聖像のことものっている。ル・ガルさんはすでに高齢で、子供もないので、やがて家と土地と聖像を一緒に売ると思われるが、トロメニの時にこのヒュッテを作り、聖人の世話をするのはリガヴァンさんの家族が十八年前から手伝うようになっている。

大きく回る順路　第六スタシオンを示すカルヴェールの足元に作られた㉒聖ミリョーのヒュッテには、聖ミカエルのバニエールが共に立てられている。聖ミリョーはプロネヴェ・ポゼの中心的な聖人といわれており、プロネヴェ・ポゼの教会のファブリシァン二人が世話をしている。二〇〇一年はセバスチャン・エナフさん（一九三〇年生まれ）とジョゼフ・トレトゥさん（一九三五年生まれ）の二人であった。この第六スタシオンの近くに住むマリ・テレゼさんによれば、このスタシオンの場所は、「血の十字」ともいわれているという。このあたりは革命の時代に多くの戦いがあったからだという。このカルヴェールは約四十年前に、彼女の父親のジャン・ドゥエランさん（一九〇四〜八八）がトロメニのために立てたものだという。その父親は石工であった。プロセシオンはここで再び直角に北方に曲がり、数百メートル先のルステックに位置する第七スタシオンのカルヴェールに達する。このカルヴェールには一六〇四年の銘がみられる。このカルヴェールのそばには㉓聖ヨハネのヒュッテがある。聖ヨハネのヒュッテは、その近くに住むベルナールさんの家族とフェレックさんの家族の二つの家族が世話をしている。聖像はふだんはシャペル・ド・ボンヌベルに保管されている。カンペールに住む若い家族もトロメニには帰ってきて、その家の子どもたちは伝統衣装を身につけて自分たちの家族の伝統行事に参加している（一九三頁の写真）。

ここからプロセシオンは北に向かい、スティフの小川に渡された何枚かの板の上を通って小川を越え、それから右、つまり東南方向に曲がると、畑の入口に㉔聖マチュランのヒュッテがある。聖マチュランの聖像は、ふだんはケメネヴァンのシャペル・ド・ケルゴアに保管されている。近隣の三家族でこのヒュッテを作る役割をまわしているので、一家族は十八年に一回の割合で世話役にあたる。二〇〇一年はグロウ・アスコエットさんとマリ・ルイズ・アスコエットさんの夫婦が担当していた。聖マチュランは死んだ人を守る聖人で、煉獄にいる人を守る、また鬱病を治す聖人だともいう。

そこを過ぎて畑の中の道を通り、トロバロの農場が見える所に着く。その場所の古い石のクロワが第八スタシオンで、それに隣接して㉕聖グェノレのヒュッテが作られている。この聖グェノレにはとくに決まったご利益はないというが、ヒュッテは昔から、この地のジャン・イブ・ガレックさんの家族とカリウさんの家族との二家族が作ることになっている。ジャン・イブ・ガレックさんの家族は先代まで農家だったので、家のうしろの畑や家の敷地内をプロセシオンする人々が自由に通っていたが、そのうしろの畑を他の人に売った時にそこを通らないようにした。そのため、ルートが少し大回りするようになったという。昔は家のそばを通る人たちに水やシードルを出していたが、今はヒュッテの世話を行なうだけで、飲み物の提供はしていない。

このトロバロの第八スタシオンから、プロセシオンは谷に沿ってケルネヴェと次のスタシオンが置かれている山の麓のブウランの村へとは直接行かずに、いったんケメネヴァンの領域内へと入って行く。そこには、㉖ノートルダム・ド・ケルゴアと㉗聖バルブのヒュッテがある。ノートルダム・ド・ケルゴアに安置される聖像は、ふだんはケルゴアのシャペルに保管されている聖母マリア像である。これについては代々、ネゼ・ジョ

第10スタシオンの広場に並べられたたくさんのバニエール

セさんの家族が一家族だけでヒュッテを作り、世話をすることになっている。また、トロメニの日には今でも自宅を開放して、水やジュースをふるまっている。昔はシードルの樽を出していたともいう。聖バルブは、雷や急死から人々を守ってくれる聖人で、ふだんケルゴアのシャペルに保管されている。ヒュッテを作るのはその近隣の家、三家族が担当している。トロメニのルートに聖バルブが㉑とこの㉗と二つのヒュッテの二ヵ所あるので、もとは互いに同じ家族だったのかもしれないと思っていると彼らは言っている。

第10スタシオンの山頂でのミサ

1900年代初頭の山頂の景観

第九スタシオンには、古い花崗岩でできた十字架の向かい側に㉘聖ウエンのヒュッテが作られる。聖ウエンの聖像はふだんはケメネヴァンの教会に保管されており、聖ウエンのシャペルのアソシアシオンの約十五人が当番で世話をしている。聖ウエンはケメネヴァンの守護聖人といわれ、昔はその聖遺骨がこのヒュッテの近くで展示され、巡礼者達の崇敬を集めていたという。彼らは、石の十字架のまわりを回った後、次々と聖遺骨に接吻したという。[21]

山登りの道　この後、麦畑の中を一筋刈り取った道（一八〇頁の写真）を南へ向って約一五〇メートル進むと、山の麓に㉙ノートルダム・ド・ピティエ、嘆きの聖母像を安置したヒュッテがある（一八一頁の写真）。これは、ガレックさんの家族とル・ブルトンさんの家族の二家族が代々世話をしている。昔はここで、一人の司祭が聖ルカによる至福の福音を高らかに読み上げると、全員がひざまずいて、「ミゼレ・憐れみ給え」、つまり詩篇五十の冒頭句、ミゼレを歌詞とする楽曲を唱和し、次に、聖なる山に登る前の巡礼者たちの聖ロナンへの熱烈な祈願であるパルス・ドミネが続いたという。[22] そして、太鼓の轟きに鼓舞され、巡礼者たちは山の急勾配を登って行ったという。

山の中腹に、斜面を背にして㉚ノートルダム・ド・ボン・スクール、救いの聖母像のヒュッテがある。この聖像はふだんシャペル・ド・ノートルダム・ド・ボンヌベルに保管されているもので、クロード・ブリアン・コランタンさんの家族とクロード・ル・エナフさんの家族の二家族が代々世話をしている。

聖ロナンの第十スタシオン　そして山頂に着くと、そこには第十スタシオンの㉛聖ロナンのシャペルがある。メネ・ロコンの山頂部、伝説の「角の場所」である（一九六、一九七頁の写真）。人々はシャペルを時計回りに一周してから中に入る。広場にはたくさんのバニエールが並べて立てられて、その光景は見事である。

この聖ロナンのアソシアシオンは五つの家族で構成されているが、トロメニ全体の世話役代表でもあるロナン・エナフさんの家族が代々ロナンの聖像とシャペルの責任者として世話をしている。トロメニの参加者が全員山を登り終えると、ここで約三十分程度の休憩をとる。地元ロクロナンの人たちのボランティアで仮設トイレも設けられ、軽い飲み物の売店も出される。この休憩の後、神父たちによる祭式があり、定められた福音と聖歌が読みあげられ、誓約が述べられる。そうして山頂での儀礼が終わると、隊列を作り直し、今度は西方へ斜めに進み、プロゴネック との境界となっている尾根伝いの道を下りて行く。

プロゴネックからのヒュッテ　そこにはプロゴネックのシャペルに安置されている、㉜ノートルダム・ド・ポルテのヒュッテと、山の中腹に第十一スタシオンの古いカルヴェールと㉝聖テロのヒュッテがあり、さらに下りると㉞聖テュリアンのヒュッテがある。ノートルダム・ド・ポルテは、プロゴネック内の聖アルバンのシャペルに保管されている聖像である。このシャペルは約十五年くらい前からファブリシァンがなくなり、またアソシアシオンもなく、一週間に一度あげられていたミサも行なわれなくなっているため、シャペルの近くに住む十二人のグループがこのトロメニでは世話をしている。聖テロの聖像はプロゴネックの聖テロのシャペルの近くに住むティメンさんの家族のもとに保管されており、この家は十八世紀からトロメニにおけるヒュッテの世話をしているという。その後、カリウさんの家族が手伝うようになり、約十二年前からシャペルのアソシアシオンが両家を手伝うようになった。現在、合計十一家族が交代で世話をしている。聖テュリアンの聖像はプロゴネックの教会に保管されており、これはプロゴネックの守護聖人といわれている。町の約二十人の有志が二人くらいずつ交代で世話をする。また、この尾根伝いの下り道では、男性だけでなく、木陰や草陰の場所を利用する中年女性たちの姿も散見される。さすがに聖ロナンの第十スタシオンの広場に設けられた仮設トイレだけでは十分でないほど多くの参加人数を反映してのことである。

第十二スタシオンへと下る途中に、ケバンを呑みこんだと伝えられる「ベズ・ケバン」（ケバンの墓）の場所を通る。そこには古い石の十字架が建てられているが、先にも述べたようにここで十字を切る者はひとりもいない。最後の第十二スタシオンにはカルヴェールがあり、通常は聖モーリスのヒュッテが設置されるのであるが、二〇〇一年には出されていなかった。プロセシオンはそのT字路を南東の方角へ曲がって、ローマ時代からの道といわれる道を南に下る。そのプロゴネックとの境界でもある道沿いには、㉟ノートルダム・ド・トレグロン、㊱ノートルダム・ド・ロレット、㊲聖テゴネック、の三つのヒュッテが並んでいる。ノートルダム・ド・トレグロンは、プロゴネック内のセズネックのシャペルの責任者プレジドンであるセズネックさんの家族のもとに保管されている。トロメニにはシャペルのアソシアシオンを構成している二十家族が交代で世話をしている。ノートルダム・ド・ロレットは、プロゴネック内のロレットのシャペルに保管されている聖像で、トロメニにはシャペルのアソシアシオン四十人が交代で世話をしている。二〇〇一年の場合、責任者であるプレジドンはジャン・ムエンネールさんとスザンヌ・グルムランさんであった。ヒュッテの責任者は、デニーズ・ルケオさんという女性であった。このノートルダム・ド・ロレットは家族を守る聖人といわれている。聖テゴネックは、プロゴネック内の聖テゴネックのシャペルに保管されている聖像で、トロメニにはシャペルのアソシアシオン十人が交代で世話をしている。

カゼク・ヴァエン（石の牝馬）　それから、プロセシオンは道路を外れて西に向かい、牧草地の中から麦畑の中へと六年ごとに作られる道を進む（二〇三頁の写真）。この牧草地の所有者はコスマオさんで、麦畑の所有者はルグランさんである。前日の土曜日に麦畑の麦を刈り取って道を作る作業はプロゴネックの七人の有志が行なうが、もちろん所有者がそれに不満をいうことはない。そして、山林の木立の中に入るとまもなく、「石の牝馬」、またの名を「聖ロナンの椅子」あるいは「聖ロナンの船」と呼ばれる巨石の場所に至る。前述のように、この巨石には子授けの力があると信じられており、いまも本気か遊びかはそれぞれだが、何人かの女性が腰掛ける（二〇三頁の写真）。十字架やバニエール、聖遺骨、そして神父たちはこの巨石の前では立ち止まることなく、ただそのそばを通り過ぎて行くだけである。

そして、高い土手に挟まれたえぐれた道に入る。丘の斜面を数百メートル歩いた後、行列は再び西方に進み、カンペールへの街道を横切る。その街道を渡った四つ辻に、最後のヒュッテが建っている。プロゴネックの㊳聖ピエールのヒュッテである。聖ピエールの聖像は、プレジドンと呼ばれるシャペルの責任者であるル・フロックさんの家族のもとに保管されている。聖ピエールのシャペルがあるサン・ピエール地区にはアソシアシオンがあり、そのメンバーである二十人が交代でこのヒュッテの世話をしている。その聖ピエールのシャペルの中には泉水があり、その水は眼と耳に効くといい、ヒュッテにその泉水を容器に入れて持ってきて、人々に飲ませている。

プロゴネックのシャペルとアソシアシオン　プロゴネックの場合、教会が一つとそれぞれの聖人に奉献されたシャペルがあり、トロメニにおけるヒュッテの設営と聖人像の世話は、聖テュリアンについては教会の責任者、二〇〇一年の場合テレーズ・ドゥアルグさんであったが、彼女と教会から選ばれる二十人の有志が行なっている。他のノートルダム・ド・ポルト、聖テロ、ノートルダム・ド・トレグロン、ノートルダム・ド・ロレット、聖テゴネック、聖ピエールの六つのシャペルについては、それぞれのシャペルのアソシアシオンが世話をするかたちとなっている。もともとプロゴネックの聖人は十体確認されているが、二〇〇一年は七体だけが参加した。聖フィリベ、聖テュゲン、ノートルダム・ド・ロザリオの三体はもうヒュッテを作るのを止めたという。この三聖人をまつるシャペルが昔はあったが、現在ではなくなっているためである。このように、プロゴネックの聖人のヒュッテをそれぞれの地区のア

麦畑の中を進む

カゼク・ヴァエンの巨石に腰掛ける女性

ソシアシオンが中心となって守っているという方式は、ロクロナンの聖人のヒュッテが代々決められている家族（ファミーユ）によって守られている方式とは対照的である。

教会への帰還　畑のなかの昔からの小道を進んだプロセシオンは再びカンペールへの街道に出ると、街道沿いの順路を辿りながら、ロクロナンに向かって最後の一キロメートルを進む。そして、晩課の歌声にのって、人々は教会前の広場に帰り着く。プロセシオンは広場を一周し、大ポーチの前を通り、担い手たちが腕を伸ばして持ち上げているロナンの聖遺骨の輿の下をくぐって、ペニティの敷居をまたいで中に入る。この時、時間は出発の午後十四時から約六時間がたち、夜の二十時を過ぎている。しかし、夏の日は長くまだまだ明るい。かつては聖ロナンのペニティ墓廟の所で、出発の時と同じ儀式、つまり教会のまわりを回る、横臥像と聖遺物に接吻する、聖像の乗っている台の下をくぐる、という儀式をくり返していた。今では到着の後、教会の大祭壇で、司祭が聖体祝福式を行ない、次いで参加者、巡礼者たちが聖ロナンをたたえる歌を歌い、聖遺骨への接吻が行なわれて儀式が終わる。

この大規模なトロメニのプロセシオンは、七月第二日曜日と第三日曜日にまったく同様に行なわれるが、その間の一週間は昼夜を問わず、個人個人のトロメニが行なわれている。このトロメニの順路約十二キロメートルを、一人で思いをこめて歩く人、数人で歩く人、一度にすべての道のりでなく、少しずつつないで数日で全行程を歩く人など、六年に一度だけ現れる伝統の道を、さまざまな思いで歩く人々の姿が、この一週間は絶えないのである。

ロクロナンの教会

6　トロメニの構成と特徴

現在、ブルターニュ地方に伝えられているトロメニは以上の三例である。民俗学的な分析視点からすれば、それぞれの地域社会でこの伝統行事をになっている現在の人たちにとって、また同時に外部からの参加者たちにとって、それぞれ現実的かつ現在的な意味づけの深みもあれば、その一方、歴史的にさかのぼって、この伝統行事の基本的性格とその伝承過程における時代ごとの変遷という意味の深みもある。そこで、ここに得られた伝説と現在という二つのレベルでの情報をもとに、現段階におけるこのトロメニの構成と特徴について、1.聖人伝説、2.トロメニの由来、3.トロメニの日取り、4.トロメニの順路とスタシオン、5.トロメニにおける儀礼的要素、6.トロメニの参加者たち、という六つの側面について整理しておくことにする。

聖人伝説と民俗信仰

まず、聖人伝説については、聖テロ、聖グエヌウ、聖ロナンの三人の聖人ともにウェールズやアイルランドからやってきたといい、聖テロと聖グエヌウはウェールズから、聖ロナンはアイルランドからと言い伝えている。これは、紀元前一世紀にカエサルのローマ軍に追われてブルターニュからヒベルニア（アイルランド）やブリタニア（イギリス）へと逃れたケルト人たちが、五世紀以降、逆にこんどはアングロ・サクソン人に追われてブルターニュへと移住したという歴史的な動きと呼応している。そして、彼らがそれぞれの地にエルミタージュ、つまり隠棲者修道院を設けたのがその町の由緒として語られ、その地名はそれぞれ、ランドロウは聖テロのラン lan つまり隠棲修道士テロの修道院という意味、グエヌウはそのまま聖グエヌウの名前、ロクロナンは背後の山稜の名前メネ・ロコンの ロコンと聖ロナンに由来するものと考えられている。いずれも、地名は聖人の名前に由来するものとなっているのである。

そして、ランドロウの聖テロは人々を病気から守るとか生命を守る聖人としての信仰、また第二スタシオンの楢の木の火難除けの信仰、これはケルトの伝説やドルイドの聖樹信仰を反映しているものと考えられるが、一方また、グエヌウの教会裏の泉水がリューマチや赤ん坊の肌に効くという信仰、また、ロクロナンの聖ロナンが病気その他から人々の生命を守るという信仰のほか、「石の牝馬」には巨石に子授けの力があるという信仰、これもケルト文化もしくはそれ以前の先住の巨石文化の伝統を反映している可能性が大である。それら多様な民俗信仰と混在しながら、聖人も固有の伝説を伴いつつ、現世利益の効験をもたらす存在として信仰されているのが実情である。つまり、聖人信仰と民俗信仰との混成共存がその特徴のひとつといってよい。

トロメニの由来──トロメニとテリトワール──

次に、トロメニの由来については、その語源について二つの解釈がある。一つはドナシアン・ローランの説くもので、ブルトン語のトロ・ミニイ tro minihi からきた語であるとする説である。ミニイ minihi 修道院の囲い地をトロ tro 一巡する、という意味である。一方、民間伝承的な語源説では、トロ・メネ tro mene で、山の一巡を意味するものと言い伝えている。いずれもトロ tro 一巡の意味は共通しており、かつ、これが少なくともフランス語ではないことからも、この伝統行事が古い歴史をもつことが推定される。

そして注意されるのは、聖人による、トロ tro 一巡、がテリトワール territoire 領域の設定に通じる意味をもっているという点である。トロ tro 一巡は、フランス語や英語のトゥアー tour 一周という原義に通じる語と考えられ、またトゥリップ trip 周遊にも通じると考えられるとすれば、聖人のトロメニ troménie には、その語源がトロ・ミニイ tro minihi であっても、トロ・メネ tro mene であっても、少なくとも聖人の修道院の囲い地の確保とその公的承認という伝承がその基本にあるといってよい。トロメニ troménie とテリトワール territoire との語源的緊密性が浮かび上がってくるのである。(23)

そして、とくにロクロナンの六年周期のトロメニの場合には六年に一度だけ現れる巡路によってきわめて演出的であるが、いずれのトロメニの行進においても強く印象づけられるしかけとなっているのは、聖人の歩行による領域設定の再現という儀礼の意味である。つまり、儀礼による時空の両レベルにおける原初回帰の意味づけであり、トロメニの行進が、聖人の行進による領域設定のその領域確認の再現とその繰り返しのデモンストレーションとなっているのである。その意味では、これまでの文化人類学や民俗学の儀礼研究が明らかにしてきた、原初回帰とシステム変換の両者の意味論のうち、とくに前者に相当する典型的な事例とみることができる[24]。

また、その修道院の囲い地の確保をめぐる伝承には、一致して、ランドロウのカステル・ガル卿、グエヌウのコモール伯爵、ロクロナンのコルヌアイユ伯爵のように世俗の領主権力からの寄進贈与というかたちが伝えられている点と、それに関与して、たとえばランドロウの聖テロの妹、ロクロナンのケバンのように、性悪女が犬などを使って聖人の歩行の邪魔をするというモチーフ、そして同時に、ランドロウの赤鹿、ロクロナンの野生牛のように、聖人の歩行を逆に助ける動物が存在するというモチーフが付随しているという点が特徴的である。性悪女の妨害や動物の援助には、キリスト教の聖人信仰における受難、苦行、贖罪、祝福という重要要素が組みこまれていると同時に、より自然的な動物信仰や動物崇拝にもつながる素朴な民俗信仰の要素も組みこまれているといってよい。

トロメニの日取り――太陰暦とケルト暦――

次に、トロメニの日取りについて注目される点は以下の通りである。まず、トロメニの日取りはそれぞれの聖人の祝日とはまったく別であるという点が特徴的である。それぞれの聖人の日は太陽暦における固定祭日で、聖テロの祝日は二月九日、聖グエヌウの祝日は十月二十五日、聖ロナンの祝日は六月一日であるが、これらはいずれもトロメニの日取りとは関係ない。それに対して、トロメニの日取りを、教会暦のうちでも太陰暦を採用している復活祭に関連する移動祝祭日を基準としているのが、ランドロウとグエヌウの例である。復活祭は太陰暦によるもので、春分の日の後の最初の満月の次の日曜日に当たるため、年によって三月二十二日から四月二十五日までの期間にその日はありうる。そして、その復活祭から三十九日目のキリスト昇天の日にトロメニを行なうのがグエヌウである。そして、復活祭から四十九日目の聖霊降臨の日にトロメニを行なうのがランドロウである。そして、これらは毎年行なわれているトロメニである。

それに対してロクロナンのトロメニの日取りは、教会暦の二つの基準、つまり太陽暦とも太陰暦とも関係なく設定されており、六年ごとのグラン・トロメニは七月第二日曜日から第三日曜日にかけて行なわれている。このロクロナンのトロメニの日取りと独特の四周のトロメニの順路、そして十二ヵ所のスタシオンの意味については、これを古代ケルトの暦法と世界観の伝統を示すものであるというドナシアン・ローランの論文[25]がある。本書第V章に収めるそのドナシアン・ローランの論文をぜひ参照されたい。ただ、ここで指摘しておくことができるのは、ランドロウもグエヌウもロクロナンも含めて、このトロメニの行なわれる日取りというのは、五月一日から七月二十一日までの期間に設定されており、それはまさにこの地が太陽を迎える季節であり、冬季のきびしいブルターニュ地方にあっては、とくに太陽の恩恵を感じる季節、温暖快適で作物も稔る、希望に満ちた季節であるという事実である。

トロメニの順路とスタシオン――泉水・巨石・聖樹――

トロメニの順路とスタシオンについては、すでに三例それぞれの記述にあたって提示しておいたが、それらを通してスタシオンとは何か、またスタシオンではないが順路にあって信仰の対象となっているものとは何か、それは大別して次の四つのタイプがあるといえよう。第一は、聖人の伝説的な遺跡である。聖テロが登った楢の木、聖グエヌウや聖ロナンが腰掛けた石の椅子、聖ロナンの遺骸を乗せていた牛車の牛の角が落ちた場所プラス・アルコンなどである。第二は、伝説的な泉水や巨石や巨木の類である。これは第一の類に近く、グエヌウのかつてスタシオンであった泉水や、それとは別の教会裏の泉水の例のように、聖人の伝説が付随していることも多い。そして、そのような民俗信仰的なブルターニュの泉水への信仰はキリスト教カトリックの聖水信仰とも通じるものであるからか、キリスト教カトリックの教えと目立った対立はみられず、むしろ融合している傾向がある。しかし、巨石に対してはキリスト教カトリックは否定的である。ロクロナンの「石の牝馬」は、またの名を「聖ロナンの椅子」あるいは、「聖ロナンの船」つまり聖ロナンがアイルランドから乗ってきた船だといわれているように、古くからの巨石信仰の対象に聖人伝説が付加されたと考えられる例もみられる。しかし、キリスト教カトリックは基本的には伝統的な巨石信仰に対しては否定的で、それらをスタシオンに指定しようとする姿勢はみられない。ロクロナンの最重要スタシオンである聖ロナンの第十スタシオンにあったと言い伝えられている巨石はすでに破壊されてしまっているし、また、ランドロウのトロメニが遠巻きにしている牧草地内のドルメンは「聖テロのテーブル」とか「聖テロの家」と呼ばれているが、トロメニの順路からはずされている。司祭がこのドルメンへは行ってはいけないといったというのである。そのような状態の中で、ランドロウの楢の木がスタシオンとされているのは特別な例であろう。しかも、火災除けの民俗信仰を今も根強く伝えているのである。ローマの大プリニウス『博物誌』第十六巻九十五の有名な「宿り木」の記事[26]にもあるように、楢の木はケルトの聖樹であり、ドルイド教の最も重視する神木である。それが、圧倒的なキリスト教カトリックの教化を経たであろう歴史を超えて、このように明確に伝承されている例としてはまさに注目に値する。この巨木が聖テロと赤鹿の伝説にとって不可分のものとなっているために、その聖性を否定しきれなかったものかとも推定されるが、詳細はいずれ文献追跡によって明らかにしたいものである。

スタシオンの第三のタイプは、石製のカルヴェール（十字）が建てられている場所である。そして、その多くはコミューン間の境界的な場所である。このカルヴェールへの信仰の背景には、たとえばグエヌウの第十スタシオンの聖メモルのカルヴェールがその礎石としている「聖グエヌウの石」と呼ばれる巨石の存在などの諸事例を通して、古代以来の巨石信仰、また民俗信仰としての境界祭祀の伝統、そしてキリスト受難の伝道とカトリックの布教の歴史など、複雑な重層関係が推定されるところであるが、その詳細は、やはり今後の課題としておきたい。スタシオンの第四のタイプは、古いシャペルの跡地である。これはキリスト教カトリックの施設であり、教会的な性格の明確なスタシオンといえる。

トロメニを構成する儀礼的要素――習合・融合ではなく混在・併存――

トロメニを構成する儀礼的要素の組み合わせの特徴として指摘できるのは、そこにはキリスト教カトリックの祭式と、多様で伝統的な民俗信仰とが混在しているという事実である。まず、ペニティは聖人の墓廟であり、トロメニは聖人の聖遺骨が一定の順路をプロセシオンするというのが基本である。その行列では聖像、十字架、バニエールなどが威儀を正して整列行進して人目を引くが、その中心はやはり聖人の聖遺骨である。つまり、聖人がすでに死んだ後もまだ人々に祝福を与えるべく行進しているのである。その意味では、トロメニとは聖人への追悼顕彰と祈念招福の儀礼といってよい。しかし、それに付随するものとして伝統的で多様な民俗信仰が、トロメニの行事のさまざまな場面でその姿を現わしている。教会のまわりや聖石のまわりなど、人々が三回まわる所作、聖遺骨の捧げられた輿の下をくぐって聖人の守護を願う所作などである。それらの中からは、キリスト教カトリックの教義を超えた人々の信仰的行為のあり方の普遍性を見てとることができる。そして、重要な点は、キリスト教カトリック信仰と伝統的な民俗信仰とは、決して習合とか融合しているのではなく、あくまで黙認許容と混在併存の関係であるという事実である。あえてここで俗な言い方をするならば、それはミックスジュースではなくミックスサラダの関係である。神父たちは人々の民俗信仰を黙認許容しているだけであって、自らは決してそれを教会活動に導入などしてはいない。人々もキリスト教カトリックの熱心な信仰者でありながら、民俗信仰を捨てきることなく維持しているのである。それは、カトリックによる民俗信仰に対する否定と、一方、ブルターニュの人々の生活実感の持続という、歴史的な両者の長い静かな対立関係を経ながらも持続されてきている成熟した併存関係といってよい。

トロメニの参加者たち——柔軟かつ強靭な参加形式——

トロメニの参加者たちとその役割分担について考えるとき、まず指摘できるのは、自由意志による奉仕的参加が主流であり、かつての特権的な役割分担は昔語りで語られることはあっても、現在ではそれはまったく機能していないということである。二〇〇一年と二〇〇二年のトロメニの三例における参加者たちを類別してみると、以下のようになる。第一は神父たち聖職者である。教区の関係や聖職者同士の関係から参加者が集まってきている。第二は地元の地域社会の成員たちである。世話人には、プレジドン、ファブリシァン、アソシアシオン、ファミーユ（家族）、その他ボランティアなどいくつかの参加形式があり、それぞれ有効に機能している。ただし、とくに注目されるのはロクロナンのヒュッテの例である。いくつかのタイプで設営されていながら、それらの中には特定のファミーユの代々の役割として継承されている例や、特定の所有地に付属して所有者が変わるときにはその役割も引き継ぐという例がみられる。つまり、ボランティア、ファミーユなど多様な社会関係がそれぞれ機能しているわけであり、柔軟なようでいて、きわめて強靭な伝承力を秘めた形式といってよい。

現在、トロメニの道の草刈りやシャペルの掃除などの諸準備もその大部分がボランティアの方式での参加であるが、まったくの無形式というのではない。ロクロナンのように担当するファミーユ（家族）がだいたい決まっている例もあれば、ランドロウのようにメリー（市役所）やパロワス（教区）から数人ずつ出る例、グエヌウのように世話人が中心となって手伝いの人たちと一緒に行なっている例もある。その他、実に多種多様な準備の作業があるわけであるが、それらについて、たとえば私たちが日本の民俗調査で試みるように、ひとつひとつの役割に対して、その役は誰の役と決まっているのかと、組織的な面についていつものように質問してみるのに対して、ブルターニュの調査で一様にかえってくるのは、「それは決まっていない、意欲のある人の役目だ」という答えである。[27] そして、草刈りなどの準備はもちろん、プロセシオンでの聖人の聖遺骨や十字架でさえ、「たとえば貴方が担ぎたいのならその意志を明確に表わせば貴方でも担げますよ」とまでいうのである。もちろん、私たちがこの伝統行事をある程度理解しているであろうことを前提にしてそのようにいうのである。トロメニは貴重な伝統であり、心配しなくても自然と誰かがそれぞれの役割をになうのだ、というのである。「クロワとバニエール（croix et bannières）」というのは、フランス語でひと仕事をしたという意味であるが、まさに信仰行事への奉仕の心意をよく表わしている言葉である。ただし、一定の規範性が存在しないわけではない。それは、二〇〇一年のランドロウのトロメニで終始一貫、聖テロの聖遺骨を担いだのは息子を無くした悲しい家族であったし、グエヌウで聖グエヌウの聖遺骨を担ぐのは緊張に包まれる徴兵前の若者であったり、試験を前にした少年たちであった。そして、それらの役はかつては特権的な者たちのものであったと言い伝えられているのである。

参加者の第三のタイプは、他地域からの参加者である。それは近隣もしくは遠隔地からの信仰的な目的での参加者や観光や見物目的の参加者、それに取材と報道のための観察者、また私たちのような学術調査のための参加者も含まれる。彼らは、いずれも個人的な目的とその充足のために行動しており、伝統行事の伝達と継承という面からいえばまったくの第三者というべき存在である。しかし彼らの存在も、トロメニという伝統行事にとって必要なものであるにはちがいない。なぜなら、伝統とはそれを伝統と評価する第三者がいてはじめて伝統たりうるものだからである。そして、その第三者もこのような民俗行事の伝承力に一定の寄与をしていることに変わりはない。

おわりに――伝承をめぐる力学――

主要な注目点や論点は、それぞれのトロメニの記述の中で指摘してきた。また、概括的には前節でトロメニの構成と特徴についてのべてきた。したがって、ここではそれを繰り返すことはしない。一九九九年から二〇〇二年にかけての四年間、それも現実的には約一ヵ月を単位とする数回ずつのそれぞれ短期間の滞在調査しか可能でなかったこのたびの私たちの日本民俗学の立場からのトロメニに対する事前調査・当日前後の調査・事後調査の結果は、大略以上のようなものである。もちろん、この四年間をはじめ、その後も継続している私たちのフランス調査は、トロメニについてだけ調査しているわけではなく、その他、関連する民俗伝承にはさまざま注意を払って情報収集をしてきているつもりである。また、文化人類学がその基本とするいわゆる滞在型調査が有効であることはもちろん承知の上であるが、往来継続型調査の有効性も主張できると考えている私たちの、その他の収集情報等々については、さらに調査を進めて他日に期したいと考えている。本論では、この初歩的なトロメニの調査の過程で注目された伝統行事の伝承現場の力学的な側面についてここで若干ふれておくことによって、「おわりに」とすることとしたい。

民俗学は伝承や伝統を分析する学問であり、世代間の伝達と継承の力学関係への注視はその重要な仕事の一部である。このたびのブルターニュ地方の伝統行事、トロメニの調査において注目されたのも、私がかつて日本の民俗伝承に関して指摘したことのある伝承をめぐる三つの作用力であった。[28]それはA.維持継続の推進力、B.休止廃止への引力、C.創造変更への揚力、であり、基本的にはそれら三者の力学関係の中に、トロメニという伝統行事も存在しているといってよい。たとえば、Aの作用力の体現者は、ランドロウではその厳粛にして聖なる職務を超えてしまうほどのヒューマニストであるピエール・マエ神父であり、地域社会の彼の仲間たちである。グエヌウではもちろん退役軍人で教会の世話役であるロベール・ルドウさん夫妻であり、その仲間たちである。ロクロナンのトロメニでは、このトロメニの世話役代表であるロナン・エナフさんやグラン・ファブリシァンのピエール・ドイルさんをはじめ、とても一人だけの象徴的な人物を挙げることができないくらい強力な伝統維持の推進力が集団的に働いていることは、すでにその現況記述で理解されたところであろう。一方、Cの作用力の体現を、

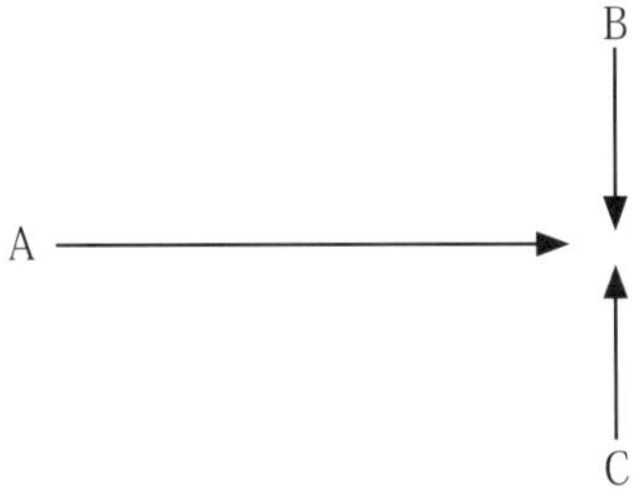

A →：民俗伝承をそのまま継承し維持しようとする力

B →：民俗伝承を維持できず省略化しようとする力

C →：民俗伝承を維持しつつもさらに創造を加えようとする力

民俗の伝承に作用する三つの方向力に関する模式図

目立つものと目立たぬものの両方で挙げておくならば、前者はグエヌウの第九スタシオンのペングエレックの創出である。第二次大戦中の一九四四年にドイツ兵によってグエヌウの住民四十二名が虐殺された事件の追悼が新しいスタシオンを創出したのである。後者の例を挙げておくならば、ランドロウの聖ローランのペニティで行なわれるミサのための、トロメニの前日の祭壇の花の飾り付けで、コルベルさん、トゥテックさん、マソンさん、ピションさんという四人の女性たちが、前年の写真を参考にする理由について、「去年と少しでも違うようにするために見ているのよ。同じ材料を使ってもどこか変えるようにしているわ」と語ったその姿勢である。一方、これらに対して、Bの作用力の体現例として最も強烈であったのは、プルザネのトロメニである。一九四二年頃、このトロメニに参加したマドレーヌ・デロゾが詳細な記録を残しているのに対して、二〇〇一年に訪れた私たちが聞くことができたのは、それがすでに完全に廃絶してしまってすでに三十年以上も経っているという話であった。そして、一九六九年の最後のトロメニの写真と当時の順路がコピー資料でやっと入手できただけで、すでにブレスト近郊の新興住宅地となったプルザネにトロメニが再興される可能性はきわめて少ない、いや、もうほとんどない。また、このような廃絶とまではいかないものの、伝統行事トロメニにおける儀礼の省略化はいつでもどこでも起こっている。プロセシオンで人々の目を引く華麗ではあるが重量の大きいバニエールの行進は、ランドロウでもグエヌウでも、すでに途中の指定された場所までとなって省略されてきているし、前述のように聖遺骨を担ぐ特権的な地位も喪失され、それに代わって通過儀礼的な多様な意味づけがなされてきてもいる。このような省略化は、民俗信仰のレベルでももちろんみられる。巨石のまわりを三回まわるという信仰的所作は最近では見かけられなくなってきているし、泉水の奇跡の信仰も水質汚濁によって失われてきている。

このようなA、B、C、三つの作用力の組み合わせによって歴史的に伝承されてきているトロメニという伝統行事であるが、それもつねに伝統的意味と現在的意味の両者をあわせもちながら営まれているという実態への注目が重要である。伝統的として注目されるのは、やはり長い伝承の過程を経ながらも変わりにくい側面である。儀礼的にはやはり、それは第一にトロメニの順路が領域の囲いを意味するという点、第二に聖人つまりその聖遺骨の巡行であるという点である。まさにそれは伝説の再現であり、聖人伝説の追体験である。聖跡としての楢の木、石の椅子、牛の角の落ちた場所、などが再話されつづけ、語る者と聞く者との間で「歴史の硬い時間」が「民俗の柔らかい時間」へと移行し、過去が現在へとよみがえる。そして、そのような時空の相対化される祭礼世界において、巨木、巨石、泉水、に対する伝統的な民俗信仰の世界が活性化し、人々の心身の奥部に宿る内在的な信仰衝動を刺激しているのである。

一方、現在的意味として注目されるのは、意味づけの柔軟な変奏である。この伝統行事の維持継承が多数参加の人間力に支えられていることはすでにみたとおりであるが、参加者たちは、地域社会内部でも、世話役と協力者、その地域社会で維持する人たちと外部社会から参加する人たち、外部社会としても近隣のそれからの参加者と遠隔のそれからの参加者等々、無限の〝内と外〟という二種類の関係性が入れ子細工のように連なった人間関係の中にある。そして、そのそれぞれの立場で各個々人が内面化した多様な意味づけを保持し醸成しているのである。その意味づけは傾向性の上でいえば、宗教的意味づけと世俗的意味づけとに大別される。前者では、純粋で敬虔な信仰行為として参加奉仕している人々もいれば、肉体的治癒や精神的治癒を求める信仰的動機をもって参加している人々もいる。後者では、惰性化する日常に対して精神と肉体のリフレッシュ、再活性化のための適度の運動、エクササイズとして参加している人々もいる。

そうして、このトロメニは、ブルターニュですでに三ヵ所にしか残っていない伝統行事であるが、それは古い伝統という追い風を背負った壮大な集団的実践であると同時に、参加者の数だけ意味をもつ自由で新しい個人的実践でもあるのである。

注

1 新谷尚紀「人と鳥のフォークロア――民俗世界の時間と構造――」『国立歴史民俗博物館研究報告 第十五集 共同研究「儀礼・芸能と民俗的世界観」』一九八七年

2 新谷尚紀『ケガレからカミへ』木耳社一九八七年（新装版 岩田書院一九九七年）

3 『長門市史 民俗編』長門市史編集委員会 長門市一九七九年、二四一～二四五ページ

4 村井紀『南島イデオロギーの発生――柳田國男と植民地主義』福武書店一九九二年、子安宣邦「一国民俗学の成立」『岩波講座 現代思想1 思想としての20世紀』岩波書店一九九三年、川村湊『「大東亜民俗学」の虚実』講談社一九九六年

5 新谷尚紀「戦争と柳田民俗学」『人類にとって戦いとは 5 イデオロギーの文化装置』東洋書林二〇〇二年

6 岩本通弥「国際連盟委任統治委員としての柳田」『文明研究』十三号 東海大学文明学会一九九四年、藤井隆至「柳田国男のアジア意識」『柳田国男 経世済民の学』名古屋大学出版会一九九五年（初出『アジア経済』アジア経済研究所一九七五年）、福井直秀「柳田国男のアジア認識」『近代日本のアジア認識』緑蔭書房一九九六年（初出 京大人文研一九九四年）、後藤総一郎「柳田国男の「植民地主義論」の誤謬を排す」『常民大学研究紀要』二号 岩田書院二〇〇一年

7 Donatien Laurent, 'La troménie de Locronan : actualité d'un pèlerinage millénaire', "Ar Men", septembre 1987, p. 32.

8 Chanoine Louis Kerbiriou, "Landeleau dans la Cornouaille des Monts" , Imprimerie de la presse libérale, Brest, 1942, p. 4-8.

9 前掲注8、九～一〇ページ

10　これまでChêneは樫と翻訳されてきているが、正確には楢（ヨーロッパナラ）である。

11　注8に引用されているMadeleine Desroseaux, 'Est-ce la derniére troménie ?', "Bulletin diosésain d'archéologie"より

12　前掲注11、一〇ページ

13　Albert Le Grand, "Vie des Saints de la Bretagne armorique" (1636), Bernard Tanguy, 'La Troménie de Gouesnou ; contribution à l'histoire des minihis en Bretagne', "Annales de Bretagne et des Pays de l'Ouest", t. 91 (1984), n°1, p. 14. より

14　Bernard Tanguy, 'La Troménie de Gouesnou ; contribution à l'histoire des minihis en Bretagne', "Annales de Bretagne et des Pays de l'Ouest", t. 91 (1984), n°1, p. 14.

15　前掲注14、一六ページ

16　前掲注14、一四〜一八ページ

17　Donatien Laurent, 'La troménie de Locronan ; Rite, espace et temps sacré', "Saint Ronan et la troménie", Actes du colloque international, 1989, p. 16
この論文はロクロナンのトロメニを分析した研究のうちもっとも重要なものであり、本書にはその日本語訳（瀧川広子氏訳）を掲載してある。

18　前掲注17、二七ページ

19　前掲注7、二六ページ

20　Christiane Vilain, 'La troménie de Locronan ; l'affirmation d'une identité', "Ar Men", n°28, 1990, p. 8.

21　前掲注7、二二二ページ
22　前掲注7、二二三ページ
23　語源学 étymologie では territoire は土地を意味するラテン語 territorium に由来するものとされているが、ここで一つの可能性として、terri（土地）toirs（一巡）を考えることができる。
24　原初回帰とシステム変換については、新谷尚紀「遊びの深層――儀礼と芸能の間――」『ケガレからカミへ』木耳社、一九八七年（新装版　岩田書院一九九七年）参照のこと。なお、A・V・ジェネップ以来の民族学の儀礼研究には、大別して二つの解釈がみられる。一つは、儀礼とはふだんはかくれている文化の深層を、そして共同体のあり方を、映し出す鏡であり、それによって価値観の再確認などが行なわれるというもので、たとえばエドマンド・リーチ「時間の象徴的表象に関する二つのエッセイ」『人類学再考』思索社一九七四年（原著一九六一年）などにそれはうかがえる。もう一つは、儀礼とは共同体の構成員がある集団から他の集団へと移るときなどに古いシステムへの適応の方式から新しいシステムへの適応の方式を新たに獲得するものであるというもので、たとえばヴィクター・ターナー『儀礼の過程』思索社一九七六年（原著一九六九年）などの中にもそうした傾向がうかがえる。
25　前掲注17
26　『プリニウスの博物誌』（中野定雄他訳）雄山閣出版一九八六年　には次のようにある。「ヤドリギについて述べるとき、ガリアの諸属州においてこの植物に対して示される尊敬を省略するわけにもいかない。ドルイド――これは彼らが彼らの魔術師を呼ぶ名である――はヤドリギとそれが宿っている木よりも神聖なものはないと考えている。ただそれはカシに限るのだが。カシの森はそれ自体として選ばれる。そして、魔術師はそういう森を用いずに儀式を行なうことはない。それで彼らが「カシ」を意味するギリシア語からきたドルイドという名前を得るのは、この習慣からであると想像されるであろう。さらに、カシの木に宿っているものはすべて天から送られたものであり、その特定の木は神自身によって選ばれたしるしであると、彼らは考えている。（中略）彼らは飲み物に入れて与えられたヤドリギはどんな不妊の動物にも生殖力を与え、そしてそれはすべての毒に対する解毒剤だと信じている」。

なお、この文中に「カシ」と翻訳されている樹木は、注10で指摘したように正確にはヨーロッパナラである。

27　関沢まゆみ「パルドン祭りにみる巡礼と旅」『旅の文化研究所研究報告』十号　二〇〇一年（同『隠居と定年――老いの民俗学的考察――』臨川書店二〇〇三年収録）は、パルドン祭りの場合にも自由意志による奉仕的参加が主流でありながら、それが逆に柔軟かつ強靭な参加形式となっていることをすでに指摘している。

28　新谷尚紀「叩く――嫁叩き・消滅する民俗――」『山梨県史研究』九号　二〇〇一年（『柳田民俗学の継承と発展』吉川弘文館二〇〇五年に収載）

第Ⅴ章　ロクロナンのトロメニ

■祭式、空間、聖なる時

ドナシアン・ローラン

1　はじめに

(1) 聖なるものの地、ブルターニュ

聖なるものの地、ブルターニュ。頻繁にくり返されるこの表現の完全な意味においてそれが当てはまる土地があるとするならば、それはロクロナン［ブルターニュ地方、フィニステール県の観光地で、多数のルネサンス時代の建造物があることで知られている町］である。ここでは、他のどこにもまして、カンペールを中心としたこの小さなコルヌアイユ地方に一貫している、聖なるものへの志向が感知できる。というのも、ここで人類の信仰心を受けようとしているのは、ブルターニュに非常に多い巨石遺構、石

碑、聖堂等の記念建造物などはもちろん、それら以上に、自然そのもののように思えるからである。

ロクロナンといえば、まずトロメニである。六年に一度、七月半ばの一週間に、ケルトのブルターニュ全土から、何千人もの巡礼者を聖ロナンの聖堂へと集める、あの驚くべき聖なるそぞろ歩きである。聖ロナンというのは、中世初期にこの地にやってきたアイルランドの聖人である。「トロメニ」はブルトン語のトロ・ミニイ tro minihi からきた言葉で、「ミニイ、すなわち修道院の囲い地の一巡」を意味している。だが、十二ヵ所のスタシオン［プロセシオン途上の休憩祭壇］が設置された約十二キロメートルにわたる、この神聖な一周が風景の中に組みこまれるさまを見ていると、これは、はるか昔の新石器時代から現われ出たような、聖なるものの観念や表象にもとづいているように思われる。

教区教会のすぐ北にあるペニティ（礼拝堂）の中の聖ロナンの墓を中心点として出発したプロセシオン［宗教行列］は、まず西に下り、それから北に向かって、湿った谷底に着く。そこで方向を変えて東へ向かい、それから南の聖なる山、古文書による古代のメネ・ネメ menet nemet（聖所の山）に近づき、再び直角に曲がった後、山の頂上で止まる。この高地はプラス・アルコン plas ar c'horn（角の場所）と呼ばれている。ここここそ伝説によれば、住民たちの反感を買ってサン・ブリユー［ブルターニュ地方のコート・ダルモール県］の近くに亡命を余儀なくされていたロナンの遺骸を、この隠棲の地へ連れ帰る牛車を引く神話の牛の角が落ちた場所だからである。ロナンの葬列の牛の角、プラス・アルコンから数百メートルの所で二十世紀初めに見つかったガロ・ロマン時代［ガリアがローマ帝国の支配下にあった前一二一年から五世紀まで］の青銅銘板に描かれている、半獣神たちに囲まれた音楽好きな有角の神の角、その少し下、次のスタシオンで崇められている聖テロの鹿の角、トロメニの道筋の山の上と下で何人かの研究者が指摘している、祭礼実践の対象物だった先端が角の形になるように立てられたあの二つの石、それらをここで結んでいるのは、いかなる不思議な絆であろうか。

プラス・アルコンから聖なる道は再び西に下り、山の麓、カンペールとシャトランを結ぶ古代ローマ街道との交差点で、十二番目のスタシオンを迎える。ここが、洗濯槌で牛たちの一頭の角を打ち落とした、ロナンの敵である邪悪な洗濯女ケバンを呑みこむために大地が大きな口を開けたと言われる場所であることを、石の十字架が示している。それから、複雑な形をした大きな石、カゼク・ヴァエン kazeg vaen（石の牝馬）が横たわる荒地に到達する。この石に座ると、横たわるともっといいが、そうすると、子宝に恵まれるといわれている。それから、聖ロナンの教会と墓への帰還となる。

こうして巨大な四辺形を描くわけだが、そこでは、それぞれ聖女アンナと聖ロナンが祀られている谷底の四番目と山頂の十番目の二つのスタシオンが向かい合って対をなしていて、トロメニが、低と高、地と天、水と火、その結合が生命や動植物の繁殖を象徴する、男性と女性という二大構成要素等々の、対照的で補完的な二つの世界を象徴的に関連づけていることがわかる。

トロメニの祭式全体を支えているのは、まさに繁殖と世界の秩序である。古代ブルターニュの王たち、それに続く十五世紀末までの公主たちは、待望の嫡嗣子誕生のたびに、ロクロナンに来て、子孫の繁栄を願ったものである。現在でもなお、カゼク・ヴァエンに子供を授けてくれるように祈念する風潮は確かにあるという。

ロクロナンのトロメニを研究すると、そして歴史学や考古学や地名学のデータ、中世のラテン語の伝説、豊かな口承伝説等々を互いに比較照合し、それらを古い、または遠く隔たった他の文明の類似物と比較すると、少しずつ、一つの意味が浮かび上がってくるのが見える。トロメニの一巡それ自体とそれが大地に刻む印を調べると非常にあり得ることだと思われるその意味とは、何千年も前にそれを定めた人々が感知していたままに、聖なる時を空間に具象化する、大規模な祭式暦である。はるかな昔から、「神の時間」の規模をただ単に縮小したと思われる、六年という周期で蘇る聖なる時である。

この仮説は一九二七年にすでに、カンペールの高校のギリシア語教師ジョゼフ・キランドルによって提唱されている。「ブルターニュの方向決定における右と左」という論文の中で、彼はロクロナンのトロメニについて手短かに触れ、脚注の部分で、六年ごとのプロセシオンの中に、たとえばコリニーのガリア暦［一八九七年にフランス南東部アン県のコリニーで発見された青銅板のガリア人の暦］に見られるような「太陽と月の二つの周期の一致をことほぐ異教的祭礼」が認められることを示唆している。彼によれば、「実用的であると同時に宗教的な性格を持つその暦と同じ原理が、ケルトの「時」と「空間」の分割を司って」いて、トロメニはその例証を与えてくれているという(1)。

偉大なケルト学者ジョゼフ・ロット自身も、この三年前（一九二四年）にトロメニに関心を示している。ブルターニュのミニイとアイルランドのネメドについての重要な論文《Fanum et simulacrum dans la vie la plus ancienne de saint Samson : minihi breton et nemed irlandais》, Revue Archéologique, vol.20, juillet-octobre 1924, pp.49-63）の中で、彼は、大半はアイルランドの古代史から引いた事例の助けを借りながら、ブルターニュでもアイルランドでも、「聖所固有領地上の避難場所」を意味するこの二つの施設の機能的な類似性を証明している。ロットの言によれば、巡礼者たちがそこを一巡するとされている聖ロナンのミニイが特に意義深いのは、それが「ネヴェ」という名の森の外れにあることだという。「ネヴェ」は、あらゆる点においてアイルランドのネメドと同じだが、異教の聖地を意味するガリア語のネメトンを語源としているのである。

より最近（一九七八年）では、カリフォルニア大学バークレー校の研究者ダニエル・F・メリアが、コルヌアイユ地方の巡礼の中にケルトの異教的大祭ルーナサ（ルグナサド）の大陸における遠い後継者を見ることを提案している。この祭については、メイアー・マックネイルが一九六二年に、アイルランドの伝統にその名残りが数々あることを調べているが[2]、彼が明らかにしたデータにもとづいて、ダニエル・F・メリアは、祭式に関しても、伝説集や暦の周期における位置に関しても、この二つの祭礼が驚くほど類似していると主張している。

私自身、古代ケルトの祝祭類に興味を覚えたのは一九七七年、イギリス、コーンウォル州ペンザンスでのケルト研究会で出会ったダニエル・F・メリアのおかげである[3]。

本論では、主としてトロメニの非常に独創的な祭式、とりわけ、今までのところ解明されていないが鍵となる重要な二点について、一つの解釈を提示したいと思う。その二点とは、巡礼者が律儀にたどる周囲約十二キロメートルの大きな四辺形の線図と、六年という珍しい周期性である。どちらも最終的には、複合的な知識と同時に、一定の方向を与えられた俯瞰的空間と周期的な時の、非常に独創的な概念を含んだ、宇宙創成論的ビジョンの現われとしてのみ説明が可能のように私には思われる。

(2) ロクロナン

ロクロナンの町は、メネ・ロコン Menez Lokorn(ロクロナン山)という名の高さ二八五メートルの丘の麓に位置している。この丘は、ポルゼ(古いブルトン語ではPorthoedで「複数の港」の意)平野の入り口、ローマ時代、あるいはそれ以前の非常に古い数本の街道が交差する場所に、海を見下ろしてそびえている。それらの街道の主線は、ブルターニュ半島全体を北東から南西へ横切る非常に長い街道で、メネの高みからモンターニュ・ノワール[カンペールの北東に延びる稜線で、直訳すれば「黒い山脈」となるが、実際は最も高いところで三二六メートルぐらいの高さしかない]を通る稜線に沿って伸びており、メネ・ロコンのすぐ後ろで二つに別れる。一本は平野を下ってドゥアルヌネからラ岬へと達し、サン島に向き合って止まる。(4) もう一本は、ベズ・ケバン Bez Keben の交差点まで二キロほど続く。一九七九年、エヴェイヤールがガロ・ロマン時代のポルゼを研究した著作の中で、この古代の街道を「ブルターニュの最も古い陸上幹線道路の一つ(5)」と描写しているが、トロメニの経路の南側、メネ・ロコンの頂上とベズ・ケバンの古い十字架との間の道は、この街道上にある。

最近の状況では、碩学や教区の聖職者がトロメニを独占していた十九世紀後半の時代に彼らが描いているトロメニは、はっきりと異なった二つの形態を見せている。六年に一度、一週間にわたって行なわれ、経路には十二ヵ所のスタシオンが不均等に設置されている大《グラン》トロメニ(スタシオンは最初はかなり接近しているが、その後、間隔が広がり、経路全体の後ろ半分には四つしかない）のほかに、前後の二つの大トロメニの間の五年間、毎年、七月の第二日曜日に行なわれ、距離もずっと短かい約五キロの小《プチ》トロメニがあるのである。どちらも、太陽の方向に向かって、すなわち常に教会を右手に見ながら、歩いて行く。荒れ放題になっていて、六年ごとに手を入れなければならない所がかなりある大トロメニと違って、小トロメニは、荷馬車が通る、きちんと整備された道だけを使い、地表に一種の細長い直角三角形を描く。その頂点は山頂で、そこに最初のスタシオンが置かれるが、南の長い辺は、まっすぐベズ・ケバンに下るローマ時代の旧街道である。従って、メネ・ロコンの頂上とベズ・ケバンの十字架の間の経路は、大四辺形の南の辺に一致し、小トロメニの三つのスタシオンは、大トロメニの最後の三つ（十、十一、十二番目）と重なっている［図3参照］。

ところで、この二つのトロメニの起源と意義、そして交替の奇妙な周期については疑問とされてきた。十九世紀の碩学に紹介された伝承に魅力的な説明がある。聖ロナンが絶食して裸足で歩いた、平日と日曜日で経路が違う二つの贖罪の苦行の、時間の規模を大きくしての繰り返しだというのである。しかし、どうすれば六の周期を七の周期の例で正当化できるのだろうか。この説明の通りだとすれば、なぜ、フランス中部のリムーザン地方の聖体顕示のようにトロメニの周期が七年ではないのだろうか[6]。

だが、ロクロナンの古文書は明確である。保管されている最も古い資料の日付である一五八五年以来、トロメニは規則的に六年ごとに催されている（一五八七―一五九三―一五九九―一六〇五……）。同時に「七年周期のプロセシオン」（一六四七）とか、「七年ごとに行なわれる」（一五九三、一六一七、一六三五、一

六三六、一六八九、一七三七……）と書かれているだけにいっそう、この六年周期の一貫性は印象的である。六年周期の説明は他に求めるべきであるのは明白であろう。実際、ロクロナン小教区の主任司祭であるディラセール師によるこの区の古文書の最近の調査で、十九世紀末以前には小トロメニの記述はまったくない一方、他方では、当然の結果であるが、古い時代の大トロメニの説明は、常に聖ロナンが毎日歩いていた経路に準拠していることが明らかになっている。したがって、平日と日曜日の二つの経路というこみ入った話が、少し前に現われたばかりの宗教的儀礼の実践の説明として認められたのは十九世紀になってからであろう。

ブルターニュでは見かけは古い伝統にだまされることがままあるが、今回もまた、前世紀にこの教区の聖職者が祭式を取り仕切った際に現われた新しい展開に直面しているのだろうか。古文書の沈黙を見ると、そう考えざるをえないのだが。しかし現実は、歴史と伝統が強く結びついているこの分野ではよくあるように、もっと複雑であることは確かである。ブルターニュでは、同じ一人の聖人を礼拝する二つの大きさの違う聖地が共存している、あるいは共存していた場所は、他にも存在する。たとえばグエヌウ、グルヴァン、ブルブリヤック等々。歴史学者で言語学者のベルナール・タンギーは、グエヌウのトロメニとミニイの概念について重要な研究をしているが、小さな聖地は聖人がそこに礼拝堂を建てて公認し聖化した地で、そしておそらく、それ以前は異教の礼拝に使われた地でもあるが、こちらの方が古く、大きい方の修道院領地ミニイは、後に寄進されて出来上がったという考えに傾いている。(7)

ところで、こういった聖地のどちらかの境界が今日でもなおトロメニによって示されている場合は、マックネイルが言及しているアイルランドの同様の巡礼でもそうであるように、常に年祭である。私が最初、小トロメニの方が先で、大トロメニは、トロメニの語源自体が示すように、修道院領地の成立と共に後から現われたと仮定したのは、このことも理由の一つとなっている。[8] だが、ここで紹介したいと思っている新しい仮説は、私にこの考え方を見直させるものである。私は今日では、大トロメニは、その基本原理においても細かい祭式においても、暦周期の表現と結びついた、キリスト教以前の大祭典の、長い時を経ているがほとんど変革はされていない継続であると確信している。

この暦の分野の知識の修得が農民にとってどれほど必要なものであるかは、皆知っている。ガリア人たちがそれらの知識の獲得と伝達にどれほど心を砕いたかも、よく知られている。[9] そして、ケルトの言語が生き残っている地域、アイルランド、スコットランド、ウェールズ、ブルターニュなどでは、異教のドルイド教からキリスト教への移行が、殉教者もまったく出さずに、混合主義的に行なわれたことも周知のことである。暦周期とトロメニの祭式を関係づける仮説は、暦の形成に関するケルト人の考え方に少しでも親しんでいれば、すぐに浮かんでくる。ここで、ポール＝マリー・デュヴァルとジョルジュ・ピノーが最近出版した、ガリアの暦についての今までの知識を一変させる本[10]にもとづいて、ケルト人の暦についての考え方をもう一度ざっと説明し、この本が明らかにしてくれた情報と、ケルトの国々の言語学的事象と伝統を比較照合して得た情報とを突き合わせてみたいと思う。

2 ケルト暦[11]

（1）冬期と夏期

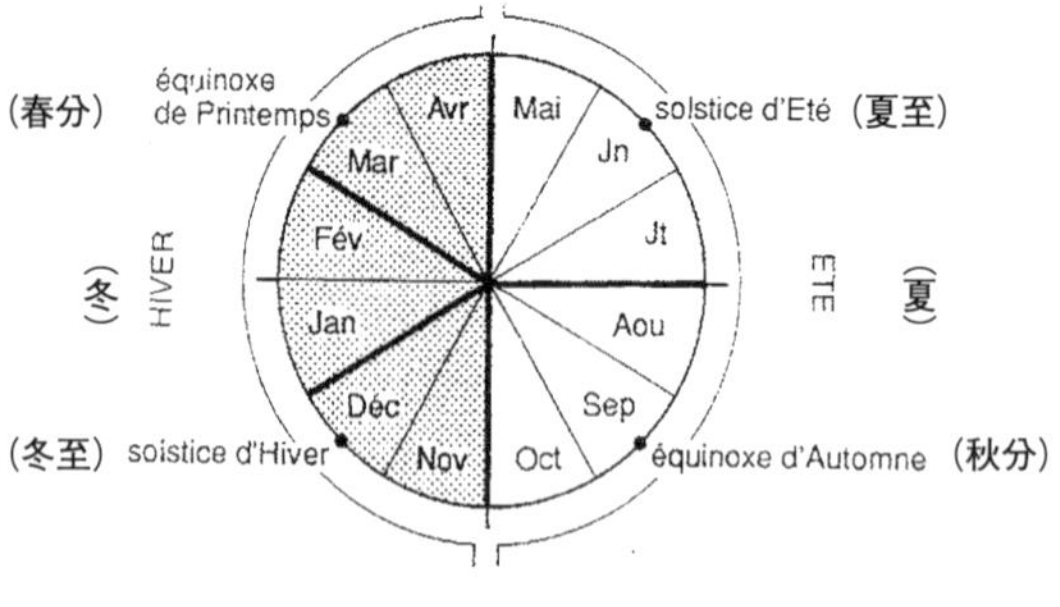

図１　*L'année*〈年〉

ケルトの一年は、十一月一日と五月一日を結ぶ線を基軸として暗と明が交互に訪れる、相反すると同時に補完的な二つの半期に分けられている。一つは十一月一日から四月末までの厳密な意味での冬の三ヵ月[12]と春の三ヵ月を合わせた冬期である。もう一つは、五月一日から十月末までの夏の三ヵ月と秋の三ヵ月を合わせた夏期である。冬期と夏期というこの二つの半期のちょうど真ん中、春と秋という二つの下位季節との継ぎ目である二月一日と八月一日に、二人の神（冬が女神で夏が男神）が、それぞれの下位季節の幕を開けると同時に、それぞれの半年全体を庇護していたようである。二つの半期を構成する十二の月は、他のほとんどの太陰太陽暦及び太陰暦のような新月からではなく、上弦から始まる、中間太陰月となっていたことに注目してもらいたい。つまり、それぞれの月は、一つは中間で満月となり、もう一つは中間で新月となる、正反対の二つの十五日間から成っていると言えるのである。ここでは詳述できないが、各半期内で日々の複雑な交換システムがあり、二つの半期が、冬期は二ヵ月が三組で夏期は三ヵ月が二組という、異なった機能を持っていたことを示している。

この暦の基礎であり、その影響は農民にとって非常に重大と見なされる「月」との正確な一致を維持するために、吉月と呼ばれる三十日（十五＋十五）の月と、忌月と見なされる二十九日（十五＋十四）の月が交互になっている。三十ヵ月ごとに、冬期の頭に、その五期後には夏期の前に、前の三十の月の一つと重なる日（最初は五半期前の月から始まり最後は直前の月となる）をもつ、三十日の追加の月がおかれ[13]、太陽の運行との一致を取り戻すと同時に、季節のずれを防いでいる。こうして、閏月の後に三十ヵ月あって、真ん中にまた閏月が来て、それからまた三十ヵ月、すなわち冬期＋完全な二年と、反対に夏期＋完全な二年という、日、月、年を超越した新しい単位、リュストルが構成されていた。つまり、六十二の太陰月が太陽年五年に相当するわけである。

したがって、リュストルというのは時を計測する二つの天体、太陽と月の運行を一致させるために必要な二ヵ月を追加できる最小の単位となる。さらにもう一つ、最終調整が必要であった。七月に相当する九番目の太陰月 EQUOS（おそらく「馬」のガリア語 epos の古語体）は、見たところ二年目と四年目には三十日ではなく、二十八日しかないのである[14]。

さらに、大プリニウス（二三〜七九　古代ローマの政治家で学者、『博物誌』の著者）の著述によって、ガリア人が三〇年、すなわち六リュストルに相当する期間を「世紀」（サエクルム）と呼んでいたことが知られている。デュヴァルとピノーの最近の研究は、第六リュストルの最後の三十ヵ月の後に繰り返されるべき閏月が省略されているのは、この「世紀」のずれが原因に違いないということを説得力をもって証明している。実際、太陰月と太陽年の数を天文的に一致させるには（三十太陽年は三七一太陰月、すなわち六十二太陰月のリュストル五つ＋六十一太陰月のリュストル一つに相当する）、一つの「世紀」の最後の月の次の月は、この位置で最後の五半期に繰り返されるべき月ではなく、これから始まる新しい「世紀」の最初のリュストルの最初の冬期の月にならなければならないのである。

これは結局のところ、規則的で記憶しやすい、単純な心的操作である。五半期、すなわち三十ヵ月ごとに、前の三十ヵ月の月と同じ名前を順番につけられる三十日の月を一つ追加するが、三十年に一度その追加をやめて、新しい「世紀」の始まりを示す十一月にすぐ移るといった具合に、五のグループで年を編成するやり方である。規則正しく季節に沿って動き、その位相がこうしたシステムにおいて、暦月の厳密で不変の枠組みの中で維持されている月の識別を誤らないようにすればいいだけである[15]。

闇の相と光の相を交互に繰り返すことで、時の計測に使われていた様々な単位の中に導入された構造の類似には驚くばかりである。その単位とは以下のものである。

日…ガリア人にとって、一日は日没から始まり、それぞれ「月」と「太陽」に支配される夜と昼に分かれる。

月…満月を中心とする最初の十五日と、新月を中心とする次の十五日という、二つの正反対の十五日の組み合わせ。

年…反対の性質をもつ、二つの半期（六ヵ月）、すなわち、自然がまどろみ、やがて再生していく、暗くてじめじめした寒い冬期と、自然が開花し、やがて力を失って褪せていく、明るく、乾いた、暑い夏期の組み合わせ。

リュストル…同じく、暗を基調とした半期の集まり（三「冬期」＋二「夏期」）と、明を基調とした半期の集まり（三「夏期」＋二「冬期」）の二つの組み合わせ。


これを見ると、これらは、その構成上の類似を認めざるを得ない、互いにぴったりはめ込まれた一連の単位だということがわかる。二つの単位が結びついたのではなく、順番に力の座につき、補完的で切り離せない二つの相、あるいは二つの極をもつ一つの単位なのである。この二つの相が、天の覇を争うかに見える二つの重要な天体、月と太陽に結びつけられるのも当然のことであった。これは恣意的で形式的な観念の産物ではなく、二、三、五、六、十二、三十……と同じリズムで互いに結びついて、生きていて観察されている現実の産物であり、いつでも確認でき、時の流れに沿って一定したその繰り返しが、自然の秩序を保証していたことに注目してもらいたい。実際、その計算は非のうちどころがないものである。一、八三一日のリュストルが六つ（その中の一リュストルは閏月を入れないので一、八〇一日）で一〇、九五六日になるが、一太陽年三六五・二四二二日で三十太陽年は一〇、九五七・二六日、一方、一太陰月二九・五三〇日で三七一カ月は一〇、九五五・六三日、人が無視しうる程度の差異であり、大きくなり過ぎたら簡単に修正できるものである。

(2) 季節と太陰月

しかし、日のような、月と太陽に結びつけられた長さと強度の二つの変動的要素で構成されるこの単純で有機的な単位は万人に認められるものなのに、なぜガリアの太陰月と季節の概念は、これほど違っていて独創的なのだろうか。なぜガリア人は新月の六日後、上弦の時に月の交替を、反対に、至点の一ヵ月半前、十一月一日と五月一日に季節の交替を考えたのだろうか。他の大半の民族は、太陰月は新月から、季節は至点から数え始めるのに。

このずれは、時の計測に使われる二極の捉え方の違いに由来しているように私には思われる。ガリア人においては、二つの相反する力、闇と光は、最大点から、あるいは最大点に向かってではなく、均衡点を中心に形成されるのである。一日を真夜中から、太陰月を新月から、季節や一年を至点から始めるのは、天頂時の太陽、満月時の月、太陽の上昇あるいは下降運動に重点を置く考え方である。反対に、一日を日没から、太陰月を上弦から、季節を至点の一ヵ月半前から始めるのは、第一に、二つの正反対の要素の対照とその相互補完性(夜と昼、満月と新月、冬至と夏至、すべて、いま検討中のこの一連の現象の真ん中に位置している)を強調するものである。ここではもはや時の周期は、それがただ発展していくという見地からではなく、二つの極の間での永遠の変動との関連で捉えられており、この二つの連関を尊重することが重要であったのである。

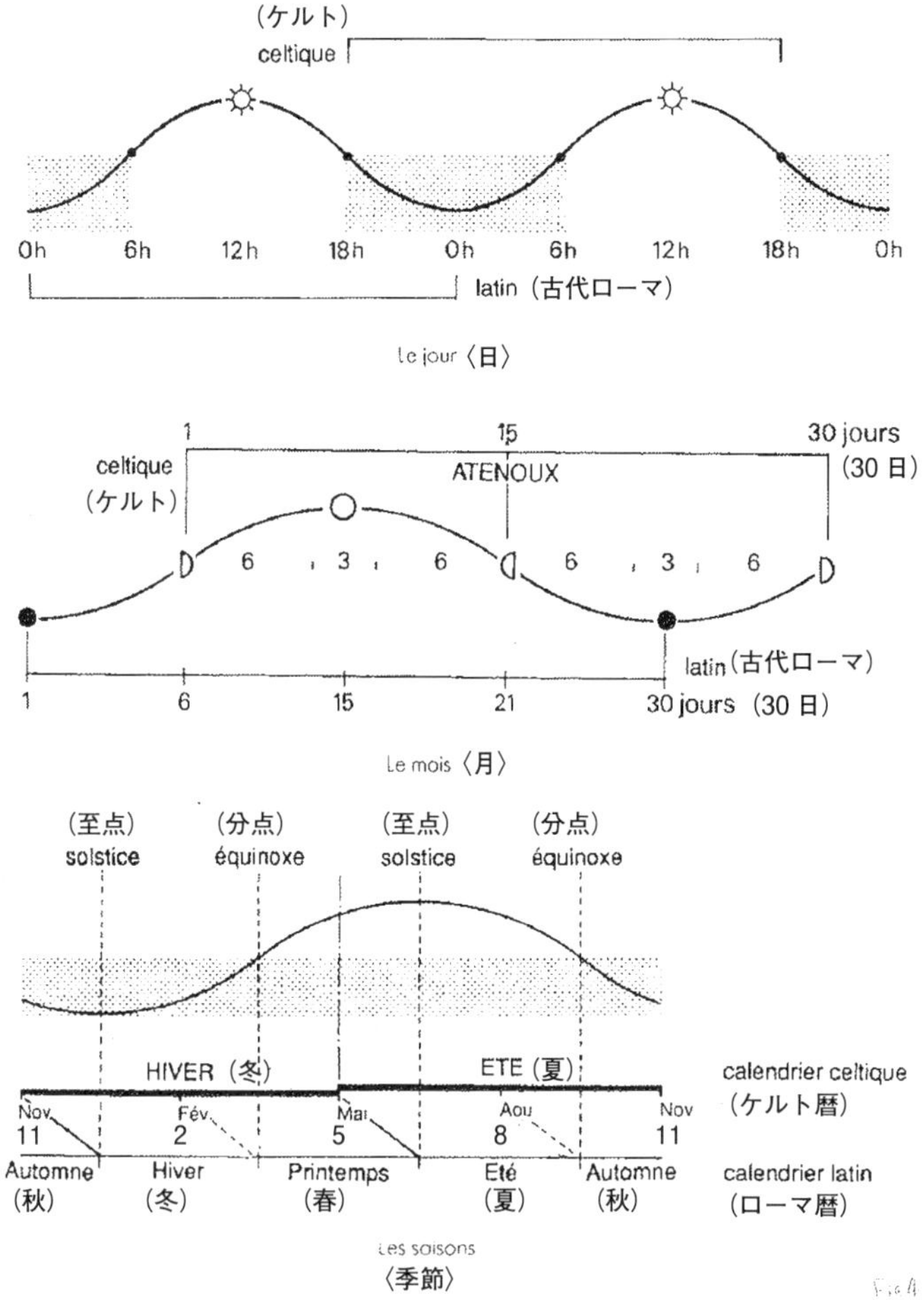

(ケルト)
celtique
0h
6h
12h
18h
0h
6h
12h
18h
0h
latin（古代ローマ）
Le jour〈日〉
1
15
30 jours
(30 日)
celtique
(ケルト)
ATENOUX
6
3
6
6
3
6
latin（古代ローマ）
1
6
15
21
30 jours（30 日）
Le mois〈月〉
(至点)
solstice
(分点)
équinoxe
(至点)
solstice
(分点)
équinoxe
HIVER（冬）
ETE（夏）
calendrier celtique
（ケルト暦）
Nov
11
Fév
2
Mai
5
Aou
8
Nov
11
Automne
(秋)
Hiver
(冬)
Printemps
(春)
Eté
(夏)
Automne
(秋)
calendrier latin
（ローマ暦）
Les saisons
〈季節〉

図2

ブルトン語は、もしかしたら他のどのケルト語よりも、この時の計測システムの痕跡を留めていると思われる。一年をまず基本となる二つの半期に分け、それをまた副次的に二つに分けるという分割法が、冬と夏を名詞（goañv と hañv）で表わし、春と秋を相当句（nevez amzer と diskar amzer ＝直訳すれば「時の復活」と「時の衰退」）で形容するという、単純な言葉の使用の対比にうかがえるのである。さらに、ケルトの一年を分ける二本の基軸（一本は二つの半期を分け、もう一本はその三ヵ月後にそれぞれの半期を庇護する女神と男神の二人の神を対置させる）が、ラテン語のカランダエ（朔日）とウィギリウム（世俗的な祭に対する宗教的な祭）からの借用語で、今日でもなおこの二本の基軸の暦上での機能を区別している kala と gouel という用語の対照によってはっきりとみてとれる。kala goañv（冬の朔日）と kala hañv（夏の朔日）で十一月一日と五月一日の破断を示し、二月一日と八月一日のそれぞれ女性、男性の二つの正中の祭として Gouel Berc'hed（ブリギット祭）と Gouel Eost（アウグストゥスあるいは八月祭）があり、ここで言及したばかりの、至点や分点から一ヵ月半ずれた古代アイルランドの四大季節祭との一致がみられるのである。

大プリニウスがサエクルム（世紀）と呼び、ブリトニック諸語（紀元前四世紀から前一世紀にヨーロッパからグレート・ブリテン島に移住したケルト人であるブリトン人の言語）の saitlon, setlon に相当する三十年の周期は、「年齢、存続期間、寿命」を意味する古ブルトン語の hoetl, hoitl（中世ブルトン語では hoazl、現代ブルトン語では hoal）に引き継がれていること[16]を付け加えておこう。後にトロメニについて論じる箇所において、この指摘の意義がわかると思う。だが、前に述べた二つの問題点、大トロメニの経路と周期に戻る前に、フィニステール県の西部沿岸地方の船乗りたちの間で使われている方位のブルトン語の呼称から明らかになる、古代の方向決定のシステムについて少し述べておきたい。

ブルターニュの羅針盤の二重の特異性について注意を向けさせてくれたのもジョゼフ・キランドルである。[17] ブルターニュの羅針盤は、東の三つと西の三つの六つの方位を重視するが、それに対し、北と南には借用の呼称（Nord と Su）か、方角よりもゾーンを思わせる漠然とした表現（北は kleiz 左あるいは hanternoz 真夜中、南は dehou 右あるいは kreisteiz 正午）しかない。キランドルは、この独自の表現は地平線上に位置を定められた太陽の至点と分点の出と入り、すなわち日の出の南東、東、北東、日没の南西、西、北西の六つの方角に直接結びついていると考えている。ウェールズやアイルランドのケルトの伝統に合致している北と左、南と右の同一視は、印欧語族の非常に古い伝統と同じで、東を正面にして方向が定められているということと、東—西の方角が、世界の基軸とされていることを示している。[18]

キランドルはさらに、ケルトとりわけアイルランドの伝統において、北と下・低、反対に南と上・高が同義であることに注意を促している。

3　ロクロナンのトロメニ

以上、ケルト暦について十分な知識を得たことと思うので、ロクロナンとそのトロメニに戻ろう。先に挙げた二点、プロセシオンが描く線図と奇妙な周期についての考察に専念する前に、ロクロナンのトロメニの幾つかの特異性について、少し説明したい。

(1) 公式のトロメニと個人のトロメニ

七月の第二と第三日曜日の午後に、始まりと締めくくりの公式のトロメニが行なわれる。その礼式は特別なものである。聖遺物、教区の旗、十字架をもち、音楽隊が出て、スタシオンでは聖書が朗読され、聖職者が祭式を司る。そして、それ以外に多くの個人的なトロメニが存在し、一人あるいは親族や友達などの限られたグループで、この祭礼が続く一週間の間、昼にも夜にも行進が行なわれる。最初の巡礼者は、土曜日から日曜日に変わる夜の十二時に出発し、最後の巡礼者は、翌週の日曜日の夜の十二時にトロメニを終える。自分の都合に合わせて、経路のどこから出発してもよいが、必ず一巡してそこに戻って来なければならない。この個人的なトロメニでは、普通、伝統的な動作や行動、たとえば聖ロナンの墓の下を通る、墓やいくつかの石や十字架のまわりを太陽の方向に回る、などを守ることにとても熱心である。

(2) 小屋、十字架、巨石遺構

伝統によって定められた経路上に枝を組んで作られた約四十のヒュッテ(小屋)が配置され、代々それを作る勤めを担っている家族によって、夜も昼も守られている。その小屋にはそれぞれ、ロクロナンおよびその周辺の教区の礼拝堂や教会の聖人像が、一週間安置される。[19] そのうちの十二ヵ所には、スタシオンであることを示す旗が上がっている。二回の公式トロメニの際、そのお勤めのために集められた十二人の司祭が、そこで順番に、トロメニの典礼に決められた福音書を読んだり、讃美歌を歌ったりするのである。典礼は、それらの章句や歌の選択や順番を定めたオールドーペランティクゥウス（非常に古い規則書）の中に書かれているが、規則書の一七六八年の手書き写本がロクロナンの教会に残っている。[20]

大半のスタシオンは石の十字架で示されているが、さらにオールドーにも六つ（一、二、五、六、七、十一番目）の名が挙げられている。不思議なことに、中世初期のものと思われる最も古い二つ、とりわけ、前にも述べた、有名なベズ・ケバンの十字架には触れていない。[21]ベズ・ケバンは、「ロクロナンとプロゴネック両教区の境にある呪われた地」[22]で、悪意をもって聖ロナンをしつこく追いかけ続け、彼をその臨終の地であるサン・ブリユーに近いイリオンへ追いやった女性、邪悪なケバンが大地に呑みこまれた、まさにその場所を示すものである。彼女は、聖ロナンが新月になると狼に変身し、彼女の五歳の娘を食べてしまったとグラドロン王に訴え出たのであった。また四番目のスタシオンは、十字架ではなく、近くの泉でそれと示されている。

同様に、神聖な経路上に三つ、または四つの巨石遺構があることにも注目してもらいたい。それらは、スタシオンには組みこまれてはいないが、信仰とその実践の対象となっており、トロメニとの内在的な絆を強く示している。一番目は、第九スタシオンからほどない全行程のだいたい真ん中あたり、メネ・ロコンに登りはじめる直前にあった小さなメンヒルで、昔は斜めに傾いた三本の十字架が刻まれていて、

およそ40の枝組みの小屋が、トロメニが通る、５つの教区の教会や礼拝堂の聖人を安置するために建てられている（1929年）

トロメニの開始：教会とペニティ礼拝堂から出て来て、旗の下にひしめきあう巡礼者達

ケバンの十字架（1929年）

１週間にわたって、聖ロナンの聖なる道には、昼も夜も巡礼者達の姿が途切れない。1977年のトロメニ

巡礼者達はそのまわりを太陽の方向に三周した。もう一つ小さなメンヒル、あるいは石碑だろうか、が山頂にあり、経路の中で最も高い地点であることを示すと同時に、南から西へ九十度の方向転換を指示していた。この二つのメンヒルはもう存在しない。五十年かそれ以上前に取り壊されてしまったが、描写されたものを読むと、どちらもほとんど同じようなもので、前者、山の麓にあったメンヒルの方は、何枚かの写真が残っている。ロットが引用しているキランドルの間接証言によれば、さらに、もっと古くはメネ・ロコンの頂上に、「高さ約一メートルで、渦巻き状の蛇形の模様で飾られた聖石[23]」があったらしい。しかしこれはもしかしたら、山頂で南から西への方向転換を示す二番目の小さなメンヒルと同じものではないだろうか。

巨石遺構の最後は最も大きいものでもあるが、現存している。周囲約十三メートルの巨大な石の塊で、十二番目のスタシオンと教会の間、教会から一、五〇〇メートル余り離れた山腹に横たわっている。ある者は、これは聖ロナンがアイルランドから乗って来た石の小舟だという。また、聖ロナンの椅子とも呼び、これは彼が座った石でその跡が残っているという者もいる。しかし最も流布している呼び名は、カゼク・ヴァエン（石の牝馬）で、豊穣と子宝を願う信仰と結びついている。一九二九年のトロメニの際に撮影されたカーン財団の記録フィルムには、石の北端にある聖ロナンが座った窪みに座っている、あるいは長々と寝そべっている、かなりの数の当時の巡礼者たちの姿が写っている。ここでも、左から右へ三周し、聖遺物に対するのと同じように石に接吻するのが習わしであった。こういった実践に対して、聖職者の態度は常によそよそしいものであった。教区討議記録簿に書かれた一八八七年のトロメニの報告書は、次のように簡潔に記している。「司祭たちはカゼク・ヴァエンの前を通った。信者たちは周囲を回っていた[24]」と。

（3）子授けの祭式

この祭式は、最も古い証言以来、トロメニと結びついている。最も知られていて、そのご利益には数々の確かな証言があるが、今もそれが弱まっていないカゼク・ヴァエンのほかに、聖堂区参事会員のペロンの言によれば、山の麓と頂にあった二つの小さなメンヒルも同じ役目を担っていたらしい[25]。J・カンブリも旅行記の中で、聖ロナンの遺体をその隠棲所に戻す際に「細い道に難儀した牛車が二つの岩の上に車輪の跡を残したが、不妊症の女性が子供を得ようとその岩に身体を擦りつけている」と、伝承にもとづいて語っている（Voyage dans le Finistère en 1794 et 1795, Paris, AnVII de la République, t.II, p.228）。そして、こういった信仰実践を超えて、家系の後継者を最高レベルで保証する役割を担っていたのは、トロメニ全体であるように思われる。ブルターニュ公たちがロクロナンに特別な配慮を見せたのも、そのためではないだろうか。

実際、自分たちの誕生を聖ロナンに感謝するために、あるいは「子宝に恵まれ末代まで繁栄するように」と願って、ブルターニュ公ジャン四世、五世、ピエール二世、フランソワ二世、そして女王アンヌ・ド・ブルターニュらは、ロクロナンへ巡礼し、住民たちに大きな税の特権を与え、一四二〇年から一四五〇年にかけてローマ時代の古い建物の代わりに壮麗な教会を建立し、数年後にはその隣り、聖ロナンの隠棲所があったまさにその場所の、聖ロナンの墓を安置するペニティ礼拝堂（Péniti、すなわちPenid-ti「悔悛の家」の意）を再建したのである。

（4）トロメニの道程

教会とペニティ礼拝堂のまわりに古い家々が集まるロクロナンの町は、非常に対照的な風景の中心に位置する。教会に向かって左側にあたる北は東から西へ向かう深い谷で、二本の小川が流れている。右側の南は、メネ・ロコンの円い頂上と、それを西へ延ばす山道だが、その道がトロメニの外周の南の境界になっているのは前に見た通りである。教会は、南の乾いた高地（最高点はメネ・ロコンの二八五メートル）と北の湿潤な谷（六八メートル）の中間点、双方からおよそ一キロメートル離れたところにある。また高度も海抜一五〇メートルで、高さからみても中間点ということになる。

トロメニの道は完全にこの風景の中に組みこまれている。突き出た中間点であるペニティ礼拝堂から、道は五〇〇メートルほど西へ向かい、この時、第三スタシオンに達しているが、それから直角に北に曲がって、大きな四辺形の輪郭を描き始める。この四辺形は西から東へ伸び、北の谷間と南の高地を正確に取り囲んで、両者を互いに結びつけるが、四つの角は、まるで道をつけながら二組ずつ対置させようとしたかのように、異なった地形をもっている。

一組は北西と南東の角、高度から見ても地形（最も低い所は小川と湿潤な草原で、最も高い所は岩だらけの何もない荒地）から見ても正反対の空間で、四番目と十番目のスタシオンがある。この対照の重要性

ブルランのメンヒル（1929 年）

ブルランのメンヒルの周りを
回る女性（1900 年代初頭）

「石の牝馬」（1929 年）

「石の牝馬」での信心の勤め（1929 年）

「石の牝馬」（1977 年）

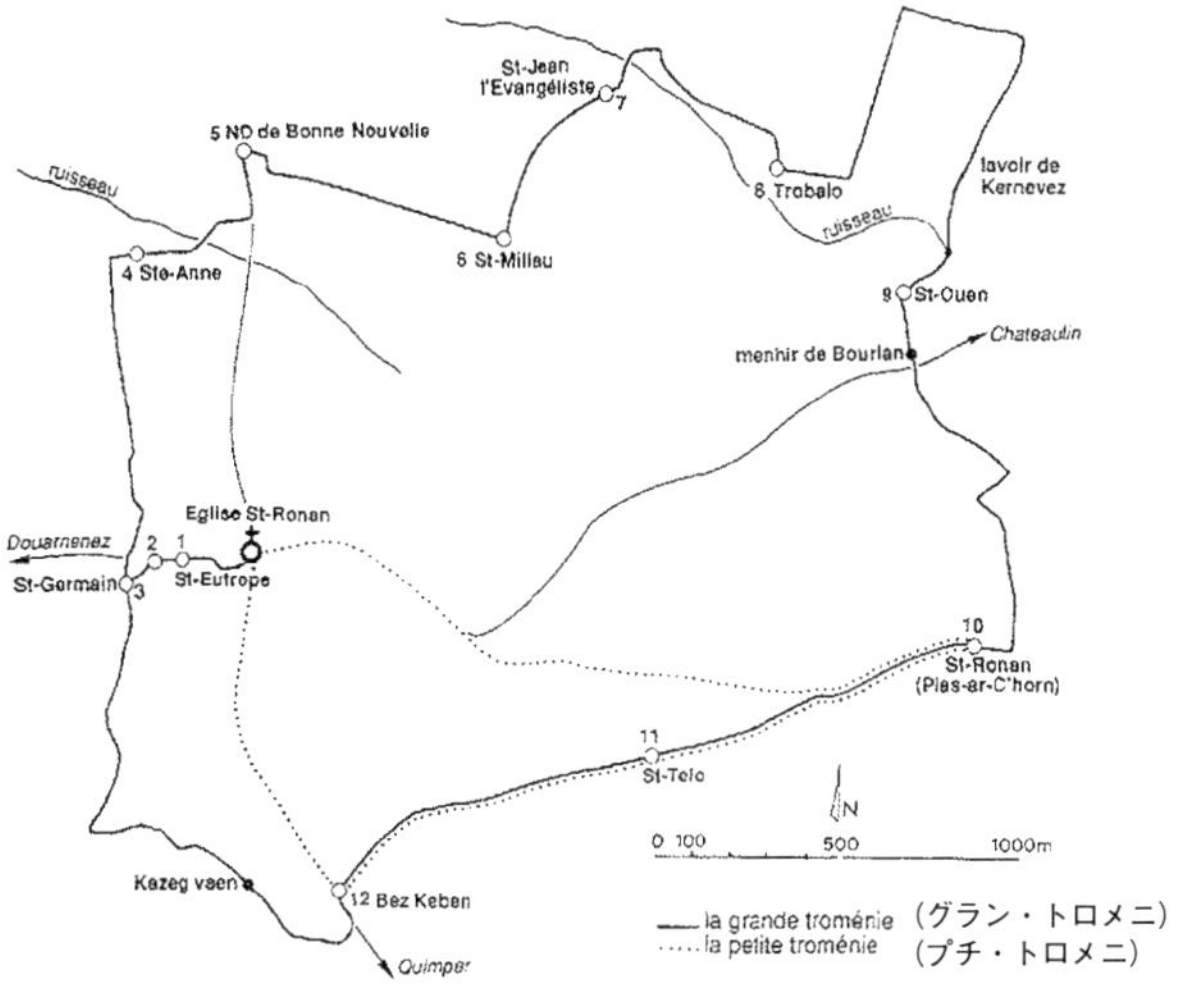

図3　聖ロナンのトロメニ

と両者を組み合わせる意志を強調するかのように、道はここで、低地では北から東へ、高地では南から西へ、同じ直角の角度を印している。もう一組の対角である北東と南西は、より曲がりくねって起伏の多い道になっているが、それが描く輪郭は、地形とは無関係のように見える。

しかし、この交差した関係にもかかわらずまず印象に残るのは、二つの世界、この聖なる一巡が道を辿りながら互いに関連づけている、相反する二つの世界の対照である。また、中心の聖堂を基準にして、北を左や低所、反対に南を右や高所に象徴的に結びつけるブルトン語の用法（他のケルト系の諸言語も同様）が、ここで、地面上に証拠、あるいは明白な事実として見いだされるということを確認できるのも印象的である。

最後に、トロメニの一巡が四辺形を描くことがわかったが、これは、印欧語族における聖所の概念について知られていることと合致している。G・デュメジルは、古代ローマの神殿のインアウグラティオ［「鳥占いの儀式で祓い清める」というラテン語］は全ての卜占の作業においても同じだが、その場所の用途と目的にのっとった方向づけと角度の決定が前提となると説明している。すなわち、「活発できちんとした商いの場所は人中におかれなければならない。そして神々は西から東に伸びた四辺形を要求する」というのである。(26)

(5) スタシオンの奉献

したがって、トロメニがたどる道程は非常に古い考え方にもとづいて地面に刻まれているように思われる。このことは、ネヴェ（「ケルトの聖所」）という名前、南の底辺に前ローマ時代の街道の一区画が使われていること、今も信仰とその実践に結びついている巨石遺構が存在することなどの手掛かりと照らし合わせてみれば、ブルターニュ地方のキリスト教化以前の古い宗教の考え方や表現体系によって決められた、非常に古いプロセシオンの道程が存在するという仮説に新たな力を与えるものである。そして、スタシオンの奉献を調べれば、新たな判断材料を得られるであろう。

確かに、キリスト教化が、古くからある動きにその外形は尊重しつつも、新しい意味を与えるだけにとどまったとするならば、キリスト教の奉献の下にそれ以前の信仰の跡を見つけることは可能であろう。そして、もし私が仮説に立てたように、トロメニの道で十二ヵ所のスタシオンが浮かび上がらせているものがケルトの一年の十二の月だとすれば、要となる冬（十一月一日と二月一日）と夏（五月一日と八月一日）の四つの祭りを表わす四つのスタシオンに授けられたそれぞれの聖人の守護は、おそらくその痕跡を残しているであろう。たとえばアイルランド（そこでは、五世紀にキリスト教が定着する際、精神的にも宗教的にもかなり異教に譲歩しなければならなかった）では、ル・ルーとギヨンヴァルクの考え方にしたがえば、二月一日に崇められている女神、芸術と神々の母であり、ガリアのミネルヴァに対応するブリギットは、ごく自然に、聖母マリアと等値および相互関係におかれたことが知られている。[27] 同様にルグは、あらゆる技術の発明者であり、商人と旅人の保護者でもあるガリアのメルクリウスに相当するアイルランドの神で、八月一日に崇められているが、彼が何人もの聖人に引き継がれていることは、オリアインが明らかにした通りである。[28]

では、四つのスタシオンがどのような様相を呈しているか、そして、それらに付与されているキリスト教の奉献と、我々の仮説では三ヵ月ごとの祭が内包していると思われる性質の間に、明らかに照応関係がうかがわれるかどうかみてみよう。当然、最初のスタシオンは一年周期の出発点、十一月一日に相当するはずなので、他の三つの主要な祭り、二月一日、五月一日、八月一日を表わすのは、第四、第七、第十スタシオンということになる。

一番目のスタシオンはロクロナンの町中、カンペール街道を西に下った所にあり、聖エウトロプに奉じられている。十五世紀初頭から、ロクロナンの教区教会の北、ノートルダム・ド・ボンヌベル礼拝堂の近くに、このサント［フランス西部、ラ・ロシェル南東方、シャラント川沿いの町］の司教（聖エウトロプ）の名を冠した礼拝堂と病院があった。彼を記念する泉がそこの、礼拝堂より下手に今もある。第一スタシオンとなる小屋の近くに待機している司祭が、巡礼者たちに、事前に泉につけておいた治療者聖エウトロプの聖遺物箱に接吻させ、小屋を守っているファブリシァン〔教会財産管理委員会会員〕が、トロメニのご利益を保証してくれる聖エウトロプの泉の水を一杯飲むように彼らに勧める。ここの奉献の時期は遅かった。聖エウトロプ崇拝は、十五世紀からやっとブルターニュに広まったようである。しかし、考慮すべきはその役割と機能である。ここでは、聖水と治療者の名に表わされる治癒力ということになる。そしてそこに、この最初のスタシオンに当てはまると予想した日付との関連性の可能性が出てくる。十一月一日は「暗い季節」の入り口であり、アイルランドではサウィン、コリニー暦の一年の最初の月の名（SAMON）に相当するが、ガリアにおいて大プリニウスが「万物を癒す（オムニア　サナンテム）」植物としてヤドリギの収穫の呪術医学的儀式の期日としたのは、まさしく一年のこの時、十一月の上弦の月の日なのである[29]。

　また一方ではアイルランドの古い伝承は、医学と測量概念とのつながりを明らかにしている。ドルイドの医師ディアン・ケーフトにはミアハ（ボワソー：昔の穀量の単位）という名の息子とアイルメード（測量、単位）という名の娘がいたが、その役目は、人体の関節と神経の数と同数で、一年の日数にも一致する三六五の薬草を集めて分類することであった。それらの薬草は「健やかな泉」の水に浸されて、死んだ兵士に再び命を与えることになる。そして、カエサルの言によれば、ガリアのアポロンの主な特質が病人の治癒であったということ[30]、コリニーの暦の断片が大きな青銅のアポロン像のかけらに混ざって一八九七年に見つかったが、このことは両者が同じ神殿から出ていると想像させることなど[31]を付け加

山麓のノートルダム・ド・ピティエの小屋（1929 年）

沼地でのプロセシオン

山頂へ到達する前の最後の頑張り（1929 年）

えれば、治癒の聖人の守護とその浄めの儀式がすべてここに示されていることを認めてもらえるであろう。

二月一日を表わすであろう第四スタシオンへ向かう高い土手に囲まれた聖なる道は、急な坂道を真夜中側へ、つまり北の方向へ約一キロ下り、それから東に直角に曲がる。第四スタシオンはそこの小さな石に囲まれた水の渦の近くにある。オールドー（古い規則書）がスタシオンをその近くに定めた、泉の最後の証人である。(32) ここは聖女アンナに奉献されているが、アヴェ・マリス・ステラの歌［「めでたし海の星よ」の意で、九世紀から歌われているラテン語の聖母讃歌］が要求されているので、オールドーの記事は、ここは古くはノートルダム・ド・ボンヌベル［福音の聖母マリア］に奉献されていたことを示しているように思われる。現在はノートルダム・ド・ボンヌベルは第五スタシオンの守護となっていて、十六世紀に建立された礼拝堂が、そこから遠くないロクロナンの町の下手にある。トロメニの注釈者すべてが認める聖女アンナへのこの奉献の変更は、同じ方向、北西六キロほどの所にサンターヌ・ラ・パルーの礼拝堂があり、そこへの巡礼が拡大したためと考えられる。(33)

我々はここに、神々の母となる女神の後継者を期待していた。そして聖女アンナ、おそらくその前は聖母マリアを見いだしているであろうが、この一致はトロメニの十二のスタシオンの中で、その経路の低地にある二つのスタシオン、四番目と五番目の聖女アンナと聖母マリアだけが女性への奉献であるだけに、いっそう重みを増す。また、浄水場が設置されるまでは、この場所は非常な沼地で、二つのスタシオンの間のほぼ真ん中あたりは、仮橋をかけて小川を渡ったということも指摘しておこう。

第七スタシオンは北西へ長く歩いた後のルステックの小集落にあり、一六〇四年の銘をもつ背の高い石の十字架で示され、福音記者ヨハネの守護の下におかれている。我々の仮説では、ここはケルト暦の五月一日、すなわち「暗い季節」から「明るい季節」へ移行する象徴的な時点となるはずである。その一致はあらためて気にかかるものである。聖ヨハネの福音全体は、プロローグ（その文章はまさしくトロメニのオールドーが第一スタシオンで朗読を通知した文章である）が予告しているように、光と闇の対立が主軸になっていることは知られている。それは、十三世紀のロナン伝の主要テーマの一つでもある。ロナンは「闇を照らす光」であり、地元の人々はロナンのおかげで、「それまでは死の闇の中に座っていた人々の上にその光を輝かせてくれた」ことを神に感謝している。[34] もしかしたら、このように第四福音書から聖ロナンの古い伝記へと続く長いこだまによって、福音記者ヨハネのロクロナンでの人気ぶりは説明できるのかもしれない。三ヵ所の聖域（教会、聖エウトロプとノートルダム・ド・ボンヌベルの礼拝堂）に彼の像があり、トロメニの典礼においても彼は特権的な地位を与えられている。最初の七つのスタシオンでオールドーが定めている福音書の七つの文章のうち、五つまでがヨハネの福音書からもって来たものなのである。また、十二のスタシオンの守護聖人の中で聖ヨハネと聖母マリアの二人だけが『新約聖書』の登場人物であることに気づくであろうが、このことも、確実にこの第七スタシオンに特別な意義を与えるものである。

さらに、洗礼者ヨハネと福音記者ヨハネ、この二人の同名の聖人についての比較照合も可能であろう。ご存知のように、キリスト教の暦では、十二月二十七日が冬の聖ヨハネ（福音記者）祭、六月二十四日が夏の聖ヨハネ（洗礼者）祭と定められている。つまり、二人は二つの至点で対をなしているわけであるが、もしケルトの年周期の夏の半期が始まるこの時点をキリスト教の聖人の守護のもとにおきたいと思ったのなら、同じようにローマ暦で夏の始まりを示す聖人の名がそこにおかれたであろう。

五月一日と夏の聖ヨハネ祭とのつながりを明らかにするまた別の偶然が、ほかならぬロクロナンにある。五月の第一日曜日の前夜、徴兵適齢者の若者たちがブナの木を山から伐って来て、教会の広場の井戸の近くの、舗石を敷いていない場所に立てるという習慣である。この五月の木は六月二十三日の晩までそこに残され、その晩、教会の南にあたる町の高台での聖ヨハネの火祭りにその枝が供給されるのである。[35] この辺で分析はやめておく。以上、一人の聖ヨハネからもう一人の聖ヨハネへと移りながら、そして両者を互いに補完させながら、この第七スタシオンの奉献と五月一日との結びつきの正当性は十分に明らかにされたと思う。

残るは、第十スタシオンである。我々の仮説では、八月一日はアイルランド人たちがルグナサド（ルグの集会）と呼んでいた「明るい季節」の真ん中にあるケルト暦の大祭を表わすはずである。メイアー・マックネイルはこの祭を研究した力作の中で、今日のアイルランドにおけるルグナサドの直系的後継の中で最も印象的な祭の一つは、七月の最終日曜日に行なわれる西海岸のウエストポート湾に面したクロー・パトリックへの巡礼であることを証明している。そしてまさに、このアイルランドの巡礼とコルヌアイユ地方の大トロメニの類似から、ダニエル・F・メリアが大トロメニを「ルグの集会」の大陸版と見る考えを提唱するに至ったのである。この考えは私も正しいと思う。

聖なる丘に人々は最も険しい北面から登って行くが、この丘の頂に第十スタシオンをおくことによって、トロメニの祭式規則書は、その注目すべき性質を強調している。この場所が「角の場所」という名であることも付け加えておこう。ここがその名前で呼ばれているのは、前に述べたように、口承伝説によれば（ラテン語の伝記はこのエピソードに関してはより口が堅いが）、ロナンの遺骸を連れ帰る車を引いていた二頭の野生の牛のうちの一頭が、山の麓で邪悪なケバンの洗濯槌で打たれて角を失くしたといわれるのがこの場所だからである。彼女は葬列の牛車がイリオンからやって来たときケルネヴェの洗濯場で洗濯をしていたが、自分の旧敵を見て突然の怒りの発作に襲われたらしい。

我々がいま到着したのは、まさしくトロメニの中で最も重要なスタシオンである。個人のトロメニにおいては他人と話をしてはいけない規則があるが、ここだけはそのような沈黙を破り、しばしくつろぐことができるのである。当然のことながらここは、聖ロナンに奉献されている。トロメニの始まる日曜日とそれからの丸一週間、朝の五時から一時間ごとにここでミサが挙げられる。前後二回の日曜日の公式トロメニで説教が行なわれるのもここである。それなのに、ここに礼拝堂が建てられたのは二十世紀初め、一九一一年になってからなのである。このメネ・ロコンのむきだしの山頂に、先に挙げた古代の標石を除けば古い記念建造物がまったくないことは、ほとんど四つ辻ごとに十字架やカルヴェール［教会のそばや墓地などに立てられたキリストの十字架やキリスト受難群像］や奉献礼拝堂などが建てられ、どんなに小さな巡礼の場でも何かを建てる口実になるようなこの土地では非常に例外的なことであり、特筆に値する。

今回は、守護聖人の選択は問題ではない。山頂を守護するのは聖ロナンの当然の義務である。だが、ロナン伝説やロナン崇拝の中に、八月一日のケルトの神への信仰の痕跡がどのように残っているか調べてみるのも一興であろう。このケルトの神をより詳しく紹介するために、再びル・ルーとギヨンヴァルクに案内役を務めてもらおう。彼らの総論は、古代のラテン語やギリシア語の文献の知識と、我々に不可欠な古代アイルランドの文献の知識を結び付けてくれる。

「ガリアのメルクリウス」に相当するルグは、ケルトの最高神で別格、すべての役割を超越した存在である。何よりもまず「太陽の」そして「光の」（これが彼の名前の意味である）神である彼は、「諸工芸に秀で」、カエサル言うところの「あらゆる技術の発明者」である。彼の集会（アイルランドではルグナサド）は王にふさわしい祭りであり、この絶対的な君主の良き治世によって保証されている豊かさと繁栄を祝って、八月一日に行なわれる。ガリアでこれに相当するのは、三ガリア集会（コンキリウム・トリウム・ガリアルム）であるように思われる。これは、皇帝礼拝を見守り、メルクリウス・アウグストゥス神殿の大祭司を選ぶために八月一日にリヨン（ルグドゥヌム「ルグの城砦」）に集まっていたものである。(36)

メイアー・マックネイルはアイルランドの民間伝承を調べ、彼は、とりわけ豊かな収穫を保証する収穫期の支配者としてのルグの役割を強調している。ルグがアイルランドの秋の入口、刈り入れの季節の幕開けに位置していることからくる役割である。

太陽の、光の、と形容され、人間と自然の多産や収穫の質を保証する者、比類なき職工と称され、滋養に富むバターや大量の燕麦を得られますようにとか、さらには、海岸に漂流物が来ますようにとか祈りを捧げられる神、こういった特徴はすべて、聖ロナンが崇められているブルターニュのさまざまな場所の、口承伝説や、気象に関する諺や、人々の祈りの中にもまた見出される。太陽や光に結びつく性質、多産や豊穣とのつながり等々、いくつかの特徴は明白である。他の特徴、たとえばル・ルーとギヨンヴァルクが古代アイルランドの伝承の中でルグの基本的な性格として示した王としての役目などは、はっきりとは感知しにくい。しかしながらその特徴は、歴代のブルターニュ公がロクロナンに示し続けた非常に特殊な信心の向こうに透けて見えるように私には思われる。一〇三一年、九世紀初めの大王グラドロン・プロネウールから数えて六代目に当たる直系の子孫であるコルヌアイユ伯爵アラン・カニヤールが、カンペルレ［カンペールの南東方にある町］の修道士たちに、聖ロナン教会と聖ロナンの免除特権の中に含まれるすべての土地を贈った。ということはつまり、伯爵はおそらく初期の「ネメトン」を引き継いだものであるロナンの「ミニイ」に対して特別な権利をもっていたということである。そして、彼の子孫たちが十五世紀に教会に豊富に寄付をし、新たに後継者が生まれるたびに、聖ロナンが子孫の繁栄を見守ってくれていることを感謝して住民たちに税の免除を与えたことを合わせ考えると、こういった行動や信仰の背後に、コルヌアイユ地方の支配権と関連した聖なる山ネヴェの古い時代の特権的な重要性があるのではないかと思いたくなる。ル・ルーとギヨンヴァルクが集めて解釈したアイルランドの例を通して、ロクロナンの場合でも同様の解釈へと導いてくれるかなりの数の手掛かりが、ここで詳しく調べている時間はないが、浮かび上がってきたように思われる。(37)

以上行なってきた我々の仮説の最初の一連の分析は、どうやら結論が出たように思われる。トロメニの経路の大地への刻まれ方を観察しただけで、二つの異なる風景を対置させるそのやり方と、ケルトの暦の概念における正反対の動きを交互に繰り返す太陽と月が年周期の二つの半期の対照を支配しているように思われるそのやり方との間には、ある類似があることがわかった。

一方は、互いに向き合って対照をなす、方向づけされ段階的に分割された二つの空間、道が北から東への角度を描く低地と、反対に南から西へと曲がる山頂である。

他方は、対照的で異質の性格をもつ異なる自然が順番に続く二つの時、暗く冷たい、しかしもう蘇りが始まっている時と、明るくて暑い、だが衰退へと向かう二つの時である。

次に、四つの中枢となるスタシオンへの奉献を調べた結果、このトロメニの経路を手掛かりとして我々の調査はさらに遠くに向かい、これらのスタシオンの現在の守護者の下に、もっと古い神聖な存在が潜む層があり、それらがそれぞれ占めるスタシオンの位置と、十一月一日から始まる年周期での位置が結びついていることが明らかになった。

こうして、空間の刻まれ方と、ケルトの人々が考えていたままの一年の分け方との明らかな類似から生まれた、まだ仮説にすぎなかったものが、蓋然性の高い説へと変貌したのである。おそらく、この説はさらに先へ進むことが可能であろう。ブレストの近くにあるグエヌウのトロメニが我々を招いている。

(6) 聖グエヌウの溝

ベルナール・タンギーは前に触れた論文（注7）の中で、グエヌウには毎年、主の昇天の祝日［復活主日から四十日目］に一巡が行なわれる、三角形で長さ十七キロの大ミニイより以前に、もっと小さい約八キロの、溝をめぐらされた四辺形の囲い地があったことを明らかにした。その起源について、アルベール・ル・グランは、『ブルターニュの聖人伝』（一六三六年）の中でこう語っている。

聖グエヌウは、コモール伯爵に「一日に溝で囲める限りの土地」を与えると言われ、「熊手を手に取り、それを地面に引きずりながら、ブルターニュ里で約二里、四辺形に歩いた。先が分岐したこの棒を引きずるたびに、不思議なことに、大地が両側に盛り上がって大きな溝を形作り、提供者の土地と彼に与えられた土地とを分けたのである」と。

この聖グエヌウの溝はもう存在しない。一八六四年に売られてしまったのである。しかしベルナール・タンギーは売渡証書から、その正確な復元図を作成することができた。さらに Acta Sancti Goeznovei（「聖グエヌウ伝」）の名で知られるより詳しい未刊の文書が、彼がどのように自分の土地の境界を定めたか説明してくれる[38]。

コモール伯爵は、一日と一時間が過ぎたら一周は終わっていなければならないとした。決められた日時に聖グエヌウは北に向かって出発し、一スタディオン［古代ギリシアの長さの単位で約一八〇メートル］歩いてから東へ向きを変え、そのまままっすぐカプト・ネモリス（現在のペノア、「森の先端部」の意）まで進んだ。そこから直角に南に曲がり、およそ四スタディオンまっすぐ行った後、今度は西に折れて再び四スタディオン歩き、四つ目の角も直角に曲がり、北に四スタディオン歩いて、最後に出発点に戻るために東に曲がったのである。

この種の聖地の成立の原理について我々がもっている少し詳しい唯一の証言であるこの文書[39]の意義は、一巡の経路の成立における方向と距離の二つの概念の重要性を明らかにしていることである。ロクロナンのトロメニのそれとの明らかな類似は、具体的な現実よりも文書の中のほうがより顕著である。このことはそれが理論モデルのようなものに従っていることを示唆しているが、ロクロナンにおいて、これら二つの概念がどのように使われているかということに、我々が細心の注意を払うことを正当化してくれる。ロクロナンではその二つが、「聖グエヌウ伝」ではまったく触れられていない第三の要素、高度とも結びついているように見えるだけに、なおさらである。大トロメニの四辺形の図と、四つの基点に従って方向づけされた、卜占によって定められた古代ローマの聖地の図との一致についてはすでに指摘した。このような図が他の多くの古代文明（インド、中国、メキシコなど）にも見られる事実、そしてブルターニュでは言語自体が、それらの同値または直観的な連合を、「左・北・低所・真夜中」、反対に「右・南・高所・正午」、あるいは「前・東・日の出」、対して「後ろ・西・日没」といったような概念をその中にもっているという事実が、我々に線図の調査をさらに徹底的に追求するよう促している。

ここでは詳述はせず、私の研究の現在までの結果を提出するだけにとどめる。それらはまだ仮のものであり、補う必要があるし、これまで十分には出来ていない厳密な実地検分もしなければならない。しかし今のままでも、大筋では十分討議に値するものであると考える。

(7) 方角、向き、高さ

トロメニの道が組みこまれている大きな四辺形は、前にも述べたが前ローマ時代の山道を基底にしているように思われる。南のこの道は、メネ・ロコン（第十スタシオン、高さ二八〇メートル）から一様に下り、第十一スタシオン（聖テロ、二二五メートル）を通って、第十二スタシオンのあるベズ・ケバンの十字架（二〇〇メートル）で止まる。いずれにせよ、ここは経路の中で最もまっすぐでよい道である。この道は、四月一日と九月一日の日の出に応じた東一〇五度、西七五度を向いた軸［図4参照］に沿って西に向かい、第十二スタシオンが見える地点に着く所で少し南の方へはずれ、その結果、第十二スタシオンは第十と第十一スタシオンを結ぶ軸から少しずれることになる。そこから道は、正式な道ではない奇妙なコースをとり、南を向いた巨大な「馬の頭」のような図を描く。その真ん中あたり、「鼻孔」と「目」の間あたりに有名な「石の牝馬」があるが、それは一種の車止めのようなもので、メネ・ロコンから下ってくる軸となる道の正確な延長線上にあり、最も低く（一九〇メートル）、最も西にある。以上がトロメニの「脊柱」ともいうべき南の軸［図4］である。

反対側の谷間にある北側の軸［図4］は、ゆるやかな鋸歯状《のこぎりば》の道筋をたどっているが、全体的には同じ向き、東一〇五度、西七五度を保っている。しかし今回は、さきほど見た東から西の線をさかのぼっているので、方向は逆になる。低い所は第四スタシオンの近くで七八メートル、東の最北地点で一二六メートルである。

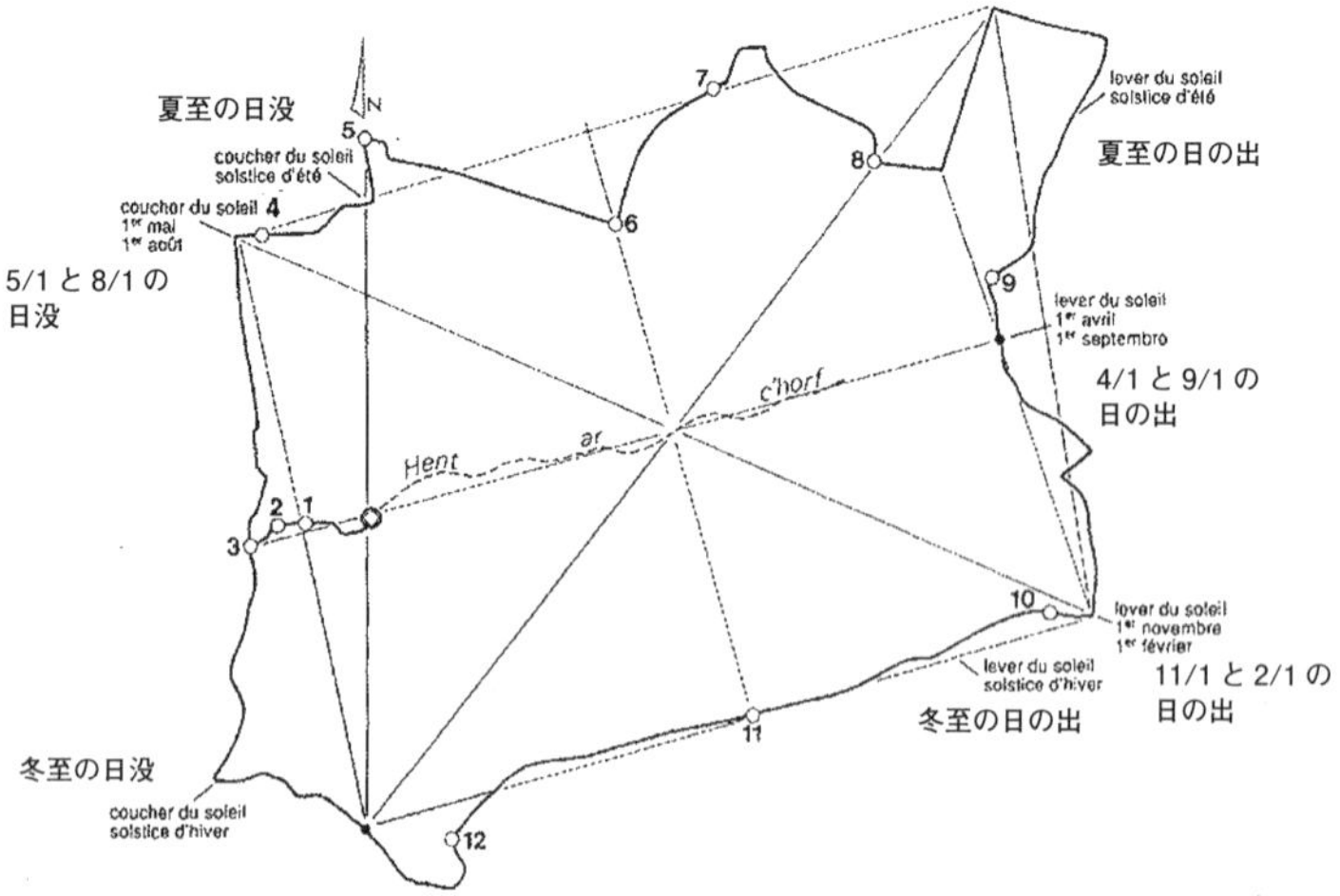

聖なる四角形

図4

これら二本の軸の間の第三の平行軸［図4］は、トロメニの骨組みをなす枠における重要な向きに合致していると同時に、枠を二つに分けている。この中央の軸上に位置するのが、西から東へ、第三スタシオン、第一スタシオン、脇に聖ロナンの墓を控えたロクロナン教会、そして東端に斜めに三本の十字架が刻まれたブルランのメンヒルである。

ここで、低地の北西、高地の南東の二つの対角から出て、いま南北の軸上に確認したばかりの西端と東端（南西は「石の牝馬」、北東は北北東から突然向きを変える角）を結ぶ垂線で南と北の軸をつなげば、それら二本の垂直軸が、西は中央の軸と第一スタシオンで、東は聖なる道とケルネヴェの洗濯場で交わることがわかる。

さらに、そして偶然ではないであろうが、第一、第四、第七、第十の四つの主要スタシオン

（これらと十一月一日、二月一日、五月一日、八月一日の四つの祭りとの関係についてはいま検証したばかりである）と、トロメニの道に取りこまれている二つの巨石遺構のいずれもが、三本の平行軸と西と東でそれらを閉じる二本の横断軸によってはっきりしたこの枠の上にあることに気づく。これら四つのスタシオンのほかには、ただ一つ、第十一スタシオンだけがこの特権的な位置を共有している。ここは聖テロに奉献されているが、鹿をつれた聖人テロは、しばしば、ガリアの鹿の角を持った神ケルヌンノスに関連づけられる聖人である。さて、この第十一スタシオンから北の方角へ西と東の軸と平行に新たな中線［図4］を引くと、それがトロメニの道と交わるのは、まさに赤い十字架と呼ばれる古い十字架を目印にして、北の軸線からかなり引っ込んだ第六スタシオンがある場所である。ここは聖ミリョーに奉献されているが、もっと昔は、「魂の重さを量る」大天使聖ミカエルに奉献されていた。ケルサントン産の花崗岩で十五世紀に作られた聖ミカエルの記念像が、ペニティ礼拝堂の聖ロナンの墓のすぐそばに置かれている。(40)この新たな中央軸がトロメニの経路の「北」と「南」で第六と第十一スタシオンの間に導入した関係は、こ

ロクロナン教会の美しい聖ミカエル像（15世紀）。「魂の重さを量る者」としての大天使を表わしている。

の二つの祭壇が、私が前に提案した観点にもとづけば、それぞれ四月一日と九月一日を表わすことになるだけに、いっそう驚きである。トロメニにおいて主となる「東─西」の向きの方向づけに認められた日の出の日付が、今度は、「北─南」の軸上に置かれているのである。

我々が確認し得た「東─西」、「北─南」の二本の中線のほかに、北西から南東へ、そして南西から北東へ、経路の対角を結ぶ二本の対角線を引くと、さらなる驚きが待っている。それらは二本の中線と同じ中点で正確に交わるのである。あたかもまさにこの場所、周上の八つの点（四つの角と四つの中点）と結ばれたこの聖地の中心から経路が形成されているかのようである。また、南西の「石の牝馬」と北東の角を結ぶ対角線が北に一番突き出した地点で二度目に交わる前に、最初にトロメニの経路と交わるのが、ちょうど第八スタシオンの所であることがわかる。このトロバロの地こそ、ラテン語の伝記が、聖ロナンの葬列を引いていた二頭の野生の牛が突然立ち止まり、コルヌアイユ伯爵がロナンに、トロバロの谷と一マイル程離れている礼拝堂の間のすべての土地と礼拝堂の周囲すべてを与えるまで、ペニティへの道を進むのを拒んだというエピソードの場所と定めている地なのである。最後に、第六、第八の二つのスタシオンが、同じレベル、北側の軸から引っこんだ形の「東─西」の主軸の平行線上にあり、したがって、この二つのスタシオンの場所を決定しているのが、この新しい軸線と中線および対角線との交わりであるように思えるということにも留意してもらいたい。

（8）第二の中心

こうして、「祭式」の中心である聖ロナンのペニティのほかに、より天文的な機能をもつ新しい中心が確認されたわけである。確かに、その順番によって祭礼的価値を示すスタシオンは、ペニティを基点にして決められ形成されているが、外周全体の配置や方向を決める基点は、この中央の中心点であるように思われる。

この中心点はまず谷底と山頂という、トロメニの経路における二つの極と特別の関係にある。事実、この焦点に位置して観察すると、十一月一日、そして再び二月一日に、聖なる四辺形の南東の角にあたるメネ・ロコンの山頂から太陽が昇るのである。したがって、同様に五月一日と八月一日は、北西の角である谷底に太陽は沈む。つまり、この観察地点から、太陽の運行が低い時である年周期の暗い、月の半期の主要な二つの祭りの時に、太陽が最も高い場所から昇るのが見え、反対に、太陽の運行が高い時である年周期の明るい、太陽の半期の主要な二つの祭りの時に、最も低い場所に太陽が沈むのが見えるのである。

さらに、トロメニによって境界を定められている聖なる空間の真の中心であるこの焦点から見ると、年間の日の出の北限を示す夏至の日の出の地点は、地元の伝承ではここにケバンの家があったと言われているケルネヴェの小屋の真上にあたる。五月一日と八月一日の日の出地点もここから遠くはないが、どちらもやはり、聖ロナンの伝説にまつわる場所と一致する。五月一日のそれは第九スタシオンの上にあたり、ブルランのメンヒルの近くである。八月一日の場所は、口承伝説によると、聖ロナンの遺骸を礼拝堂に持ち帰る二頭の野性の牛が引く牛車が通った時、ケバンが洗濯をしていたケルネヴェの洗濯場にある。

西側はこれほど顕著な一致はない。それでもやはり同じ観察地点から見た冬至と夏至の日没は、それぞれ正確にトロメニの道が作る二つの角に一致していることを指摘しておこう。南側最西の凸角〔冬至〕と、グリ・ダル・ジェル近くの北西の凹角〔夏至〕の二つである。

これまで明らかになった点を要約してみよう。

第一に、トロメニの骨格をなす、角と辺が対角線や中線で結ばれる西から東への向きをもつ大きな枠の存在。ケルトの祭事体系におけるその祭礼の重要性に応じてのその枠の上へのスタシオンの配置の方法は啓示的である。第一列には一、四、七、十番の枢軸となる四つのスタシオンがあり、それに「南―北」の中線の起点となる第十一スタシオン、そして、「南西―北東」の対角線の起点となるカゼク・ヴァエンと「西―東」の中線の東端を示すメンヒルという二つの巨石遺構が加わる。北半分の二列目には、第六、第八の二つのスタシオンが、前者は中線上、後者は対角線上にある。

対角線と中線は同じ点で交わる。したがってそれらは、天文の面で特権的な位置を占めているように見える一つの中心を決定するものである。実際、そこからはケルトの一年の主要な四つの祭りと二つの至点の日に、注目すべき地点メネ・ロコン、谷、聖ロナンの伝説の中心地で、あるいは聖なる道が突然向きを変える方角で、太陽が昇ったり沈んだりするのが見えるのである。上記の枠の向きは、東の四月一日と九月一日の日の出に応じて決められているが、不思議にもそれを決定している日付が、垂直の中線上でも、北は第六（四月一日）、南は第十一（九月一日）の二つのスタシオンに、我々が認めた祭礼の意義によって喚起されていることも付け加えておこう。

この天文的な中心の存在は、ラテン語伝記によってほとんど無意識に、あるいは心ならずも確認されているのではないだろうか。伝記は、「聖ロナンの礼拝堂からおよそ一マイルの」トロバロに葬列が達したとき、牛車を引いていた牛が突然非常な恐怖にとらわれて、それ以上進めなくなったと言っている。牛たちは、聖者伝作者の言では、コルヌアイユ伯爵が「谷と一マイル離れている礼拝堂の間のすべての土地とその周辺すべて」を聖人に与えた後で、やっとまた動き出したらしい。土地のこの定義は、マイルの範囲から言っても、位置から言っても、聖者伝作者の言う礼拝堂の場所を、ペニティよりも「天文的中心」に置いた方がずっと理解しやすいことは明白である。実際、ペニティは聖なる外周から見ると完全に中心を外れた、西の辺の近くにあり、トロバロからはおよそ三キロ、一マイルというよりむしろ二マイル離れているのである［一マイルは国際的には一、八五二メートル、英語圏では一、八五三メートルだが、古代ローマでは千歩の意味で約一、四八二メートル］。

この新しい中心は、現在では通行不能の、非常に古い舗装道路上にある。高い土手に囲まれ、大きな石塊で基礎が作られているその道は、ブルランのメンヒルと教会の間に我々が確認できた長い中線（教会の向こうで第一、第三スタシオンとつながっている）と、かなり正確に重なっている。この道は「遺骸の道」と呼ばれているが、かつては入念に手入れをされていた。教会に死者たちを運ぶ馬車が通ったはずの道だからである[41]。最も近い小屋はル・メネク（石がある場所）と呼ばれているが、この名は、昔この場所に注目すべき石があったことを示しているように思われる。

トロメニの経路のいくつかの注目地点の間の距離の検討に入る前に、あえてもう一つの比較を行なってみたいと思う。その比較は、もし根拠があると判断されれば、おそらく思いもよらない広がりをトロメニに与えるであろう。

トロメニの骨組みとなる、南の辺を土台にして交差する対角線や中線の網をともなった、西から東向きのこの大きな四辺形を注視すると、同じような構造をもつ四角形を思い出さずにはいられない。それはインドのヴェーダの世界において、神の世界との関係を確立するための供犠の火の場所を定める四角形である。G・デュメジルは「ウェスタ［ローマ神話のかまどの女神］神殿」の研究（注26）の中で、この場所の入念な準備の仕方を描いて、引き具をつけた牛たちがまず南の辺から始めて、厳密に規定された順序と方向で四角形の四辺に畝を作り、それから対角線と中線の耕作に移って、中心すなわち内部の畝が交差した場所に、神官がある水性植物の束を置き、その上に十二の月と豊穣の雨の象徴である十二の甕の水を注ぐ、と語っている。さらに、まさしくこれと同じ、四角形の輪郭と対角線と中線の交差によって決定された中心をもつ線図が、原始のローマの建立の儀礼に見いだせると付け加えている。そこでも同じように、聖なる牛が引く犂で畝が作られ、同様に中心は、「目に見える世界と目に見えない世界を交信させる神秘的な入り口」をもち、その上に神殿の基礎が築かれるというのである。

G・デュメジルは、他の印欧語族の諸々の伝承の比較から得たデータを確認したり補ったりするのに、ケルトの人々、つまりアイルランド、ウェールズ、時にはブルターニュの人々から提供されたデータがいかに役立つか繰り返し指摘している。その線図構造の外観によって、トロメニは、ここでその特別雄弁な例を提供しているのではないだろうか。ラテン語伝記からの情報に口承伝説の証言を加えれば、なおさらである。

ラテン語伝記は、ロクロナンのキリスト教以前の時代に関することにはすべてに対して極度に慎重だが、そこかしこでしばしば雄弁な細部情報を漏らしている。それによれば、聖ロナンの遺骸を運ぶ荷車、それは「人間が一度も使ったことのない新しい荷車」だというが、それに飼い馴らされていない、つまり野生の三歳の牛を二頭つなぎ、ロナンが埋葬されるべき場所を示すようにと、牛たちの思う通りに歩ませたらしい。地元の伝説は先に見たばかりだが、この点についてはより饒舌である。谷の中の牛車が着いた正確な場所、ケルネヴェの洗濯場を教え、洗濯槌、これで一頭の牛の角がへし折られるのだが、それで武装した邪悪な洗濯女の存在を告げ、何よりも、今まで来た道がトロメニの道と交わるこの場所から、聖なる牛車が左手に曲がって贖罪の経路を自発的にたどり始めたことを明らかにしている。ここに、ヴェーダの儀礼との類似を証明すると思われる、二頭の聖なる牛による元々の線図作成神話の、非常に弱まったこだまが聞こえるような気がするのである[42]。飼い馴らされていない二頭の牛という同じ主題を紹介している九世紀の聖マロの伝記の一節が、さらにこの仮説を支えてくれる。ただしそこでは、犂につながれた牛は日の出から日没の間に、ある領地の周囲に畝を作らなければならないという、準備された状況になってはいるが[43]。

ジャージー島［イギリス海峡にある英国領の島］で見つかったコリオソリテス［ブルターニュ北海岸のガリア人］の美しいアルモリカ［ブルターニュ地方の旧名］貨幣。ギャロップで疾駆中のみごとな馬と猪が「聖なる四角形」に結び付けられている。

1991年7月、ロクロナンの「プリユレ［小修道院の意］の山」で、Ph. ギゴンの指揮によりカロリング朝の貴族の館を発掘作業中に発見された石盤（9世紀）

ケルマリアの聖石（写真をもとに描いた図）

（9）距離

トロメニの一巡の大地への刻まれ方やさまざまな方向づけ、土地の性質、高度、水路網等々に結びつけられた象徴的な意味をうまく利用するやり方は、それが非常に精密に作られていることを示しているように思われる。聖なる経路のスタシオンや注目すべき地点間の距離が、数々の啓示的な手掛かりをもたらしてくれないとしたら、驚きであろう。前に見たように、グエヌウのトロメニの例がこの新しい予見に場所を与えるよう我々を促しているだけに、なおさらである。

ケルト暦が提示している、時を計る独創的なシステムを、我々がその推定されるメカニズムを再現し得た通りに思い出してみよう。まずは、同じ周期で巧みに編成され交互に繰り返される、したがって記憶しやすい、暗と明の二つの要素で構成された時の単位が一セットとなって連続していく二つの正反対の力の中心、真ん中、平衡点という概念の重要視である。そして、十二の太陰月の総体として捉えられた一年は、暗い半期と明るい半期の二つに分けられ、その絶頂期はそれぞれ、最初の三ヵ月の真ん中にある閏月を五半期ごとに、デュメジルのイメージを借りればいわゆるクッションのように差し挟んで、月と太陽の周期の間の調整をはかり、季節のずれを防ぐなどの工夫の産物である。

このような概念に応じて、空間に広大な暦を表現し、十一月から十月までの正規の十二の太陰月や、一番目と三番目の三ヵ月期の真ん中にある二つの至点と共に、地上に太陽の理想的な運行を再現したいと思ったら、最も早いやり方は、その空間を十二の太陰月を表わす十二の等しい区域に分け、その土地

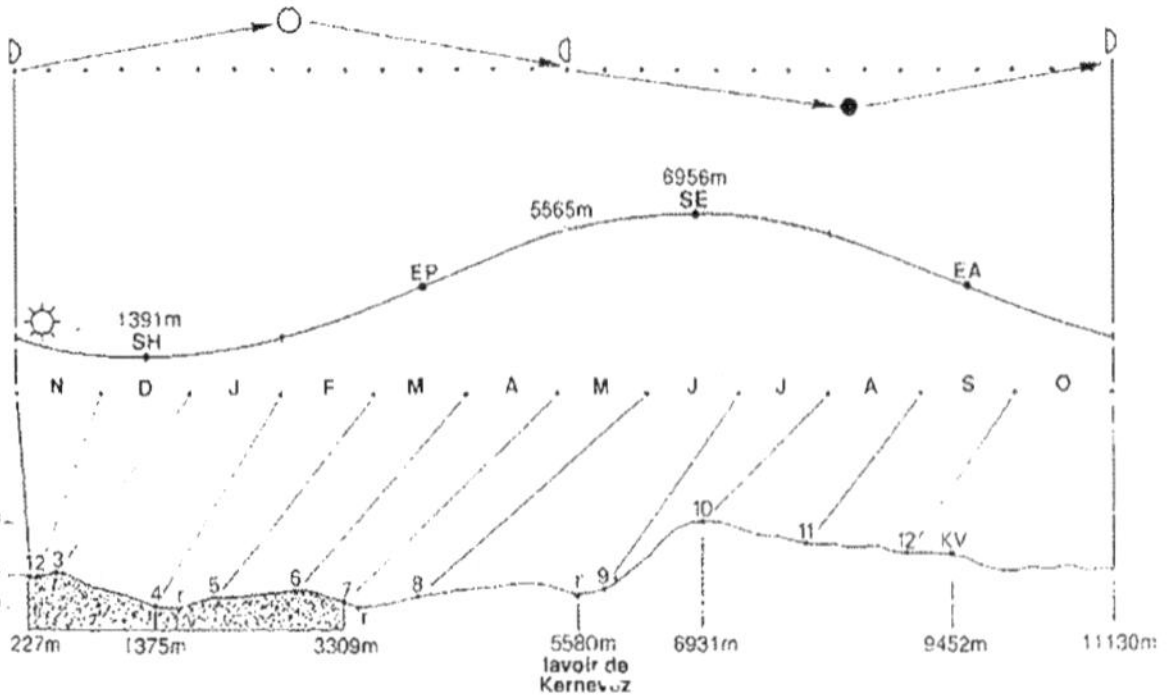

図５　トロメニの断面図と太陽の１年の運行
（SH：冬至、EP：春分、SE：夏至、EA：秋分、N～O：11月～10月）

の特性を最もよく考慮してそれらの区域を再び互いに結びつける方法を探すことであろう。だが、トロメニの各スタシオンを隔てる間隔の非常に大きな不均等性（最初の方は密集し、後の方はゆったりしている）を見ると、解釈はほかにあるように思える。しかし、この不均等性、これは説明の必要があるが、それ自体が、より注意深い観察と実験の試みへと我々をかり立てるのである。

一八四七年の地籍図をもとに出来る限り正確に測定すると、トロメニの一巡の長さは一一、一三〇メートルである。それを十二に分割すると、各太陰月を表わすことになる線分の長さは九二七・五メートルになる。ところで、この道は一見気まぐれに見え、正規の道ではなかったり、六年ごとに整備しなければならない部分などもあったりするが、大別すれば谷底と山頂の二つの対照的な地勢が主となり、その二つが、一巡の出発点からの距離だけとっても、当然ながら、それぞれ十二月十五日と六月十五日、すなわち我々の暦における冬至と夏至のいわば理論上の平均的な日付に一致することに気づくであろう。二つの分点（昼夜平分時）に関してはこれほど正確ではないが、それらは確かに、前者（三月十五日）はトロバロの後の、後者（九月十五日）は「石の牝馬」の後の、経路の他の二つの「角」に位置していることがわかる。

最後に、そしてこれは決して小さな驚きではないが、ケルネヴェの洗濯場（先に見たように、伝説では聖ロナンの遺体と洗濯をしていたケバンの遭遇の場としている）は、十五メートルの距離を無視すれば、聖なる経路のちょうど真ん中にあたることに気づかされる。さて、我々が太陰月が平均して等しい長さをもつシステムの中にいるとすれば（今のところ、これが我々の取り決めであるが）、経路の中央は一年の真ん中、つまり、ケルトの暦でいえば五月一日にあたることになる。ブルターニュの伝説における、「夜の洗濯女」なる登場人物のいわば神話的な側面を知れば[44]、まさしくこの場、そして十一月一日と同様に「地下の国への入り口を塞ぐ石を持ち上げる[45]」この儀礼の日付に、このエピソードを置いたことに驚かざるを得ない。

ここまで我々の説明をしっかりたどって来た人は、我々の最初の仮定、祭礼の経路の中で十二のスタシオンと暦の年周期（十一月一日から始まると想定される）が対応しているという仮定が、思いがけない方法で二重の、だが異なる二つの体系の中で確認されたことがわかるであろう。

第一の体系では、聖なる経路は十二の太陰月のイメージで同じ長さの十二の区画に分け、地形によって、太陽の運行とそれに対応する時点との一致がみられるよう調整されているように思われる。その目的として求められているのは、たとえば経路の最も低い地点に、実際の道程と太陰月の同等性にもとづいて、太陽がその運行の中で最も低い点に達する時点が来ること、そして反対に、太陽がその遠地点に達する時に最も高い地点にいることなどであろう。これはまさしく、いま確かめたばかりのことである。実際、九二七・五メートル（一一、一三〇÷十二）の線分を月の長さに対応する単位とすれば、そして月にもとづくケルト暦が、太陽の変動を月の真ん中あたりにある至点と分点で維持しようと努めていたことを知っていれば、経路の冬至に対応する地点は、出発点である教会の広場から一、三九一メートル（九二七・五×一・五）の所に位置するはずである。同じ方法で、夏至は六、九五六メートル（九二七・五×七・五）の地点となろう。ところで、一八四七年の地籍図で調べた距離によれば、谷底でトロメニの道が突然北から東へと方向を変える場所を示す角はまさしく一、三七五メートルの所、またその対角、メネ・ロコンの頂のプラス・アルコンの高地で南から西へ曲がる場所は六、九三一メートルの所に位置している。差異十六メートルと二五メートルは、明らかに無視できる範囲である。

第二の体系では、優位に立つのは神話的な考え方である。一年は、相反すると同時に補完し合う二つの総体である冬と夏に分割され、この二つの総体はそれぞれの真ん中、すなわち二つの三ヵ月期の継ぎ目の二月一日と八月一日に位置する二つの極を中心に形成され、それぞれ、低い所［＝北、冬］は女神、高い所［＝南、夏］は男神の二人の神の守護の下に置かれている。この体系では、谷底が前者の、山頂が後者の領域になるのはごく当然のことであろう。天文的体系において十二月半ば（冬至）を表わす経路の地点は、この祭礼の体系では二月一日に相当し、六月半ば（夏至）を象徴する地点は八月一日になるのである。

しかし、一巡の出発点と到着点は同じ値（十一月一日）を持ち続けているのであるから、この新しい同値の体系は、暦月を象徴する単位の再調整をもたらす。つまり、冬の半期では、天文の一ヵ月半は祭礼の三ヵ月に相当するので短くなり、そのぶん、夏の半期では、天文の三ヵ月は祭礼の四ヵ月半に相当するので長くなるのである。その結果、もはや太陽との調和の取れた一致をもたない体系となるので、具体的な目印であるスタシオンによって経路の新しい形成を示す必要性が生じる。そして、経路全体の約三分の一までに冬のスタシオンが集められ、残りの三分の二に夏のスタシオンが広がるという、我々が理解できなかった間隔の不均衡も、やはりここから生まれたものなのである。

今日、トロメニの神聖な構成を通して、唯一目に見えるものとして残っているのは、基本となる十二のスタシオンを伴った経路の配置という祭礼の体系だけである。しかし祭礼の小道から外れない限り、ロクロナンの慣用表現に従えば、聖者の足取りをたどっているかぎり、その結果として、そして今では知らないうちに、太陽の一年の運行をなぞっていることになるのである。[46]

(10) トロメニの周期

最後に、大トロメニの六年という奇妙な周期についての説明が残っている。トロメニについて言われている一つの格言のようなものが手掛かりとなるであろう。事実ロクロナンでは、「生きているうちにトロメニをしない者は、死後行なわなければならない。だがその時は、一日に自分の棺の長さ分しか進めない」と言われている。[47] ガリア暦の三十年の世紀、ブリトニック諸語の saitlon が、ブルトン語の「年齢、存続期間、寿命」を意味するhoazl, hoalであることを思い出せば、この六年という期間は、人間の平均的あるいは象徴的な寿命を表わす太陰太陽周期の六リュストル（つまり三十年）の縮約形ではないかという疑問が浮かんで来るであろう。また古いケルト暦が、それらの相似変換の関係（世紀の三十年、二つの閏月を隔てる三十ヵ月、吉月の三十日等々）にいかに熱心だったかということも前に見た。この仮説では、一年ごとの一巡は一リュストルを表わしている。一年ごとと六年ごとの二つのトロメニが交替して行なわれるのは、聖ロナンの平日と日曜日の二つの巡歴の時間の規模を拡大した繰り返しであるという例のトロメニの起源譚は、同じ概念の枠組みに我々を導くものではないだろうか。

トロメニを行なうことは、天上の支配者たちからあの世での良い生活の保証を得ようとすることであろう。世紀を縮小した形で六年ごとに祭礼を繰り返せるということは、同時に、三十歳以下の死亡率が高かったに違いない時代においては、大多数の人が祭礼に参加できる可能性を保証することでもある。したがって、一生のうちに最低でも一度は聖なる一巡を行なうことが何よりも大切であったのである。生きている間にできなければ死後行なわなければならないが、一日に棺の長さ分しか進めないと付け加えることによって、この古くからある格言は、あらためて我々を、時間と長さの単位が生と死に関連づけられている観念世界へと導き入れる。あの世では時間が途方もなく長くなるという考えは、アーサー王物語やアイルランドの古い文学に見られるのと同様に、ブルターニュで広く知られたテーマでもある。あの世へうっかり足を踏み入れた旅人が、家に帰るともう誰も知っている人がいなかった、それは、彼には数日にしか感じられなかった滞在が実際は一世紀以上にも及んでいたからだという話は、いくつもある。[48]ロナンの人間としての人生における一日が我々の時間の一年に相当すると認めれば、トロメニの起源譚は、神話的時間、聖ロナンが今も生きている聖別された世界の時間のリズムに合わせているように思われる。聖なるネヴェの森の端で六年ごとに巡礼者たちが行なう一巡の祭礼は、天上のネメトンの地上への投影なのである。[49]

(11) トロメニの時期

七月の第二と第三日曜日の間の八日間という、トロメニが行なわれる時期も注目に値する。第二日曜日が始まるのは早くとも七日の夜から八日にかけてであり、第三日曜日が終わるのは遅くとも二十一日から二十二日にかけてである。したがって、トロメニが行なわれるのはこの二つの日付の間、正確には十四日と十五日の間、つまり月の真ん中である。

ところで、月の真ん中は、ガリアの暦では特別の意味をもっている。夜が満月の影響から新月の影響へと変わるのは、リュストルの六十二ヵ月それぞれの十五日から十六日の間に大文字で刻まれたATENOUXの言葉によって表わされるこの決定的瞬間なのである。したがってそれは、月が欠けていく位相の中間ということにもなる。ケルト暦周期の配置をローマの祭礼暦に適用したという私の仮説を覚えていれば、それ以前、ケルト暦では満月と新月を隔てる十二日間[50]にわたって行なわれていた聖なるそぞろ歩きを、新しい暦で相当する月の真ん中、すなわち七月の第二と第三日曜日の間の八日間を中心とした時期にもってくることにしたと想像できるであろう。もちろん、ローマ暦は月の運行には対応していないのだから、この一致は虚構でしかない。しかし、七月の真ん中に集められた一巡の基本原理は維持されていたし、それ以降二つの日曜日に挟まれることになった聖なるそぞろ歩きの存続を可能にできるのは、おそらくこのやり方だけだったであろう。

この一巡全体が八月一日を祭礼の日として指し示している（その証拠として最も重要な山頂の第十スタシオンの祭礼的意義をあげることができる）のに、七月の間に行なわれているということも、説明を要することである。

まず七月は、ケルト暦では特別な地位をもつあの九番目の月EQUOS（馬？）であるということを思い出すかもしれない。確かにこの月は、リュストルの中に占めるその位置が命ずる一種の規則的な脈動にしたがって、年によって長さが変わる唯一の月である。つまり、各リュストルの第二と第四の年には三十日から二十八日になるのである。しかし、トロメニの日付と、それが記念して祝うとしている神話的出来事の日付とのこの奇妙なずれの説明は、もう一度、ブルトン語自体に求めることができるのではないだろうか。実際、秋と月が欠けていく期間を、対となる二つの慣用句、diskar amzer（時の衰退）とdiskar loar（月の衰退）で示すことによって、ブルトン語は、太陽の一年の運行と月の一ヵ月の運行の間に、ケルト暦によって我々にはすでにおなじみの平行性を導入しているのである。思い切って一つの仮説を立ててみよう。自然によって、一年の終わりの十二日間に、来るべき十二ヵ月のイメージを読みとることができるのと同じように（注50参照）、夏の衰退期の前の最後の月の衰退期の十二日間に太陽の一年の運行の十二ヵ月をなぞることによって、秋というこの不安定で危険な時期に有効に働きかけ、それと共に七月の満月というこの好機、ここ低地ブルターニュでもまた高地ブルターニュでもよく知られている言い回しに従えば、「畝に半月鎌を入れて」とり入れを始めるべき時期[51]に、豊かな収穫を手にしたいと思ったのではないだろうか。

(12) 正中

結論として、ケルト暦の本質そのものを成しているように見える一つの特質を強調したいと思う。その特質が明らかにしているのは、時の切れ目のない流れを切りわけるさまざまな時間の単位の真ん中を際立たせようとする、強い意志である。

トロメニの日付に関して、コリニーの暦がやはり毎月の真ん中を、刻銘を入れる場所としたやり方を喚起したばかりである。同様に、この暦が、各半月の真ん中にある満月や新月、あるいは、各半年の真ん中にあたる二月一日と八月一日の男女二人の豊穣の神に与えた地位についても見てきた。さらに、年でもリュストルにおいても、五月が占めているのが、やはり同じ中央の位置である。おそらく、古代アイルランドで、中部地方のミーズ(ミデ:真ん中)のウシュネフ[ミデの丘。伝承では頂上にここがアイルランドの中心であることを表わす石があったという]の大集会が五月一日に行なわれていたのも、そのためであろう。一一八五年にTopographia Hybernica(『アイルランド風土記』)なるものを書いたジロー・ド・カンブリは、ウシュネフを「アイルランドの臍」と形容し、丘の上にはアイルランドの五地方を表わす五面体の石柱がそびえていたと付け加えている。ドルイドの最高指導者であり、この地方の名祖でもあるミデがアイルランドの最初の火を焚きつけたのは、このウシュネフにおいてであることも知られているが、前に見た、ロクロナンでの五月一日と聖ヨハネの火祭りとの関わりの由来は、同じような建国神話から来ていると考えられるのではないだろうか。

古代アイルランドは、ウシュネフとタラ［タラの丘。古代アイルランド諸王の本拠地］という、二つの象徴的な中心地をもっていた。どちらも中部地方のミーズにあり、五月一日と十一月一日、暦時間の二つの極に、アイルランドの人々の主要な二つの集会が行なわれていた。前者は聖職の役割を持ち、後者はタラに居を構える至高の王と結びついている。ギヨンヴァルクとル・ルーは、古代ケルトの社会において、政治と宗教の二大権力が互いに補完し合う緊密な関係にあったことを明らかにしている。[52] 我々が確認するに至った、教会と天文的中心地のル・メネクというロクロナンの二つの中心の存在は、もしかしたら同様の象徴の二分割に相当するものではないだろうか。いずれにしてもこのことは、ロクロナンに見られるデータの総体（祭式、信仰、空間の形成）と、複雑だが驚くほど制御されているケルト暦のメカニズムとの、すでにかなり説得力をもつ比較に、また新たな要素を付け加えるものであるといえる。

注

この論文は Tradition et histoire dans la culture populaire, (Centre Alpin et Rhodanien d'Ethnologie, Document d'ethnologie régionale n°11, Musée Dauphinois, Grenoble, 1990) に発表した前論文、《Le juste milieu. Réflexion sur un rituel de circumambulation millénaire: la troménie de Locronan》に新しい序論をつけて転載したものである。

1　《La droite et la gauche dans l'orientation bretonne》(Les Mélanges offerts à Joseph Loth, Annales de Bretagne, t.35, 1927, pp.263-277)。とりわけ二六三～二六四頁の注1と、二七四～二七五頁の注33、34、35を参照のこと。キランドルは一九五五年に亡くなったが、自分の仮説をよりはっきりと説明することはできないままだったように思われる。コリニーの暦についての彼の解釈は、五年の周期しかないのがはっきりしているガリア語の原典に六年の周期を認めたという点で、明らかに誤りである。しかし、彼の直観は素晴らしいと思う。この注を見つけたのがごく最近のことなので、もっと早く彼の仮説の真価を認めることができなかったことを残念に思っている。

2　ルーナサ（またはルグナサド、「ルグの集会」）は八月一日に行なわれ、十一月一日のサウィン、五月一日のベルティネ、二月一日のインボルグと並んで、アイルランド暦の四大祭りの一つである「アイルランドの暦では日没を一日の始まりとしたので、いずれもその前夜から祭りが始まる」。Cf. Máire Mac Neill, The Festival of Lughnasa, Londres, Oxford University Press, 1962 – Réédition en 1982. ル・ルーとギヨンヴァルクは、「ルーナサはルグの王としての側面での祭りで、富を分配し、均衡をとり、調整をする王の祭り、秋と収穫の祭りである」と言っている(La Civilisation celtique, Ouest-France, 1990, pp.162）

3　D.-F.MELIA,《The Grande Tromenie at Locronan, a Major Breton Lughnasa celebration》, Journal of American Folklore, vol.91, 1978, pp.528-542. D. LAURANT,《La troménie》, in M. DILASSER, Un pays de Cornouaille : Locronan et sa région, Paris 1979, chapitre 7, pp.194-223 ; id.《La troménie de Locronan : actualité d'un pèlerinage millénaire》, Ar Men, 9 juin 1987, pp.16-39 ; id.《La troménie de Locronan, la fête de Lughnasa et le calendrier celtique》, La Bretagne linguistique, vol. 3, pp.127-143, Brest 1987.

4 ポンポニウス・メラ［1世紀のスペイン出身のラテン語の作家］のSena［ラテン語のseni「六つずつの」の変化形で、「六行詩」とかいった意味］の中に、この島に自然に対する影響力と予見能力を持つ九人のドルイド尼僧がいたとある。Cf. F. LE ROUX et C.-J.GUYONVARC'H, Les Druides, Ouest-France, 1986, p.394. また、ドゥアルヌネは古代の重要な港町で、オシスム人［ケルト人の1派］の全都市の中で1番多く宗教祭具を供給した町である(cf. P. GALLIOU,《Un bas-relief représentant Esus à Douarmenez》, Archéologie en Bretagne, 1979, 21-22, pp.14-17)。

5 J.-Y ÉVEILLARD,《Le Porzay à l'époque gallo-romaine (le-Ve s.) in M. DILASSER, op. cit., ch.3, pp.53-67

6 V. le numéro spécial de la revue Ethnologie Française, 1983, t.13, n°4, pp.319-412 :《Les ostensions limousines》, sous la direction de Françoise LAUTMAN

7 B. TANGUY,《La troménie de Gouesnou : contribution à l'histoire des minihis en Bretagne》, Annales de Bretagne, t.91, 1984, pp.9-25

8 D. LAURENT, in M. DILASSER, op. cit., p.223

9 Cf. les textes de César, Pline et Pomponius mela cités par F. LE ROUX et C.-J. GUYONVARC'H, Les Druides, 1986, pp.259-260

10 P.-M. DUVAL et G. PINAULT, Recueil des Inscriptions Gauloises, vol.3 : Les calendriers, 45e supplément à Gallia, CNRS, Paris, 1986, p.442

11 「ケルトの」という言葉は、ケルト人がこの暦の創始者である、あるいはケルト人だけがこれを持っていたということを意味するものではない。だが、我々が得ているこの暦の古い要素だけがケルト語の一つであるガリア語で書かれていること、そして古代の作家達がガリアのドルイドたちのこの特殊な能力を認めていることは事実である。さらに、中世のアイルランドやウェールズの文学ばかりでなく、全ての近代ケルト語にも、この独創的な時の数え方の語彙が数多く残っているのも確かである。

12　ブルトン語で miziou du「暗い月」と呼ばれるのはこれらの月である。十一月は du「暗い」、十二月は kerzu「完全に暗い」、一月はラテン語からの借用語で genver「ラテン語の一月は Januarius で古いイタリアの神 Janus に聖別された月の意」。

13　Cf. P.-M. DUVAL et G. PINAULT, op. cit., pp.385-395

14　これは、一九二六年にイオイン・マックネイルが提唱し (cf. Eóin Mac Neill, 《On the Notation and Chronography of the Calendar of Coligny》, Eriu X, 1926-1988, pp.28-29)、最新の研究（cf. P.-M. DUVAL, G. PINAULT, op. cit., pp.411-415）によって裏付けられた説である。

15　構造的には不変だが長さにおいてはそうではない。すぐ前で見たように、太陰月に「貼りつく」ために二十九日だったり三十日だったり、さらにある年の九番目の月が二十八日になったりするからである。

16　Cf. J. LOTH, Chrestomatie bretonne, Paris, 1890, p.138 –E. ERNAULT, Glossaire Moyen breton, Paris, 1895, p.322 – L. FLEURIOT, Dictionnaire des Gloses en Vieux breton, 2e éd., Toronto, 1985, I, 213, II, 485.

17　JOSEPH CUILLANDRE, 《La répartition des aires dans la Rose des Vents bretonne et l'ancienne conception du monde habité en longuitude》, Rennes, Oberthur, 1943, p63.「現在（一九四三年）でも、特にブルターニュの船乗り達はこのままの羅針盤を使っている」と彼は言う（八ページ）。

18 前掲注17と同じ箇所で、彼は世界の基軸を「日の出から日没へ、世界の端から端へ」結ぶ線としているグレゴワール・ド・ロストルナンを引用している（八ページ）。

19 この枝編みの小屋は、古代ローマのネプトゥナリア祭のカサエ・フロンダエ（葉で覆われた園亭）を連想させる。この祭は七月二十三日に行なわれていて、日付もトロメニに近い。Cf. G. DUMÉZIL, Mythe et épopée II. NRF, Gallimard, 1985, p.40

20 オールドーペランティクゥスは、十五世紀のテキストの写本と考えられているが、原本は十九世紀までロクロナンに存在していた。

21 Y.P. CASTEL, Atlas des croix et calvaires du Finistère, Soc. Archéo. du Finistère, 1980. Cf. 1209 (croix de Bourlan) et 1212 (croix de Keben).

22 En douar profan oe laquet / Var an hent bras pell dious ar Sant / … / Er menez entre an diou Barres /Ma vize anezi sonch da james /Endra vezo douar er plaç-man / E veso galvet Bez Queban（十八世紀初めの聖ロナンの生涯と死の讃歌）

23 この石を見た、昔のロクロナンの人々は、彫刻には気付いていない。この描写は「ケルマリアの聖石」の描写と似ている。Cf. P. DU CHATELLIER,《Pierre gravée de Kermaria en Pont-l'Abbé》, Bull. de la soc. Archéo. du Finistère, XXV, 1898, pp.312-320, 4pl. – P.M. DUVAL, Les Celtes, Paris, 1977, pp.95, 137 et pp.85, 289

24 ロクロナンの主任司祭ディラセール師から伝えられた情報。

25 Chanoine Peyron,《Pardons, troménies et processions votiives de Cornouaille et de Léon》, Bull. Archéo. de l'Assoc. Bretonne, 1912, pp.274-293, V. notamment p.282

26 G. DUMÉZIL, Rituels indo-européens à Rome, Paris, Klincksieck, 1954, p.33

27 F. LE ROUX, C.-J. GUYONVARC'H, La civilisation celtique, pp.137-138. D. LAURENT,《Brigitte accoucheuse de la Vierge : présentation d'un dossier》, Monde Alpin et Rhodanien (Mélanges Charles Joisten), 1982, pp.73-78.

28 P. O'RIAIN,《Traces of Lug in early Irish hagiographical tradition》, Zeitschrift für Celtische Philologie, 36, 1977, p.138-156

29 Omnia sanantem appellant suo uocabulo (Pline, Histoire naturelle, XVI, 250), Paris,《Les Belles Lettres》, 1912, p.99 – F. LE ROUX, C.-J. GUYONVARC'H, Les druides, p.141

30 Apollinem morbos depellere (César, Bellum gallicum VI, 17)

31 結局のところ、コリニーで見つかった像はアポロンというよりもマルスらしい (cf. P.-M. DUVAL et G. PINAULT, op. cit., p.35)。ル・ルーとギヨンヴァルクによれば、ガリアではマルスがしばしばアポロンの特性を持つのは確かだという (cf. La civilisation celtique, p.136)。

32 4a Statio prope fontem. 数年前にこの場所に浄水場が設置されて、経路が少し変更された。

33 オールドーから判断すると、ノートルダム・ド・ボンヌベルが来る前に第五スタシオンを守護していたのは聖ローラン［聖ラウレンティウス 一二一〇頃～一二五八、ローマの助祭］であった（現在は、このすぐ後の質素な小屋に置かれている）。この守護関係は興味深い。というのも、聖ローランは、ブルターニュ海岸地方では、一般的に古い火の信仰と結び付けられているからである (cf. B. TANGUY,《Hagionomastique et Histoire : (…) les origines du diocèse de Cornouaille》, Bull. de la Soc. Archéo. du Finistère, 1986, pp.117-142, V, pp.124-125)。

34 Dom. F. PLAINE,《Vie inédite de saint Ronan》, Bull. de la Soc. Archéo. du Finistère, 1889, p.263-318. V. ch.3 ;

p.281-282. B・メルドリニャックは『ロナン伝』では、おおむね、聖ヨハネの福音書に由来する光の暗喩が多く集められていることを強調している (cf. M. DILASSER, op. cit., p.134-135)。

35 フィニステールの聖ヨハネ祭についての論文（Ar Men 8, avril 1987, p.41-61 ）の中で、F・ポスティックは、ブルターニュ海岸地方での聖ヨハネの火祭りの共同体の祭式において、Anaon（死者の魂）が重要な位置を占めていると、主張している。

36 Cf. Françoise LE ROUX,《Lyon et le Concilium Gallarium》, Ogam IV, 1952, pp.280-285.

37 このことに関して、数年前から何人かの研究者の間で、教会の東一キロ足らずのロクロナンの山道にある、カン・デ・サルを『ロナン伝』に出てくるグラドロン王の宮殿と見る動きがある。九世紀のものとされるこの遺跡の重要性がPh・ギゴンの最近の発掘作業によって確認されているが、私個人の意見では、この年代は聖ロナンには遅すぎると思う。

38 この文書は、一五一六年の Missel latin du Léon［レオン地方のラテン語ミサ典書］に載っていたが、今はもう十八世紀の写本しか知られていない。その写本はパリのブラン・マントー・コレクション(BN, Ms Latin 22 321, F° 733)にある。その写しを親切にも手に入れてくれた、グワナエル・ル・デュックのおかげでこの知識を得た。この文書は、初めは『グエヌウ伝』の一部であった可能性があるが、この伝記の年代は一〇一九年である。

39 ラテン語やフランス語の伝記は一巡の経路の存在に言及するだけで、時には聖人がそれを始めた状況に触れられている場合もあるが、普通は、正確な線図はその土地の住民にしか知られていない。もし失われたり行なわれなくなったりしたら、もうそれを復元することは不可能である。

40 この像は鎧を着て手に天秤を持った大天使の姿を示し、両の秤皿の上にはそれぞれ魂が乗っている。横に聖ミカエルに宛てた手書きのブルトン語の祈りの言葉が掲示されている。「聖ミカエル、魂の重さを量る者よ／右側の我が魂の方を傾けさせ給え(Sant Mikael, balanser an eneou / Balansit ma ene euz an tu dehou) …。」

41　通常の表現に従った「遺骸（複数）の道」または「亡くなった魂達の道」(hent ar c'horfou, hent an Anaon) ではなく、「遺骸（単数）の道」という表記は、聖ロナンの遺骸を彼の隠棲所に運ぶ聖なる牛車が、東から来た場合の最短ルートであるこの道を通ったらしいことをほのめかしている。ブルランのメンヒル（この道のすぐ近く、聖地の入り口にある）に刻まれた三本の十字架は、伝承に拠れば葬列に付添っていたと言われる三人の司教を喚起するものかもしれない。

42　この仮説に従えば、この幾何学図形（対角線と中線で分けられた四角形）が、先に触れたケルマリアの聖石の一面にも見いだせることとも関連づけたくなる（注23と図4参照）。

43　Vita Machutis, éd. G. LE DUC, Dossiers du Ce.R.A.A., n°8, 1979, p.111-112. V.aussi F. LOTH, Mélanges d'Histoire bretonne, Paris, Champion, 1907, p.375.

44　Cf. F. LE ROUX, C.-J. GUYONVARC'H, 《La souveraineté guerrière de l'Irlande》, Ogam-Celticum : 1983, 211p. -V. p.79-87

45　R. CAILLOIS, L'homme et le sacré, p.108, cité par M.-L. SJOESTED, Dieux et héros des Celtes, Paris, PUF. P.76

46　non declinans ad dexteram neque ad sinistram (Acta Goeznovei). これによって、聖人の直線的経路を明らかにすることへの聖者伝作者達のこだわりがよりよく理解できる。

47　An neb ne ra ket e droveni e beo a renko ober 'nei e maro, a-hed e cherj bemde.

48　これは、大衆物語の AT470B（The Land where no one dies: le pays où l'on ne meurt pas）や 471(The Bridge to the Other World : le voyage dans l'Autre Monde) の物語の幾つかの異本のテーマの主な題材源となっている。Cf. P. DELARUE et M.-L. TENÈZE, Le conte populaire français, II, 1964, pp.163-180. Cf. aussi le lai anonyme de Guingamor et L. FLEURIOT, Histoire littéraire et culturelle de la Bretagne, Paris-Genève, 1987, I, p.167. F. LE ROUX, C.-J GUYONVARC'H, Les druides, pp.286-287.

49　ネヴェ（古ブルトン語 nemet）の名前の原型となるネメトン「聖堂、聖地」は、nem-「空、天」（古アイルランド語 nem、ウェールズ語 nef、ブルトン語 nenv) の派生語である。　Cf. J. VENDRYÈS, Lexique étymologique de l'irlandais ancien, MNOP, Paris, 1960 : cf. nem, nemed

50　祭礼の期間が十二日間から八日間に移ったことについて、一年の終わりに来るべき十二カ月の天気を予告する名高い「十二日周期」がヴァンヌのブルトン語では er gouh suhun（「古い週」）と呼ばれることを指摘しておく。Cf. J. LOTH,《Les douze jours supplémentaires des Bretons et les douze jours des Germains et des Indous》, Revue Celtique, 1903, pp.310-312. J. TÉRILIS,《La vieille semaine et la prédiction du temps》, Revue Morbihannaise, 1908, pp.396-398.

51　Da gann Gouero, Eost e peb bro ; Hanter Gouero, Falz en ero.　L.-F. SAUVÉ, Proverbes et Dictons de Basse-Bretagne, Paris, Champion, 1878, n°s 779 et 784

52　Cf. Les druides, Ouest-France, 1986, pp.107-120

なお、翻訳文中〔　〕内は訳者瀧川広子注。紙面の都合上、図、写真は必要最小限のもののみ掲載してある。

原論文名：《La Troménie de Locronan ; Rite, espace, et temps sacré》
Saint Ronan et la Troménie, imprimerie Régional-29380 Bannalec, 1995

翻訳：瀧川広子
（監訳：新谷尚紀）

あとがき

本書で、明らかにすることができたこととは何か。それは通読していただければ大小さまざま多くあることがご理解いただけると思うが、ここでは主要な点だけにしぼっておくことにする。

第Ⅰ章では、同じペルリナージュ（巡礼）でも、（1）直線的な聖地参詣と、（2）曲線的な聖地巡回のほかにもう一つ、プロセシオン（宗教行列）により、一定の聖なる領域を囲い込む、（3）円環的な聖地周辺領域確認、というタイプがあるということが明らかにされた。第Ⅱ章では、同じパルドン祭りであっても、民俗信仰的な聖水、聖石、聖火のそれぞれの信仰と習合している事例が数多く見出されるということが指摘された。そしてそれは、キリスト教カトリックがそれらの伝統的な民俗信仰を排除するのではなく、取捨選択的にその儀礼構成の中に組み込んできたからだということが明らかにされた。第Ⅲ章では、とくに火のパルドンと呼ばれる事例群に対する詳細な現地調査と情報分析により、その背景に民俗信仰としての夏至の火祭りが存在すること、そしてそれが、火のパルドン祭りへ取り込まれたという関係性が明らかにされた。そしてそこからさらに、民俗信仰の諸要素がキリスト教カトリックの宗教儀礼の中に取り込まれることによって、そこにあらためて伝承の場を得ていること、つまり、カトリックの宗教儀礼はむしろ多様な民俗信仰の諸要素の伝承装置としての機能をも果たしている、という関係性が明らかにされた。

第Ⅳ章では、現存するトロメニの伝承が三事例のみとなっている現状に対して、その現時点での集中的な調査による情報収集が行なわれた。そして、トロメニとテリトワールとの語源的親密性、儀礼の機能としての原初回帰と活力再生、多様かつ自由意志による奉仕的な参加形式こそがもつ伝承維持力の強靭さ、伝統行事に作用する、維持継続の推進力、創造変更への揚力、休止廃止への引力、という三つの作用力の相互関係性、等々の点が指摘された。

第Ⅴ章では、現地の研究者としての専門的な知識の裏づけをもとに、ロクロナンのトロメニの伝承の中に維持され発信され続けている古代ケルトの暦法と世界観について詳論され、この伝統行事の宇宙論的な存在意義が解読されている。この章は、私たちの力量を超えた分野への論及であり、本書に収める価値は高いと考える。

本書は、柳田國男が創始した日本民俗学の国際化へ向けての第一歩である。それもヨーロッパをフィールドとするものとしては、おそらくは最初の試みの一つとして数えていただいてもよいかと思う。内容的には、文部科学省科学研究助成基盤研究B（海外）「民俗信仰と創唱宗教の習合に関する比較民俗学的研究――フランス、ブルターニュ地方のパルドン祭りの調査分析を中心に――」（二〇〇〇～二〇〇二年）の研究成果の一部である。その科研の研究助成は同時に、国内の基盤研究B「神社資料の多面性に関する総合的研究――古社の伝存資料と神社機能の分析を中心として――」と重複申請して認定されたものでであり、はじめから比較民俗学的研究の構想の中で組み立てられたものであった。もちろん比較研究とは言っても、安易な印象比較は厳しく排除しているつもりである。日本は日本、フランスはフランスで、別々に論じることは一貫しており、混同させることはない。比較論には両者を熟知熟論するという厳密な手続きが必要不可欠であることはいうまでもない。そこで、フランスについては、事前の準備調査も、新谷は一九八九年以来、細々ながらフランス各地の予備的調査を行なっており、関沢は「旅の文化研究所」の二〇〇〇年度研究助成を受けて調査を進めていた。しかし、科研の助成を得られたことはたいへん意義深いことであり、それによりいっそう集中的な調査研究が可能となった。

それらの科研の研究成果報告書は別に提出しているので、それで一定の責任は果たしたといってもよいのだが、なんとか一般の方々にも、また今後きっと日本の民俗学の国際化へむけて活躍していくであろう若い研究者の方々にも、このような現在の日本民俗学の新しい試みの内容をリアルタイムで知ってもらい、何らかの参考にしていただければと考えていた。出版事情の思わしくない現状のなかで、幸い悠書館の長岡正博氏が本書の出版を引き受けてくださることとなった。長岡氏には本当にこころよりあつくお礼を申し上げたい。また、フランス語の聖人名や人名、地名等のカタカナ表記について、私どもの長年の友人であるC.N.R.SのJ.P.ベルトン教授の指導をいただいたこと、そして多くのフランス語論文の翻訳作業に当たって瀧川広子氏や伊藤朋子氏の協力をいただいたことに深謝の意をあらわしておきたい。

なお、ここで初出一覧をあげておくならば、以下の通りである。

第Ⅰ章は、関沢まゆみ「パルドン祭りにみる巡礼と旅――フランス、ブルターニュ地方Sainte-Anne-la-Paludの事例より――」(『旅の文化研究所研究報告』一〇　二〇〇一年、一五~二六ページ)に加筆。

第Ⅱ章は、書き下ろし。

第Ⅲ章は、関沢まゆみ「ブルターニュのパルドン祭り――パルドンの火と夏至の火――」(『国立歴史民俗博物館研究報告』第一〇八集　二〇〇三年、五一三~五四二ページ)に加筆。

第Ⅳ章は、新谷尚紀「ブルターニュのトロメニ――伝説と現在――」(『国立歴史民俗博物館研究報告』第一〇八集　二〇〇三年、四五七~五一二ページ)に加筆。

第Ⅴ章は、Donatien LAURENT, 'La troménie de Locronan ; Rite,espace et temps sacre', "Saint Ronan et la troménie" Actes du colloque international,1989,pp.11-57　の監訳。

ここで、ブレスト大学のドナシアン・ローラン教授の研究を日本に紹介することについて快諾を得られたことにたいへん感謝している。ドナシアン・ローラン教授と教え子のアラン・タンギー研究員には多くの研究協力をいただいた。あらためてあつくお礼を申し上げておきたい。

さて、私どもの次の課題は、柳田の日本民俗学が注目した、民俗伝承の地域差や地域性と時代差や歴史性をめぐる問題に関連して、新しい研究視点を得るために、フランス北西部のブルターニュ地方と南部のプロヴァンス地方との、とくに聖人をめぐる民俗伝承のあり方をめぐる比較論的な調査研究である。

すでに二〇〇三年度以降、その調査と準備研究を継続しているところであり、あらためてその成果を公表したいと考えている。

本書の刊行にあたっては、前述の方々以外にもじつに多くの方々の理解と協力をいただいた。ここにすべての方々のお名前はあげられないが、現地協力や通訳の労をとっていただいた多くの方々に、あつく御礼を申し上げておきたい。

二〇〇八年二月一一日

新谷　尚紀

新谷尚紀（しんたに・たかのり）
1948年生まれ。早稲田大学大学院博士後期課程修了。現在、国立歴史民俗博物館教授・総合研究大学院大学教授、社会学博士（慶応義塾大学）。
主な著書に、『ケガレからカミへ』（木耳社、1987年、新装版、岩田書院、1997年）、『両墓制と他界観』（吉川弘文館、1991年）、『神々の原像——祭祀の小宇宙——』（吉川弘文館、2000年）、『柳田民俗学の継承と発展——その視点と方法——』（吉川弘文館、2005年）など。

関沢まゆみ（せきざわ・まゆみ）
1964年生まれ。筑波大学大学院修士課程修了。現在、国立歴史民俗博物館准教授・総合研究大学院大学准教授、文学博士（筑波大学）。
主な著書に、『宮座と老人の民俗』（吉川弘文館、2000年）、『隠居と定年——老いの民俗学的考察——』（臨川書店、2003年）、『宮座と墓制の歴史民俗』（吉川弘文館、2005年）、『民俗小事典——死と葬送』（新谷尚紀との共編著、吉川弘文館、2005年）など。

ブルターニュのパルドン祭り
——日本民俗学のフランス調査——

2008年3月31日　初版発行

著　者　新谷尚紀
　　　　関沢まゆみ
装　幀　桂川　潤
発行者　長岡正博
発行所　悠書館

〒113-0033　東京都文京区本郷2-35-21-302
TEL 03-3812-6504　FAX 03-3812-7504
http://www.yushokan.co.jp/

本文印刷・製本：理想社

ISBN978-4-903487-19-9
定価はカバーに表示してあります